国家社科基金《西部地区乡村振兴与农村城镇化统筹研究》（18XJY009）结题成果

本书出版得到国家社科基金一般项目《人力资本差异、产业政策匹配与农村居民增收的多维动态机制研究》（24BJY148）、《健康不平等、公共卫生资源匹配度与阻断相对贫困代际传递的政策机制研究》（22BJL087）等资助。

国家社科基金丛书
GUOJIA SHEKE JIJIN CONGSHU

乡村振兴背景下西部地区农村城镇化治理研究

Research on Governance of Rural Urbanization in the Western Regions under the Background of Rural Revitalization

吴碧波　著

人　民　出　版　社

前　言

乡村衰退是全球共同面临的挑战，但在我国尤其是西部地区“三农”问题尤为凸显，城市与乡村是一个有机体，本应相互支撑、相互融合实现可持续发展。党的十九大报告首次提出实施乡村振兴和区域协调发展战略，随后中央农村工作会议研究实施乡村振兴战略的重要政策，2018 年中央一号文件科学划分乡村振兴三阶段并设置相应战略目标和重要任务，《乡村振兴战略规划（2018—2022 年）》做出了具体部署，2022 年党的二十大报告再次强调乡村振兴和新型城镇化战略等也对农村城镇化提出了更高的要求。我国工业化和城镇化远未完成，还会有上亿人口转移到城镇非农产业就业，而农村城镇是实现由农村建设向城市建设转移的中介和桥梁，农村城镇新格局不仅依然重要而且要更好发挥作用，乡村振兴必须与农村城镇化有效统筹起来，更好发挥农村城镇化对乡村振兴和区域协调发展的促进作用，也有利于促进大中小城市和小城镇协调发展。西部地区历来与国家民族发展息息相通，复杂多样的区域自然环境和民族人文社会环境形成了多元化城镇化模式或路径，但在实施过程被有些地方政府异化放大和突破利用，盲目地实施大规模撤村并居，侵害农民权益、无视村民意愿、破坏乡村风俗文化、上楼致贫等问题突出，乡村振兴是正确认识农村城镇化的重要契机，使人们重新审视原有的发展路径，并逐渐树立新的发展观和环保理念。乡村振兴与农村城镇化统筹不仅关系“三农”问题，也决定中华民族伟大复兴的中国梦能否顺利实现，但乡村振兴与农村城镇化内在本质关联是什么，演进机制和运行机理如何构建，区域效应如何模拟评价，不同类型不同区域给予什么差别化政策，如何培育村镇建设活力和优化治理结构，等等是目前必须重点研究而学术界当前尚未开展或者没有系统、深入、全面思考的领域，也是本课题试图突破的地方。因此，本著作基于"时间、主体、空间"三维视角解构研究的逻辑主线及内容框架，解决以下主要问题：(1)科学构建中国乡村振兴战略与农村城镇化统筹的理论框架；(2)有效把握西部地区农村政策调整及与乡村振兴战略统筹的演进规律；(3)深入探索西部地区农村城镇化促进乡村振兴的作用机制；(4)系统模拟西部地区乡村振兴与农村城镇化统筹的空间效应；(5)全面优化西部地区乡村振兴战略背景下农村城镇化的治理结构。同时也研究了西部地区的区域特性，统筹的必要性、模式选择及制度保障。此外，本著作是集体智慧的结晶，作者顺序依次为吴碧波、韩志颖、任文、吴寿平、刘玲、陶昭华、张伟、谢冬水等。本著作是国家社科基金"西部地区乡村振兴与农村城镇化统筹研究"(18XJY009)的结题成果，也获得了国家社科基金"产业政策激励与阻断农村规模性返贫动态机制研究"(22BJY098)、"健康不平等、公共卫生资源匹配度与阻断相对贫困代际传递的政策机制研究"(22BJL087)，及内蒙古自治区自然科学基金面上项目"相对贫困多维测度、健康禀赋动态分布与居民家庭生计福利差异代际传递研究"(2021MS07010)和内蒙古自治区高等学校科学研究重点项目"内蒙古牧区相对贫困多维测度、扶贫产业深度匹配与动态政策体系助推研究"(NJSZ21012)等的资助。

目　　录

第一章　绪　论

乡村振兴是中国共产党对过去农村战略的系统总结和升华，是对我国村镇建设做出新的重要部署。党的十九大报告首次提出乡村振兴和区域协调发展战略，可谓恰逢其时。我国工业化和城镇化尚未完成，还会有上亿人口转移到城镇非农产业就业，农村城镇化是实现由农村建设向城市建设转移的桥梁，其不仅依然重要而且要更好发挥作用，必须与乡村振兴战略有效统筹起来，更好发挥农村城镇化对乡村振兴和区域协调发展的促进作用。

我国西部地区历来与国家民族发展息息相通，但发展不充分也不平衡，城镇化潮流下西部乡村的功能、作用、范围都在发生变化，研究农村城镇化的多维度演进规律、内外驱动机理、空间优化重组等具有学术学理的紧迫性，也预示着下一步要调整相关制度。在要素整合、外部环境变迁及社会需求驱动下，乡村地域功能、经济形态、空间格局和社会组织结构不断演化和变异，亟需构建村镇新格局，塑造村镇发展新主体、新动力。乡村振兴不能脱离农村城镇化重要内容，我国农村区域差异大、人口多，以有限的人力、物力和资金覆盖全部农村居民点既不经济也不现实，因地制宜采取小集中、大均衡模式是顺应农村人口向城镇集中的客观现实，也是解决以空心化、空壳化、灰色化等为表征“乡村病”的有效路径。西部复杂多样区域条件造成路径差异性，农村城镇化应遵循地方实际情况进而选择适宜的路径，还需要治理结构优化等一整套制度的跟进，完善和支撑乡村文明、乡村稳定和乡村发展。

第一节　文献综述

乡村振兴背景下的农村城镇化治理是一个多学科的研究课题，国内外围绕乡村发展、新型城镇化、城乡融合等方面取得丰硕的成果。

一、乡村发展相关研究

乡村发展研究可以追溯到古代希腊、罗马时代，近代的农业思想则包含于政治经济学之中。英国经济学家阿瑟·杨格1770年出版的《农业经济论》可以看作农业经济学的初创，此后法国的重农主义者、古典经济学家亚当·斯密、大卫·李嘉图、刘易斯等都对农业发展进行深入研究。美国经济学家西奥多·舒尔茨是最早研究经济发展理论的学者之一，他将农业现代转型的途径从农业外部转向农业内部。20世纪60年代后期，美国弗农·拉坦和日本的速水佑次郎把这种因适应于各个地区的要素相对稀缺程度而产生的技术创新称为“诱发性技术创新”。而荷兰经济学家伯克最早将“二元结构”运用于人类社会经济现象。格里格认为，农地转用的主要原因是转用后更高的地租，这种利益差异在一定条件下可以转变为土地投机的动力，加剧农村土地的非农化。与统治相比，治理是一种内涵更为丰富的现象，包括治理的主体、治理过程、集体行动、自主自治，国外学者在此方面也产生了许多有意义的学术成果。

我国“三农”问题研究经历了一个长期而曲折的过程，乡村发展实质是工农关系和城乡关系的根本转变，也是城镇化进程不可避免的阶段。龙花楼等(2014)认为乡村发展是乡村地域系统的要素、结构、功能等发生转变。主要涉及村镇空间结构、产业发展、就业方式、消费结构、城乡关系等方面(李裕瑞等,2012)。不同地域要素特点形成不同乡村转型主导类型，也有学者针对山地地域、传统农区、郊区农村等开展研究工作。农村系统经历从外生式、内源式到综合式的演进。内源式基于地方资源与当地的发展冲动（李承嘉，2005），包括农户自主发展能力（陈松林、陈进栋、韦素琼，2012）、资源禀赋、地理区位、本地文化和习俗以及经济基础等（吴碧波、黄少安，2016），及道路交通建设与农村发展耦合协同关系（杨忍、徐茜、余昌达，2016）。乡村人口的减少和老龄化削弱乡村的吸引力，直接引发人、土地和聚落的空心化（刘彦随等，2011）。农村人口、产业、土地空心化是空心化区划的重要依据（易文彬，2015）。空心化原因包括农村观念及生活状态的变化、农村人口流失、规划管理滞后等（龙花楼等，2014），也受传统乡村“旅游化”结果影响（王煜琴等，2010）。制度创新为乡村治理的重要保障，客观上要求建立政府与社会共管共治的多元治理机制，主张农民和乡村民间组织的参与治理，提出乡村治理的多元主体思想。

总之，上述理论框架和方法体系尚待完善，乡村发展是全面推进乡村振兴战略的必然过程，需拓展乡村生产、生活、生态、社会、人文等多维机制及优化理论。已有研究多停留在单一影响因素的分析，未来应从规模结构的形式与演化、微观基础、动力机制等方面构建综合的理论新框架。

二、城镇化相关研究

国际上通识的“城市化”或“城镇化”是与西方发达国家的工业化进程相伴生的，早在 160 多年前马克思和恩格斯就认为城市是社会生产力发展的产物。1876 年，西班牙工程师塞德（A.Serda）在其著作《城镇化基本理论》中首先使用了城镇化的概念。美国社会学家刘易斯 · 沃思（1938）认为伴随着现代交通和通讯方式的改善，郊区城市化进程也悄然展开。20 世纪 60 年代，美国规划师 J.弗里德曼和 J.米勒（1965）分析了美国当时主要城市的空间结构。伴随着世界城市化进程的不断推进，经济社会发展的不可持续性都日益凸显，城市发展的可持续性研究也愈发成为重要议题。为有效遏制过度郊区化趋势带来的不良影响，早在 1884 年马歇尔就率先提出新城思想。1898 年，地理学家彼得·克鲁泡特金倡导以正在释放的电力潜能为基础的“工业村”建设。1898 年埃比尼泽·霍华德“田园城市”的概念,被普遍认为是西方小城镇发展理论的开端。卫星城镇的概念是泰勒于 1915 年首次提出的。德国政府早在19 世纪 60 年代末开始全国范围内推行村落更新计划,韩国政府在 70 年代初期组织实施新村建设运动,日本发起“造村运动”并实施“村镇综合建设示范工程”。近年来,西方发达国家学者关注拉美、印度、中国等第三世界国家,并引入“乡村性”概念。

在中国,梁思成先生早在 1949 年以前就率先注意到市镇发展的重大意义。20 世纪 50 年代末至 60 年代,大多学者强调“控制大城市规模和发展小城镇”(周一星,1986)。20 世纪 80 年代费孝通相继发表《小城镇在四化建设中的地位和作用》、《小城镇,大问题》等文章。直至 1991 年,辜胜阻首次使用并拓展“城镇化”概念。但现有城镇数量和城市容纳能力远不能满足农村如此巨大人口转移要求。从我国“国情与乡情”出发,小城镇引导城乡人口结构及人口规模合理化(秦润新,2000;温铁军,2000;姚士谋,1982)。2014 年,刘彦随在《自然》合作发表论文《实现中国城市梦》,从健康城镇化视角探究农村日益衰落、空废的难题和问题,2017 年 8 月 17 日在该刊物再次发表《振兴世界乡村》,提出村镇化命题。有学者从自身动力和外力推动进行研究(薛凤旋、杨春,1995)。还有学者提出新发展阶段体现出政府和市场共同推动特征(李强、陈宇琳、刘精明,2012)。

总体来看,侧重个体功能向整体功能的研究的转变,对农村、小城镇与城市关系由“点对点”向“点面互动”、“协调发展”转变,对农村城镇发展模式的研究愈发多元化,但当前我国关于农村城镇理论的研究便趋于淡化,缺乏一个能够解释我国小城镇或者城镇化的理论框架,研究也缺乏聚合性和系统性。

三、城乡融合相关研究

城乡要素流动是城乡关系变动和城乡融合的基础,农村结构与城市功能紧密关联。国外学者常使用“linkage”和“interaction”来表达城乡之间的联系,研究最早源于19世纪,马克思、恩格斯等认为城乡必然走“一体—分离—对立—融合”道路,生产力的发展必然导致城乡融合。刘易斯(1954)建立了二元经济结构模型。1961年,拉尼斯和费景汉进一步补充了农业在促进经济发展方面的重要作用,建立农业劳动力流动的三阶段论。美国发展经济学家托达罗(1969)引入微观层面建立了托达罗模型。舒尔茨(1960,1964)认为因为土地、资本、信息和技术等不足导致农村劳动力过剩。唐纳德·博格于20世纪50年代末提出并系统论述人口转移推拉理论。霍德华用“城乡磁石”概念,主张新社会形态。而麦基(1991)以区域综合视角分析城镇化。道格拉斯·诺斯以非洲与亚洲为对象描述城乡空间发展过程。1979年,桑托斯提出分享空间理论,国家现代化过程产生“高级循环”和“低级循环”两种经济活动,中小城镇对于区域发展意义重大。美国著名城市研究专家芒福德(1989)指出城与乡不能截然分开。Takeuchi等日本学者(1998)提出建立生态村设想。

新中国成立以后,工农城乡关系不断得到调整和完善。自2002年“城乡统筹发展”国家战略提出以来,2004年取消农业税,2010年提出城乡一体化思想,2017年党的十九大提出城乡融合理念。城乡关系经历了城乡通开良性循环、以“大”农村促“小”城市、农村和城市顺次改革同步、城镇化速度加快城乡差别逐渐加剧、统筹城乡到城乡一体化、新时代城乡融合发展等阶段,我国已经连续发布15个中央1号文件推进解决“三农问题”。理论界对城乡融合给予高度关注,有学者认为尽管城市偏斜对农村带动作用“涓滴效应”,远不如城市对农村要素吸纳的“虹吸效应”。曲亮、郝云宏(2004)引入种群生态学中的共生理论,提出城乡互动发展的运作机理。村庄整治建设是统筹城乡突破口,推动土地要素在城乡之间高效配置(刘彦随、杨子生,2008;曹子剑等,2008)。我国最早对不同类型地区城乡互动研究的学者是周叔莲和郭克莎(1994),对发达地区、中等发达地区和不发达地区城乡关系进行比较。曾菊新、冯娟、蔡靖方(2003)认为西部地区合理城市化应是城镇网络化模式。

不难看出,现有文献对城乡差异进行了空间尺度和时间尺度分析,构建城乡融合灰色关联模型,揭示主要驱动因素及关联关系,但缺乏对不同类型模式和优化对策全面探讨,尚未考虑当地的地理特征与宗教、社会组织、习俗、生计方式等因素的综合影响。

四、综述与展望

乡村振兴将对城乡地域系统的物质结构、要素流动、社会关联等产生影响,农村城镇化也将多维度产生积极响应,县城、重点镇、中心镇、中心村或社区等城镇化层次研究的理论体系、空间结构及治理体系及新时代村镇体系的不平衡不充分问题,亟需加强研究的前沿领域及创新机制。国外学者主要研究农村城镇所体现的人地关系,一定程度上忽视了对城镇体系演变规律、区位职能、空间布局和发展的理论研究,尤其没有从系统角度考察乡村城镇空间体系,不同地域层次乡村城镇空间结构的形成发展规律及与环境、农业、经济结构转化关系的分析欠缺。而我国的乡村空间和城镇化理论,大多是以城市为中心构建的城市化模式,缺乏立足西部地区乡村自身视角的理论框架,针对乡村振兴战略背景下如何健全城乡融合的体制机制,加快构筑村镇建设格局的综合研究尚未开展。

结合西部地区乡村振兴与农村城镇化治理的现实情况,未来应从以下几方面重点展开:(1)乡村振兴背景下西部地区农村城镇化是新时代发展的要求,有必要梳理乡村建设政策演进和内在发展规律,各个阶段特征与经济发展之间的对应关系等。(2)西部地区农村城镇化对社会经济转型背景的响应及其功能、价值转变研究,聚居功能由传统单纯居住向居住、生产、消费、休闲、生态等综合性的转变,理清生态系统、生产系统和生活系统之间的相互作用机理。(3)随着西部地区乡村振兴实践的推进,加强对典型案例的比较分析并从中抽象出一般性规律,侧重于就案例地区某些特色和重点展开深入分析。

(4)调动西部地区农民的积极性并发挥全社会的合力,建立良好运行机制、协调机制、考核机制和保障机制,建立科学的示范带动机制以更好地发挥其示范作用,长效治理机制以实现其内在的可持续发展。(5)从系统论、整体观出发对西部地区农村人居环境进行全面、综合的调控,构建多层次、网络状的调控机理与对策体系,更加重视传统村落保护研究中存在的问题,并提出未来研究的重点方向,推动传统村落保护的研究工作。

第二节　研究思路

一、研究对象

本书基于"时间、主体、空间"三维度解构逻辑主线及内容框架,包括三重含义,即时代要求、运行机理和治理结构。第一重含义,以往研究就乡村论述乡村,或就城镇化论述城镇化,从整个农村政策调整优化和区域宏观战略背景出发的研究欠缺;第二重含义,基于西部地区乡村经济、文化、生态、民族的复杂性,须将农村城镇化结构演进与地区生命力相统一,分析不同空间主体、不同尺度层次的动力机制;而对于第三重含义,不同地域采取不同发展模式和治理方式,创新治理的空间结构及民族文化生态,创造结构合理、功能高效和生态优化的"空间利益共同体"。另对具体研究对象做详细分类,也讨论农地优化配置和农业适度规模问题。

二、总体框架

(一) 乡村振兴背景下西部地区农村城镇化治理的框架体系:理论构建

乡村振兴是内外因素共同作用,不同的阶段表现形态和作用机制存在差异,空间更新与空间生产内容、形式和作用也不同,不同尺度的发展主体响应机制也存在差异,但我国的乡村空间发展理论,大多是以城市为中心构建的城市化模式,缺乏立足乡村自身视角的理论框架。本书以乡村地理学、乡村规划学和乡村社会学等领域为背景,着眼于“时间、主体、空间”三维度,对增长极理论、中心地理论、城镇化阶段论、空心村生命周期理论、乡村聚落、城乡人地关系地域系统、城乡等值化等进行梳理,综合分析和建构乡村振兴背景下西部地区农村城镇化治理的三维度模型和理论框架,为评定不同的统筹阶段、明确其空间表现和主体动力机制提供依据。

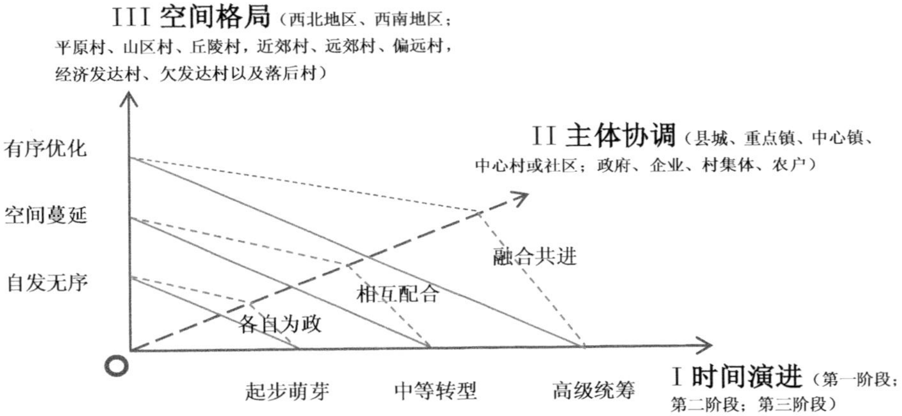

图 1-1　乡村振兴背景下西部地区农村城镇化的三维框架和动态过程

（二）乡村振兴背景下西部地区农村城镇化治理的演进规律:时代要求

“社会主义新农村”到“美丽乡村”再到“乡村振兴”是我国不同发展阶段的乡村发展战略,而乡村振兴是对过去农村战略的系统总结和升华,优化资源配置、改善人居环境是促进乡村振兴、有效解决“三农”问题的战略举措,而推进农村城镇建设是当前最直接的抓手和最紧迫的任务,必须深刻认识和正确处理乡村振兴与农村城镇化之间的辩证关系。必须分析西部地区不同时期乡村政策的着力点,深刻理解乡村振兴战略的重大意义与科学内涵,论证农村城镇化是乡村振兴的重要内容、关键点和基本目标。

（三）西部地区通过农村城镇化促进乡村振兴的作用机制：运行机理

统筹发展的主要内容是人口、土地、产业、资本等如何实现融合？关键是怎么处理好回流农民、留住现有农民及吸引城市人口（资本下乡）问题。结合三维理论框架的构建，充分解析乡村振兴背景下西部地区农村城镇化治理的主要载体（县城、重点镇、中心镇、中心村或社区）、基础支撑（农村基础设施、公共服务供给等）、多元主体（政府、村集体、企业、社会团体、农户等）及发展形态的重构与响应，明确不同类型区域、不同时间阶段和不同层面的主导作用力和动力机制，并有效检验各机制的作用路径。

（四）乡村振兴背景下西部地区农村城镇化治理的空间效应：效应评价

针对西部地区不同地域典型案例，通过土地利用、常住人口、公共服务设施，及产业结构优化、居民收入提高等指标数据，分析农村城镇聚落空间格局和农村居民点用地面积时空演变特征，运用空间回归模型和地理权重模型分析空间内部相互作用机制，将农村城镇化因素纳入经典理论模型定量测算与分析，把握特定经济发展阶段、不同类型区村镇建设格局的演变态势，创新性地对农村城镇的“产业、宜居、乡风、治理、生活”等综合性效应及其功能耦合效应进行测度，并探讨乡村振兴背景下农地系统、乡村城镇、农业产业等适度规模和优化配置。

（五）西部地区乡村振兴背景下农村城镇化的发展路径：治理优化

基于不同类型地区村镇发展的要素禀赋结构、产业发展阶段，研究划定乡村发展以及村镇空间重构的功能类型区，对西部农村城镇化模式进行科学的划分，分析各模式城镇聚集的动力机制和行为特征，进而选取典型案例对不同模式的适应特点、利弊性、选择成本、融资条件等进行比较，研究特色小镇、田园综合体等不同形态的适应性。同时科学防范和化解统筹过程的风险问题，创新治理的空间结构、动力、机制及其文化生态，实现空间治理的制度化、复合化及有序化，创造结构合理、功能高效和生态优化的“空间利益共同体”，更全面深入分析西部地区农村城镇化的特殊性和规律性。

三、重点难点

重点在于创新与因势利导，难点在于如何将农村城镇化结构演进与西部地区的区域生命力可持续性相统一，倡导遵循客观规律前提下定制化与特色化道路。

一是研究重点包括：(1)从“时间、主体、空间”三维度，创新性构建理论框架模型与方法体系，深入分析乡村振兴背景下西部地区农村城镇化的特殊性和规律性；(2)论证乡村振兴背景下西部地区农村城镇化必然性和独特性，深刻理解与乡村振兴的辩证关系及两者统筹的关键点；(3)深入揭示从村到镇、再到市的村镇化、城镇化、城市化的演进与动力，分析行为主体的空间行为及博弈；(4)剖析农村城镇化的主控因素、形态结构及空间特征，优化土地整治，形成稳定、互补、高效的治理新体系。

二是研究难点包括：(1)历程及特征分析需要大量跨度较长、连续性较强和空间范围较大的文字、数据和图片等资料，基础资料不易完整获取。受制于研究方法和技术，演变趋势预测很难定量，也易流于表面；(2)西部地区不同地区统计数据口径差异，及农村地区环境的复杂性，对农村城镇化空间演变进行全面、系统的研究是复杂和困难的。仅选择较为典型案例，结论普遍适用性有待验证；(3)农户居住区位选择的空间偏好、影响因素及居住效用等分析很重要，但村域范围内农户行为(感性过程)与现象环境(决策过程)关系的全面研究较为复杂与不易。

四、研究方法

本书采用综合研究方法:(1)文献理论分析。利用 CNKI、JSTOR、Springer 等数据库,系统梳理相关文献,讨论西部地区农村城镇化的层次系统、空间分异、演化机制、地域类型等前沿问题;(2)归纳演绎分析。站在历史演进高度,分析不同阶段西部地区农村城镇化所承担的功能,正确处理与乡村振兴的辩证关系;(3)空间比较分析。空间技术应用到空间格局优化研究,对西部地区典型乡村的分布、特征、趋势进行比较分析;(4)典型案例分析。对典型村镇进行重点个案剖析,借助“典型”把握“类型”,以“小尺度”映射“大空间”,基于不同情境目标进行模拟、识别和评价。

第三节　研究意义

一、服务国家战略

国家不同时期政策着重点有所不同,过去对农村政策基本上是围绕工业化和城市化对农村的需求来制定的,城市导向农村公共政策的结果就是村庄凋敝,整个村庄向何处去的问题仍没有解决。党的二十大报告进一步强调大中小城市和小城镇协调发展城镇格局的构建,是有效缓解“农村病”和全面推进乡村振兴的重要途径。本研究内容服务于国家关于乡村振兴战略的实施,正确把握西部地区乡村振兴和区域协调对农村城镇化的新要求和辩证关系,极大提高农村发展的标准,有利于在未来形成村镇化与城镇化双轮驱动和均衡发展,也是促进区域协调发展和实现城乡融合发展的关键。

二、丰富学科研究

乡村振兴客观需要农村城镇的科学应对和应用支撑,通过大量典型村镇案例实证研究，本书建构了包含农村新型城镇的地域类型、演进规律、动力机制的理论和方法体系，为乡村振兴提供了一种新的思路。“时间、主体、空间”三维度理论模型与方法体系，融合经济学、管理学、社会学、系统学、生物学等学科思想，结合古典分工理论、经济地理理论、交易成本理论、协同共生等方面观点，在阅读大量相关文献、搜集整理大量数据的基础上，运用定性分析与定量分析相结合、数据分析与图表说明相结合进行研究，超越了传统的单一分析视角。

三、提供决策参考

农村城镇化是一种着眼于城乡融合的乡村振兴路径，但过去实施过程被有些地方政府异化放大和突破利用，导致侵害农民权益、无视村民意愿、上楼致贫等问题突出，“农民造城”也使乡村生活失去了部分原有面貌，使得农民和地方政府的关系紧张，社会矛盾有激化的趋势。乡村振兴战略使我们正确认识到农村城镇化的真正内涵，分析中央政府、地方政府、农村集体经济组织或农民作为利益博弈方的价值取向和行动方式，并加快农村由单一的“生活功能”转向“生产、生活、生态”的多功能复合，进而推进城乡关系地域格局的理论创新和城乡融合格局的科学决策。

四、解决现实问题

西部地区的乡村发展相对落后，同时要面对自身地理环境恶劣、经济落后、社会环境复杂等方面的限制和东中部较发达地区乃至国际竞争的挑战，而寻求一个既能够“扬长避短、趋利避害”又能够促进西部社会经济快速发展的模式和路径具有极其重要的应用价值。本书以东中西部区域差异的典型案例为载体，从点、线、面多维度，全方位积极构建农村城镇新格局，有利于夯实农村发展基础、搭建融合城乡发展新平台，提高农村居民收入、改善民生、传播城市文明理念。通过营造美好生活氛围，激发群体的自我发展意愿和对美好生活的向往，引领城乡协调与等值化发展，培育乡村创新能力、加快乡村治理现代化。

第二章　西部区域特征及乡村振兴与农村城镇化统筹的概况

西部地区12个省(市、区)总面积约686万平方公里,大约占全国总面积的72%,包括位于西北的新疆、陕西、宁夏、青海、甘肃五省区,位于西南的西藏、四川、云南、重庆、贵州五省区市,及广西和内蒙古。1949年新中国成立前,我国70%的工业分布在仅占国土面积13.5%的沿海地区和沿(长)江地区,只有30%左右分布在内地。沿海地区生产总值占全国45.4%,人均国内生产总值较全国平均水平高出10%,另西部地区铁路长度只占全国铁路总长度的5.4%。为改变不均衡现状,新中国成立后实行了财政转移支付、平衡收入差距等政策举措,并在西部兴建大批大中型工业生产项目,大大缩小了西部地区与沿海地区发展差距和人均收入差距,"三线"建设为西部地区城镇化奠定扎实基础,城镇化水平不断提高。

第一节　区域综合比较

一、基本情况

(一)国土

土地资源比较丰富的西部地区土地面积占全国的71.4%。在西部地区,其人均占有耕地是全国平均水平的1.3倍,达到2亩。西部地区未利用土地占全国的80%,耕地后备资源总量大,其适宜开发为耕地的面积1亿亩。西南部生物资源比较丰富,特色农牧业、特色生物资源开发利用潜力巨大。西部草地面积占全国的比例达62%,但与东中部地区相比,西部地区山地面积比例较高,大规模种植粮食没有优势。西部土地资源的质量差异较大。从西部地区内部看,西北、西南的自然条件上也有所不同,西北地区日照充足,但少雨干旱;西南地区雨水充足、多气候带,动植物资源丰富多样;青藏高原的高原自然气候条件比较独特。可见,西部地区要因地制宜,根据自身的实际情况,发展适合本地气候、土质和自然条件的特色农牧业。在西部地区内部,如陕西汉中、内蒙古河套地区和四川地区等发展粮食生产也有一定优势。

表2-1　我国区域划分情况

区域划分	省市数量	具体省市名称	土地面积(万平方公里)	国土占比(%)
西部地区	12	内蒙古、广西、重庆、四川、贵州、云南、西藏、陕西、甘肃、青海、宁夏和新疆	686.7	71.5
中部地区	6	山西、安徽、江西、河南、湖北和湖南	102.8	10.7
东部地区	10	北京、天津、河北、上海、江苏、浙江、福建、山东、广东和海南	91.6	9.5
东北地区	3	辽宁、吉林和黑龙江	78.8	8.2

(二)民族

西部地区是少数民族分布最集中的地区,有44个少数民族,包括维吾尔族、回族、蒙古族、藏族等。西部地区人口较多的少数民族主要有壮族、蒙古族、回族、维吾尔族、哈萨克族、藏族。壮族主要分布于广西,在云南、广东、贵州、湖南也有一定分布。蒙古族主要分布在内蒙古和新疆,甘肃和青海也有一定数量分布。回族分布广泛，主要聚居在甘肃、宁夏、新疆。维吾尔族主要聚集在天山以南地区，是西北边疆的主要少数民族。乌鲁木齐、吐鲁番、喀什、和田、阿克苏、哈密、库尔勒等地维吾尔族人口较多。喀什是维吾尔族最大的聚居地。维吾尔族、回族、塔萨克族、撒拉族、东乡族、保安族、乌孜别克族、柯尔克孜族、塔塔尔族等9个民族都信仰伊斯兰教。哈萨克族主要分布在新疆天山以北地区，主要聚居在伊犁哈萨克自治州和木垒、巴里坤，及甘肃省阿克赛哈萨克族自治县。藏族主要在西藏，甘肃、青海、四川、云南等也有分布。

（三）气候

西北地区与海洋距离遥远，深居大陆内部，较高的高原和山地地形阻挡湿润气流的流动，导致西北地区降水稀少，气候干旱，形成沙漠广袤和戈壁沙滩的景观。全国降水最少的地区为托克逊。全国夏季最热的地区为吐鲁番盆地。在西部地区，除东南部少数地区为温带季风气候外，其他大部地区为温带大陆性气候和高寒气候，夏季降水稀少并高温，冬季干燥而严寒。西北地区大部分属中温带和暖温带大陆性气候，局部属于高寒气候。西南地区的气候主要分为四川盆地湿润北亚热带季风气候、云贵高原低纬高原中南亚热带季风气候、高山寒带气候与立体气候分布区三类：青藏高原的隆起导致四川盆地湿润北亚热带季风气候区从西北到东南的温度和降水均有很大差异，在西部的年均气温最低可达 0 ℃ 以下，在东部的年均气温达 24℃；降水量空间分布很不均匀，从西北到东南相差上千毫米。该区气候类型由温暖湿润的海洋气候到四季如春的高原季风气候，再到亚热带高原季风湿润气候以及青藏高原独特的高原气候，形成了独特的植被空间分布。高山寒带气候与立体气候分布区是主要的牧业区。高山寒带气候与立体气候分布区南端还分布有少部分干湿季分明的热带季雨林气候区。

（四）地形

西部地区地形类型为山地、盆地、沙漠及戈壁，包括天山山脉、阿尔金山脉、祁连山脉、阴山山脉、昆仑山脉、阿尔泰山脉、河西走廊、准噶尔盆地、塔里木盆地、塔克拉玛干沙漠、吐鲁番盆地等。西部地区从东到西自然景观按照大类可分为黄土高原、戈壁沙滩、荒漠草原、戈壁荒漠。西北地区与海洋距离遥远，深居大陆内部，较高的高原和山地地形阻挡湿润气流的流动，导致西北地区降水稀少，气候干旱，形成沙漠广袤和戈壁沙滩的景观。西南地区地处祖国西南边疆，青藏高原的东南部。西南地区地形可以初步地分为四川盆地及其周边山地、云贵高原中高山山地丘陵区、青藏高原高山山地区三个地形单元。从行政区划看，四川省中东部、贵州省中北部、云南省东北部和重庆直辖市大部分地区为四川盆地及其周边山地的主要范围，四川盆地海拔在500米左右；贵州全境与云南省的中南部和中东部为云贵高原中高山山地丘陵区的主要范围，云南高原和贵州高原的海拔分别为2000米和1000米；西藏全境，四川北部、西部、西南部和云南省的西北部为青藏高原高山地区的主要范围，青藏高原东缘的海拔基本在3500米以上。西南地区区域内各种地貌形态分布广泛均衡，平原、低地盆地、小起伏低山和中山的面积较大，它们的面积和超过总面积的42%，主要分布在四川盆地、广西地区、贵州高原以及云南西南部等地势相对较低的区域，分别占总面积的12.22%、14.34%、15.89%。由澜沧江、金沙江以及怒江等几大河流剧烈切割作用造成的峡谷区表现出极大的地表切割和起伏，主要分布在横断山区。

（五）行政区划

2017年，西部地区县级区划数1089个，占全国比重27.12%，其中人口最多的省份是8302万人，最少的是337万人，两者相差7965万人。

表 2-2　全国行政区划(1)

省级区划名称		地级区划数		地级市		县级区划数		市辖区		县级市	
		2017	2009	2017	2009	2017	2009	2017	2009	2017	2009
全国		334	333	294	283	2851	2858	962	855	363	367
东部		86	84	86	84	767	786	343	302	123	144
东北部		36	36	34	34	288	288	145	140	55	55
中部		82	83	80	81	707	707	218	208	90	87
西部		130	130	94	84	1089	1077	256	205	95	81
西部地区	广西	14	14	14	14	111	109	40	34	7	7
	内蒙古	12	12	9	9	103	101	23	21	11	11
	重庆市	0		0		38	40	26	19	0	
	四川省	21	21	18	18	183	181	53	43	17	14
	贵州省	9	9	6	4	88	88	15	10	8	9
	云南省	16	16	8	8	129	129	16	12	15	9
	西藏	7	7	6	1	74	73	8	1	0	1
	陕西省	10	10	10	10	107	107	30	24	4	3
	甘肃省	14	14	12	12	86	86	17	17	4	4
	青海省	8	8	2	1	43	43	6	4	3	2
	宁夏	5	5	5	5	22	22	9	9	2	2
	新疆	14	14	4	2	105	98	13	11	24	19

表 2-2　全国行政区划(2)

省级区划名称	县		自治县		乡镇级区划数		镇数		乡数		民族乡	街道办事处	
	2017	2009	2017	2009	2017	2009	2017	2009	2017	2009	2017	2017	2009
全国	1355	1464	117	117	39890	40858	21116	19322	10529	14848	982	8243	6686
东部	285	324	16	16	10458	10630	5936	6012	1589	2221	94	2932	2396
东北部	76	81	12	12	3642	3673	1599	1469	737	982	134	1306	1222
中部	389	402	9	9	10047	10449	5400	4996	2689	3848	122	1958	1605

续表

省级区划名称		县		自治县		乡镇级区划数		镇数		乡数		民族乡	街道办事处	
		2017	2009	2017	2009	2017	2009	2017	2009	2017	2009	2017	2017	2009
西部		605	657	80	80	15743	16106	8181	6845	5514	7797	632	2047	1463
西部地区	广西	52	56	12	12	1251	1232	799	702	319	424	59	133	106
	内蒙古	17	17	0		1020	863	505	463	272	179	17	243	221
	重庆市	8	17	4	4	1030	1009	626	578	182	267	14	222	164
	四川省	109	120	4	4	4610	4660	2196	1821	2064	2586	98	350	253
	贵州省	53	56	11	11	1379	1555	839	689	317	757	193	223	109
	云南省	69	79	29	29	1398	1366	682	597	543	689	140	173	80
	西藏	66	71	0		697	692	140	140	545	542	9	12	10
	陕西省	73	80	0		1295	1745	983	921	23	649	0	289	175
	甘肃省	58	58	7	7	1355	1350	816	464	413	762	32	126	124
	青海省	27	30	7	7	400	396	143	137	223	229	28	34	30
	宁夏	11	11	0		240	233	103	99	90	93	0	47	41
	新疆	62	62	6	6	1068	1005	349	234	523	620	42	195	150

（六）人口

2017 年，西部地区年末总人口 37694.66 万人，占全国比重 27.12%，其中人口最多的省份是 8302 万人，最少的是 337 万人，两者相差 7965 万人。

表 2-3　年末总人口　　（万人）

	2000 年	2004 年	2009 年	2013 年	2017 年
全国	129533	129988	133450	136072	139008
东部	44895	46247	49549	51819	53363
东北部	10655	10743	10907	10976	10875
中部	35147	35960	35604	36085	36900

续表

		2000 年	2004 年	2009 年	2013 年	2017 年
西部		35531	36073	36385	36637	37695
西部地区	广西	4489	4889	4856	4719	4885
	内蒙古	2376	2393	2458	2498	2529
	重庆	3090	2793	2859	2970	3075
	四川	8329	8090	8185	8107	8302
	贵州	3525	3904	3537	3502	3580
	云南	4288	4415	4571	4687	4801
	西藏	262	276	296	312	337
	陕西	3605	3681	3727	3764	3835
	甘肃	2562	2541	2555	2582	2626
	青海	518	539	557	578	598
	宁夏	562	588	625	654	682
	新疆	1925	1963	2159	2264	2445

2017 年,西部地区年末城镇人口比重 51.11%,比全国年末城镇人口比重低 7.41 个百分点,其中比重最高的省份是 64.08%,最低的是 30.89%,两者相差 33.19 个百分点。

表 2-4　年末城镇人口比重　　(%)

	2009 年	2013 年	2017 年
全国	48.34	53.73	58.52
东部	62.48	66.92	70.22
东北部	56.39	59.35	61.18
中部	43.03	49.26	54.92
西部	39.61	45.43	51.11

续表

		2009 年	2013 年	2017 年
西部地区	广西	39.20	44.81	49.21
	内蒙古	53.40	58.71	62.02
	重庆	51.59	58.34	64.08
	四川	38.70	44.90	50.79
	贵州	29.89	37.83	46.02
	云南	34.00	40.48	46.69
	西藏	22.30	23.71	30.89
	陕西	43.50	51.31	56.79
	甘肃	34.89	40.13	46.39
	青海	41.90	48.51	53.07
	宁夏	46.10	52.01	57.98
	新疆	39.85	44.47	49.38

二、经济发展

（一）国内生产总值

2017 年，西部地区国内生产总值为 168561.6 亿元，占全国比重 19.90%，其中国内生产总值最高的省份是 36980.2 亿元，最少的是 1310.9 亿元，两者相差 35669.3 亿元。

表 2-5 国内生产总值 （亿元）

	2000 年	2004 年	2009 年	2013 年	2017 年
全国	97209.4	163240.4	365303.7	630009.3	847140.1
东部	51020.5	88433.1	196674.4	322258.9	447835.5
东北部	9743.3	15133.9	31078.2	54442.0	54256.5

续表

		2000 年	2004 年	2009 年	2013 年	2017 年
中部		19791.0	32088.3	70577.6	127305.6	176486.6
西部		16654.6	27585.2	66973.5	126002.8	168561.6
西部地区	广西	2050.1	3320.1	7759.2	14378.0	18523.3
	内蒙古	1401.0	2712.1	9740.3	16832.4	16096.2
	重庆	1589.3	2665.4	6530.0	12656.7	19424.7
	四川	4010.3	6556.0	14151.3	26260.8	36980.2
	贵州	993.5	1591.9	3912.7	8006.8	13540.8
	云南	1955.1	2959.5	6169.8	11720.9	16376.3
	西藏	117.5	211.5	441.4	807.7	1310.9
	陕西	1660.9	2883.5	8169.8	16045.2	21898.8
	甘肃	983.4	1558.9	3387.6	6268.0	7459.9
	青海	263.6	465.7	1081.3	2101.1	2624.8
	宁夏	265.6	460.4	1353.3	2565.1	3443.6
	新疆	1364.4	2200.2	4277.1	8360.2	10882.0

2017 年，西部地区人均地区生产总值 45577 元，比全国人均低 15279 元，其中人均地区总产值最多的省份是 63764 元，最少的是 28497 元，两者相差 35267 元。

表 2-6 人均地区生产总值 （元）

	2000 年	2004 年	2009 年	2013 年	2017 年
全国	8592	14079	28218	47047	60856
东部	14883	24478	43938	67273	87715
东北部	8878	13709	28064	48795	50094
中部	5521	9032	19828	35303	47553
西部	4814	8030	19353	35626	45577

续表

		2000 年	2004 年	2009 年	2013 年	2017 年
西部地区	广西	4319	7196	16045	30588	38102
	内蒙古	5872	11305	39735	67498	63764
	重庆	5157	9608	22920	42795	63442
	四川	4784	8113	17339	32454	44651
	贵州	2662	4215	10971	22922	37956
	云南	4637	6733	13539	25083	34221
	西藏	4559	7779	15295	26068	39267
	陕西	4549	7757	21947	42692	57266
	甘肃	3838	5970	13269	24296	28497
	青海	5087	8606	19454	36510	44047
	宁夏	4839	7880	21777	39420	50765
	新疆	7470	11199	19942	37181	44941

（二）财政收入

2017 年，西部地区地方一般公共预算收入 17787.3 亿元，占全国比重 19.45%，其中收入最多的省份是 3578.0 亿元，最少的是 185.8 亿元，两者相差 3392.2 亿元。

表 2-7　地方一般公共预算收入　（亿元）

	2000 年	2004 年	2009 年	2013 年	2017 年
全国	6406.1	11693.4	32602.6	69011.2	91469.4
东部	3651.4	6928.5	18786.6	36752.6	52495.3
东北部	584.8	985.3	2720.0	5778.2	4847.0
中部	1042.6	1796.6	5039.6	12035.5	16339.9
西部	1127.3	1982.9	6056.4	14444.9	17787.3

续表

		2000 年	2004 年	2009 年	2013 年	2017 年
西部地区	广西	147. 1	237. 8	621. 0	1317. 6	1615. 1
	内蒙古	95. 0	196. 8	850. 9	1721. 0	1703. 2
	重庆	233. 9	200. 6	655. 2	1693. 2	2252. 4
	四川	87. 2	385. 8	1174. 6	2784. 1	3578. 0
	贵州	85. 2	149. 3	416. 5	1206. 4	1613. 8
	云南	180. 7	263. 4	698. 3	1611. 3	1886. 2
	西藏	5. 4	10. 0	30. 1	95. 0	185. 8
	陕西	115. 0	215. 0	735. 3	1748. 3	2006. 7
	甘肃	61. 3	104. 2	286. 6	607. 3	815. 7
	青海	16. 6	27. 0	87. 7	223. 9	246. 2
	宁夏	20. 8	37. 5	111. 6	308. 3	417. 6
	新疆	79. 1	155. 7	388. 8	1128. 5	1466. 5

2017 年，西部地区地方税收收入 12218. 9 亿元，占全国比重 17. 79%，其中收入最多的省份是 2430. 3 亿元，最少的是 122. 7 亿元，两者相差 2307. 6 亿元。

表 2-8　地方税收收入　（亿元）

	2009 年	2013 年	2017 年
全国	26157. 4	53890. 9	68672. 7
东部	16154. 9	30748. 7	41666. 1
东北部	1989. 4	4290. 8	3568. 4
中部	3647. 1	8504. 6	11219. 4
西部	4366. 0	10346. 8	12218. 9

续表

		2009 年	2013 年	2017 年
西部地区	广西	417.7	875.7	1057.7
	内蒙古	576.8	1215.2	1286.9
	重庆	435.6	1112.6	1476.3
	四川	886.7	2103.5	2430.3
	贵州	311.7	839.7	1179.7
	云南	548.1	1215.7	1233.8
	西藏	18.5	71.5	122.7
	陕西	532.8	1256.2	1485.6
	甘肃	176.0	417.7	547.1
	青海	70.2	175.1	184.0
	宁夏	90.7	237.5	270.3
	新疆	301.1	826.3	944.4

（三）就业和工资

2017 年，西部地区分行业私营企业和个体就业人数 7070.6 万人，占全国比重 20.73%，其中人数最多的省份是 1168.6 万人，最少的是 98.4 万人，两者相差 1070.2 万人。

表 2-9　地区分行业私营企业和个体就业人数　（万人）

	2000 年	2004 年	2005 年	2013 年	2017 年
全国	7476.5	9604.4	15192.3	21857.3	34107.0
东部	3496.1	4847.4	8071.5	10809.2	18321.9
东北部	883.5	921.8	1281.5	1842.9	2044.4
中部	1620.2	1914.6	2819.6	4485.8	6670.0
西部	1476.7	1920.5	3019.8	4719.5	7070.6

续表

		2000 年	2004 年	2005 年	2013 年	2017 年
西部地区	广西	170.0	219.3	384.0	508.8	787.4
	内蒙古	201.1	139.2	234.3	467.4	588.6
	重庆	136.6	191.0	313.4	646.6	1168.6
	四川	249.8	419.1	728.3	955.0	965.8
	贵州	79.0	99.9	156.8	346.8	669.4
	云南	128.3	202.7	400.2	620.2	796.3
	西藏	7.1	14.2	33.6	54.5	100.2
	陕西	298.2	308.4	318.5	466.8	567.1
	甘肃	72.6	105.8	157.5	263.8	530.8
	青海	27.0	51.6	57.1	66.5	98.4
	宁夏	23.9	38.1	69.2	95.8	172.1
	新疆	83.1	131.4	166.9	227.1	626.0

2017 年,西部地区租赁和商务服务业私营企业和个体就业人数为 468.6 万人,占全国比重 17.21%,其中人数最多的省份是 117.1 万人,最少的是 4.8 万人,两者相差 112.3 万人。

表 2-10　租赁和商务服务业私营企业和个体就业人数　（万人）

	2004 年	2005 年	2013 年	2017 年
全国	285.4	732.8	1272.6	2722.5
东部	127.7	421.9	692.0	1761.9
东北部	31.9	44.5	81.9	95.5
中部	85.4	135.3	244.2	396.6
西部	40.5	131.0	254.4	468.6

续表

		2004 年	2005 年	2013 年	2017 年
西部地区	广西	5.4	14.5	25.8	66.1
	内蒙古	2.5	7.9	16.2	36.0
	重庆	5.1	26.3	48.7	117.1
	四川	11.2	35.6	60.2	65.2
	贵州	1.5	4.5	17.4	41.1
	云南	3.9	12.6	29.5	41.2
	西藏	0.1	1.2	2.7	8.5
	陕西	4.6	12.2	21.9	24.0
	甘肃	2.1	4.5	7.7	20.2
	青海	0.3	0.7	1.6	4.8
	宁夏	0.7	2.8	6.0	13.7
	新疆	3.1	8.3	16.8	30.8

2017 年，西部地区分行业城镇私营企业和个体就业人数为 4744.1 万人，占全国比重 20.92%，其中人数最多的省份是 921.9 万人，最少的是 84.2 万人，两者相 差 837.7 万人。

表 2-11　分行业城镇私营企业和个体就业人数　（万人）

	2000 年	2004 年	2005 年	2013 年	2017 年
全国	3404.0	5515.0	9788.9	14384.6	22674.7
东部	1351.9	2591.9	5187.5	7133.4	12129.9
东北部	514.1	698.8	936.4	1366.1	1340.1
中部	766.0	1084.8	1720.8	2859.5	4460.7
西部	772.0	1139.4	1944.2	3025.6	4744.1

续表

		2000年	2004年	2005年	2013年	2017年
西部地区	广西	89.7	127.5	220.2	297.7	519.0
	内蒙古	116.8	100.3	193.7	341.5	499.4
	重庆	71.1	114.3	249.8	505.7	921.9
	四川	118.0	229.3	444.2	514.0	561.3
	贵州	41.9	63.3	91.2	170.1	231.3
	云南	66.3	125.4	280.9	401.9	403.0
	西藏	4.8	11.7	28.6	44.5	90.9
	陕西	132.5	127.6	106.8	300.9	485.9
	甘肃	41.7	70.2	107.5	166.5	244.2
	青海	18.6	36.0	39.4	49.9	84.2
	宁夏	12.5	27.7	52.0	56.7	116.7
	新疆	58.1	105.9	130.0	176.2	586.3

2017年,西部地区城镇登记失业人员数201.3万人,占全国比重25.48%,其中人数最多的省份是55.8万人,最少的是1.9万人,两者相差53.9万人。

表2-12 城镇登记失业人员数 (万人)

	1990年	2004年	2005年	2013年	2017年
全国	383.2	719.7	739.3	775.3	790.1
东部	116.8	245.5	261.4	262.1	270.1
东北部	54.6	119.3	97.8	104.0	108.7
中部	84.7	192.4	210.5	210.6	210.0
西部	127.1	162.4	169.5	198.7	201.3

续表

		1990 年	2004 年	2005 年	2013 年	2017 年
西部地区	广西	13.9	18.5	19.1	18.7	14.7
	内蒙古	15.2	17.7	20.8	24.8	27.1
	重庆	—	16.9	13.0	13.4	14.3
	四川	38.0	34.3	34.6	54.4	55.8
	贵州	10.7	12.1	12.2	14.1	14.9
	云南	7.8	13.0	15.7	19.2	19.8
	西藏	—	—	2.1	1.7	1.9
	陕西	11.2	21.5	21.4	22.3	23.4
	甘肃	12.5	9.3	10.7	9.7	9.6
	青海	4.2	3.6	4.2	4.2	4.7
	宁夏	4.0	4.4	4.8	5.0	5.1
	新疆	9.6	11.1	11.0	11.2	10.0

2017 年，西部地区城镇登记失业率 3.15%，比全国失业率低 0.03 个百分点，其中失业率最高的省份是 4.01%，最低的是 2.21%，两者相差 1.80 个百分点。

表 2-13 城镇登记失业率 （%）

	1990 年	2004 年	2005 年	2013 年	2017 年
全国	2.81	3.89	3.61	3.26	3.18
东部	2.13	3.38	3.22	2.99	3.03
东北部	2.10	4.75	3.90	3.75	3.84
中部	2.35	3.82	3.71	3.35	3.17
西部	3.97	4.12	3.82	3.33	3.15

续表

		1990 年	2004 年	2005 年	2013 年	2017 年
西部地区	广西	3.90	4.15	3.66	3.15	2.21
	内蒙古	3.80	4.26	3.90	3.59	3.63
	重庆	—	4.12	3.90	3.46	3.35
	四川	3.70	4.61	4.14	4.15	4.01
	贵州	4.10	4.20	3.64	3.27	3.23
	云南	2.50	4.17	4.21	3.98	3.20
	西藏	—	—	3.99	2.47	2.68
	陕西	2.80	4.18	3.85	3.34	3.28
	甘肃	4.90	3.26	3.21	2.19	2.71
	青海	5.60	3.93	3.80	3.15	3.05
	宁夏	5.40	4.52	4.35	4.02	3.87
	新疆	3.00	3.92	3.23	3.17	2.58

（四）全社会固定资产投资

2017 年，西部地区全社会固定资产投资 169715.0 亿元，占全国比重 26.47%，其中投资最多的省份是 31902.1 亿元，最少的是 1975.6 亿元，两者相差 29926.5 亿元。

表 2-14　全社会固定资产投资　（亿元）

	2000 年	2009 年	2013 年	2017 年
全国	31896.7	224598.8	446294.1	641238.4
东部	17484.8	95548.0	179097.6	268911.0
东北部	2703.8	23732.9	46540.0	31252.6
中部	5597.4	49851.8	105740.2	166139.5
西部	6110.7	49686.3	109260.9	169715.0

续表

		2000 年	2009 年	2013 年	2017 年
西部地区	广西	583.3	5237.2	11907.7	20499.1
	内蒙古	423.6	7336.8	14217.4	14013.2
	重庆	572.6	5214.3	10435.2	17537.0
	四川	1418.0	11371.9	20326.1	31902.1
	贵州	397.0	2412.0	7373.6	15503.9
	云南	684.0	4526.4	9968.3	18936.0
	西藏	64.1	378.3	876.0	1975.6
	陕西	653.7	6246.9	14884.1	23819.4
	甘肃	395.4	2363.0	6527.9	5827.8
	青海	151.1	798.2	2361.1	3883.6
	宁夏	157.5	1075.9	2651.1	3728.4
	新疆	610.4	2725.5	7732.3	12089.1

（五）科技、专利、技术

2017 年，西部地区规模以上工业企业研究与试验发展（R&D）人员全时当量 277321 人年，占全国比重 10.14%，其中人员最多的省份是 71968 人年，最少的是 202 人年，两者相差 71766 人年。

表 2-15　R&D 人员全时当量　（人年）

	2009 年	2013 年	2017 年
全国	1306179	2493958	2736244
东部	822355	1697659	1871832
东北部	95093	120095	94565
中部	235307	434017	492525
西部	153424	242188	277321

续表

		2009 年	2013 年	2017 年
西部地区	广西	10392	20700	16163
	内蒙古	12437	26990	23243
	重庆	24098	36605	56416
	四川	42497	58148	71968
	贵州	7696	16049	18786
	云南	6973	11811	21393
	西藏	398	81	202
	陕西	27911	45809	44672
	甘肃	10941	12472	10096
	青海	1592	2039	1799
	宁夏	3243	4817	6392
	新疆	5244	6668	6191

2017 年，西部地区规模以上工业企业研究与试验发展（R&D）经费 1257. 2 亿元，占全国比重 10. 47%，其中经费最多的省份是 301. 1 亿元，最少的是 0. 3 亿元，两者相差 300. 8 亿元。

表 2-16　R&D 经费　（亿元）

	2009 年	2013 年	2017 年
全国	3211. 6	8318. 4	12013. 0
东部	2154. 8	5653. 4	8150. 2
东北部	241. 8	498. 0	432. 5
中部	497. 6	1359. 7	2173. 0
西部	317. 4	807. 4	1257. 2

续表

		2009 年	2013 年	2017 年
西部地区	广西	26.5	81.7	93.6
	内蒙古	35.7	100.4	108.3
	重庆	52.2	138.8	280.0
	四川	73.3	168.9	301.1
	贵州	17.8	34.3	64.9
	云南	13.1	45.4	88.6
	西藏	0.2	0.5	0.3
	陕西	56.1	140.1	196.4
	甘肃	18.5	40.1	46.7
	青海	4.0	9.0	8.3
	宁夏	7.0	16.7	29.1
	新疆	13.0	31.4	40.0

三、生活文化

（一）收入状况

2017 年，西部地区全体居民人均可支配收入 19795.3 元，比全国人均低 6178.5 元，其中人均最高的省份是 26212.2 元，最低的是 15457.3 元，两者相差 10754.9 元。

表 2-17　全体居民人均可支配收入　（元）

	2013 年	2017 年
全国	18310.8	25973.8
东部	25848.3	36432.8
东北部	17573.1	23469.9

续表

		2013 年	2017 年
中部		15342.5	21890.8
西部		13624.3	19795.3
西部地区	广西	14082.3	19904.8
	内蒙古	18692.9	26212.2
	重庆	16568.7	24153.0
	四川	14231.0	20579.8
	贵州	11083.1	16703.6
	云南	12577.9	18348.3
	西藏	9746.8	15457.3
	陕西	14371.5	20635.2
	甘肃	10954.4	16011.0
	青海	12947.8	19001.0
	宁夏	14565.8	20561.7
	新疆	13669.6	19975.1

2017 年，西部地区城镇居民人均可支配收入为 30652.4 元，比全国低 5743.8 元，其中人均最高的省份是 35670.0 元，最低的是 27763.4 元，两者相差 7906.6 元。

表 2-18　城镇居民人均可支配收入　（元）

	2000 年	2004 年	2009 年	2013 年	2017 年
全国	6280.0	9421.6	17174.7	26955.1	36396.2
东部	8099.1	11874.4	20957.2	32453.4	43829.3
东北部	5026.9	7773.0	14111.2	22483.2	30252.7
中部	5271.8	7886.5	14321.2	22693.5	31227.6
西部	5647.9	7996.1	13896.0	21945.0	30652.4

续表

		2000 年	2004 年	2009 年	2013 年	2017 年
西部地区	广西	5834.4	8690.0	15451.5	23305.4	30502.1
	内蒙古	5129.1	8123.0	15849.2	25496.7	35670.0
	重庆	6276.0	9221.0	15748.7	25216.1	32193.2
	四川	5894.3	7709.9	13839.4	22367.6	30726.9
	贵州	5122.2	7322.1	12862.5	20667.1	29079.8
	云南	6324.6	8870.9	14423.9	23235.5	30995.9
	西藏	7426.3	9106.1	13544.4	20023.4	30671.1
	陕西	5124.2	7492.5	14128.8	22858.4	30810.3
	甘肃	4916.3	7376.7	11929.8	18964.8	27763.4
	青海	5170.0	7319.7	12691.9	19498.5	29168.9
	宁夏	4912.4	7217.9	14024.7	21833.3	29472.3
	新疆	5644.9	7503.4	12257.5	19873.8	30774.8

2017 年，西部地区农村居民人均可支配收入为 10618.5 元，比全国人均低 2813.9 元，其中人均最多的省份是 12637.9 元，最少的是 8076.1 元，两者相差 4561.8 元。

表 2-19　各地区农村居民人均可支配收入　（元）

	2000 年	2004 年	2009 年	2013 年	2017 年
全国	2253.4	2936.4	5153.2	9429.6	13432.4
东部	3587.7	4690.5	8045.0	133826.2	19094.8
东北部	2175.4	3104.0	5476.9	29310.9	13120.7
中部	2071.2	2692.8	4762.4	53577.7	12709.1
西部	1632.3	2135.8	3788.4	87413.9	10618.5

续表

		2000 年	2004 年	2009 年	2013 年	2017 年
西部地区	广西	1864. 5	2305. 2	3980. 4	7793. 1	11325. 5
	内蒙古	2038. 2	2606. 4	4937. 8	8984. 9	12584. 3
	重庆	1892. 4	2510. 4	4478. 4	8492. 5	12637. 9
	四川	1903. 6	2518. 9	4462. 1	8380. 7	12226. 9
	贵州	1374. 2	1721. 6	3005. 4	5897. 8	8869. 1
	云南	1478. 6	1864. 2	3369. 3	6723. 6	9862. 2
	西藏	1330. 8	1861. 3	3531. 7	6553. 4	10330. 2
	陕西	1443. 9	1866. 5	3437. 6	7092. 2	10264. 5
	甘肃	1428. 7	1852. 2	2980. 1	5588. 8	8076. 1
	青海	1490. 5	1957. 7	3346. 2	6461. 6	9462. 3
	宁夏	1724. 3	2320. 1	4048. 3	7598. 7	10737. 9
	新疆	1618. 1	2244. 9	3883. 1	7846. 6	11045. 3

注:2000 年、2004 年、2009 年没有农村人均可支配收入数据,所以暂用农村居民家庭人均纯收入填补。

(二) 消费支出

2017 年,西部地区城镇居民人均消费支出 21105. 7 元,比全国人均低 3339. 3 元,其中人均最多的省份是 23637. 8 元,最少的是 18348. 6 元,两者相差 5289. 2 元。

表 2-20　城镇居民人均消费支出　（元）

	2000 年	2004 年	2009 年	2013 年	2017 年
全国	4998. 0	7182. 1	12264. 6	18022. 6	24445. 0
东部	6293. 5	8875. 4	14561. 0	21034. 2	29280. 8
东北部	4067. 1	6059. 9	10956. 2	16041. 2	21566. 8
中部	4248. 7	5880. 1	10003. 1	14960. 1	20374. 9
西部	4619. 7	6433. 6	10166. 8	15390. 2	21105. 7

续表

		2000 年	2004 年	2009 年	2013 年	2017 年
西部地区	广西	4852.3	6445.7	10352.4	15417.6	18348.6
	内蒙古	3927.8	6219.3	12369.9	19249.1	23637.8
	重庆	5569.8	7973.1	12144.1	17813.9	22759.2
	四川	4855.8	6371.1	10860.2	16343.5	21990.6
	贵州	4278.3	5494.5	9048.3	13702.9	20347.8
	云南	5185.3	6837.0	10201.8	15156.1	19559.7
	西藏	5554.4	8338.2	9034.3	12231.9	21087.5
	陕西	4276.7	6233.1	10705.7	16679.7	20388.2
	甘肃	4126.5	5937.3	8890.8	14020.7	20659.4
	青海	4185.7	5759.0	8786.5	13539.5	21473.0
	宁夏	4200.5	5821.4	10280.0	15321.1	20219.5
	新疆	4422.9	5773.6	9327.6	15206.2	22796.9

2017 年，西部地区农村居民家庭平均每人生活消费支出 9408.7 元，比全国平均低 1545.8 元，其中平均最高的省份是 12184.4 元，最低的是 6691.5 元，两者相差 5492.9 元。

表 2-21　农村居民家庭平均每人生活消费支出　　（元）

	2000 年	2004 年	2009 年	2013 年	2017 年
全国	1670.1	2184.7	3993.5	6625.5	10954.5
东部	2480.3	3346.5	5740.2	9510.0	14467.1
东北部	1615.7	1960.5	4132.7	7117.4	10530.2
中部	1487.9	1961.8	3604.5	5951.3	10296.3
西部	1306.2	1716.2	3154.4	5573.3	9408.7

续表

		2000 年	2004 年	2009 年	2013 年	2017 年
西部地区	广西	1488.0	1928.6	3231.1	5205.6	9436.6
	内蒙古	1614.9	2082.6	3968.4	7268.3	12184.4
	重庆	1395.5	1853.9	3142.1	5796.4	10936.1
	四川	1484.6	2015.7	4141.4	6308.5	11396.7
	贵州	1096.6	1296.3	2422.0	4740.2	8299.0
	云南	1270.8	1571.0	2924.9	4743.6	8027.3
	西藏	1116.6	1470.7	2399.5	3574.0	6691.5
	陕西	1251.2	1618.1	3349.2	5724.2	9305.6
	甘肃	1084.0	1464.3	2766.5	4849.6	8029.7
	青海	1218.2	1676.4	3209.4	6060.2	9902.7
	宁夏	1417.1	1926.8	3347.9	6489.7	9982.1
	新疆	1236.4	1689.9	2950.6	6119.1	8712.6

（三）文化消费

西部民族文化的地域性、民族性、多元性、原生态性等特征明显，是我国文化的重要组成部分。佛教、伊斯兰教、基督教是西部地区的主要宗教，其中青藏高原本土化的“藏传佛教”形成独特的文化现象。民族众多是西部地区的特点。除五个民族自治区外，其他西部部分省市也有大量的少数民族人口、民族自治区域。在 55 个少数民族中，西部地区大约分布有 50 个。云南省有 25 个少数民族，其中 10 多个少数民族是云南独有的。青海省民族自治区域面积占全省总面积的 98%，少数民族人口占全省总人口的 45.5%。西部地区民族地域分布特点决定了多姿多彩、与众不同的民俗民风和民族文化。西部地区的礼仪习俗、故事、宗教信仰、建筑、语言、歌谣、服饰、舞蹈、神话传说、手工艺等丰富多彩，各有不同，形成了各自不同的民族文化。2017 年，西部地区城镇居民教育文化娱乐人均消费支出 2368. 7 元,比全国低 477. 9 元,其中教育文化娱乐支出最多的省份是 2731. 3 元,最少的是 1044. 0 元,两者相差 1687. 3 元。

表 2-22　教育文化娱乐城镇居民人均消费支出　　（元）

		2000 年	2004 年	2009 年	2013 年	2017 年
全国		627. 8	1032. 8	1472. 8	2294. 0	2846. 6
东部		810. 8	1323. 6	1874. 9	2765. 4	3216. 2
东北部		469. 1	801. 0	1089. 5	1863. 3	2633. 1
中部		531. 7	839. 2	1137. 9	1925. 9	2631. 3
西部		563. 4	845. 6	1067. 1	1836. 4	2368. 7
西部地区	广西	585. 7	960. 8	1111. 1	2084. 0	2151. 5
	内蒙古	488. 6	858. 4	1504. 4	2111. 0	2636. 7
	重庆	785. 7	1200. 5	1351. 9	1722. 7	2528. 5
	四川	627. 2	874. 4	1150. 7	1877. 5	2221. 9
	贵州	460. 4	793. 4	1146. 4	1950. 3	2731. 3
	云南	649. 3	725. 1	798. 7	2045. 3	2363. 1
	西藏	418. 9	617. 4	465. 8	1551. 3	1044. 0
	陕西	549. 3	1025. 8	1430. 2	2208. 1	2617. 9
	甘肃	563. 1	853. 3	1025. 5	1547. 6	2341. 9
	青海	495. 3	746. 9	889. 3	1472. 0	2528. 3
	宁夏	536. 3	651. 1	1075. 9	1868. 4	2629. 7
	新疆	600. 3	840. 6	855. 5	1598. 0	2629. 5

2017 年,西部地区教育文化娱乐人均消费支出为 1020. 0 元,比全国低 151. 3 元,其中教育文化娱乐支出最多的省份是 1638. 6 元,最少的是 238. 6 元,两者相差 1400. 0 元。

表 2-23　农村居民教育文化娱乐

（元）

		2000 年	2004 年	2009 年	2013 年	2017 年
全国		186.7	247.6	340.6	485.9	1171.3
东部		295.7	417.0	560.7	771.9	1263.1
东北部		172.6	214.6	437.0	641.9	1319.9
中部		171.8	227.7	298.4	412.9	1212.9
西部		133.7	176.2	213.7	341.1	1020.0
西部地区	广西	186.8	178.8	192.5	276.2	1127.9
	内蒙古	232.6	292.0	390.9	555.2	1638.6
	重庆	154.5	198.6	237.4	443.3	1226.2
	四川	159.6	209.7	206.7	385.8	847.7
	贵州	97.3	140.2	151.6	301.4	1183.3
	云南	106.1	143.2	177.7	241.1	1044.0
	西藏	11.1	37.8	61.1	63.6	238.6
	陕西	181.8	258.8	380.4	463.8	1082.8
	甘肃	143.9	202.6	217.4	366.5	993.7
	青海	79.4	108.1	173.8	270.1	897.1
	宁夏	145.0	217.1	217.2	439.7	1212.4
	新疆	106.0	126.9	158.1	286.9	747.5

四、资源环境

西部地区矿产资源丰富，是我国能源相对丰富的地区，天然气、煤炭、石油储量分别占全国 80%、48%及 31%。西北地区是中国日照时间最长的地区之一，光热资源特别丰富。在 156 种全国已探明储量的矿产和 45 种主要矿产资源中，西部地区已探明储量的矿产资源种类达到 138 种，24 种主要矿产资源占全国保有储量的 50%以上。西部地区全部矿产保有储量的潜在总价值占全国总额的66.1%,达61.9万亿元。已形成十大主要矿产资源集中区,包括西藏“一江两河”、西南三江、四川盆地、东天山北祁连、塔里木、黄河中游、柴达木、红水河右江、秦岭中西段、攀西黔中等。气候垂直分布比较明显,西部地区动物种类多样、植物品种众多。从世界屋脊青藏高原延伸到低海拔平原的西部地区地貌几乎包括了所有的类型,包括雄伟的祁连冰川、汹涌的九曲黄河、壮观的长江三峡、高原圣湖、世界屋脊喜马拉雅山、沟壑纵横的黄土高原、羌塘野生动物园、壮丽的大漠戈壁、起伏的广阔牧场以及山水洞林石一体的喀斯特地貌等世界闻名的景观。多民族居住人文资源丰富,是源远流长中华文明的重要组成部分,包括古华夏远古文明轩辕黄帝陵、丝绸之路、敦煌莫高窟石窟文化艺术宝藏、万里长城遗址、世界奇迹秦始皇兵马俑、元谋人遗址、古文明城市遗迹、藏文化代表布达拉宫和大昭寺等举世闻名的人文景观。

(一)石油储量

2013年,西部地区石油储量为131287.1万吨,占全国比重38.99%,其中储量最多的省份是58393.6万吨,最少的是12.2万吨,两者相差58381.4万吨。

表2-24　石油储量　　（万吨）

	2009年	2013年
全国	294919.8	336732.8
东部	65032.9	66951.5
东北部	87681.2	82049.1
中部	6456.9	6595.3
西部	95584.6	131287.1

续表

		2009 年	2013 年
西部地区	广西	181.7	135.3
	内蒙古	7618.3	8339.4
	重庆	161.7	278.4
	四川	105.1	666.7
	贵州	—	—
	云南	12.2	12.2
	西藏	—	—
	陕西	22490.2	33712.6
	甘肃	13798.8	21150.0
	青海	4361.7	6284.9
	宁夏	190.9	2314.0
	新疆	46664.0	58393.6

（二）天然气储量

2013 年，西部地区天然气储量 39730.8 亿立方米，占全国比重 85.57%，其中储量最多的省份是 11874.4 亿立方米，最少的是 0.8 亿立方米，两者相差 11873.6 亿立方米。

表 2-25　天然气储量　（亿立方米）

	2009 年	2013 年
全国	37074.2	46428.8
东部	984.3	984.9
东北部	2202.1	2279.7
中部	88.5	121.1
西部	30744.4	39730.8

续表

		2009 年	2013 年
西部地区	广西	3. 4	1. 3
	内蒙古	6721. 3	8042. 5
	重庆	1969. 8	2472. 8
	四川	6487. 0	11874. 4
	贵州	4. 5	6. 4
	云南	2. 5	0. 8
	西藏	—	—
	陕西	5658. 7	6231. 1
	甘肃	163. 6	241. 3
	青海	1377. 3	1511. 8
	宁夏	2. 2	294. 4
	新疆	8354. 1	9053. 9

（三）煤炭储量

2013 年，西部地区煤炭储量 1025. 7 亿吨，占全国比重 43. 41%，其中储量最多的省份是 460. 1 亿吨，最少的是 0. 1 亿吨，两者相差 460. 0 亿吨。

表 2-26　煤炭储量　（亿吨）

	2009 年	2013 年
全国	3189. 6	2362. 9
东部	170. 4	142. 1
东北部	125. 6	99. 7
中部	1283. 3	1095. 4
西部	1610. 3	1025. 7

续表

		2009 年	2013 年
西部地区	广西	7.7	2.3
	内蒙古	772.7	460.1
	重庆	21.3	19.9
	四川	52.3	55.7
	贵州	128.1	83.3
	云南	77.5	60.1
	西藏	0.1	0.1
	陕西	268.7	104.4
	甘肃	58.4	32.7
	青海	20.0	12.2
	宁夏	55.5	38.5
	新疆	148.0	156.5

（四）二氧化硫排放量

2017 年，西部地区二氧化硫排放 369.8 万吨，占全国比重 42.24%，其中排放最多的省份是 68.8 万吨，最少的是 0.4 万吨，两者相差 68.4 万吨。

表 2-27　二氧化硫排放情况　（万吨）

	2004 年	2013 年	2017 年
全国	2254.9	2043.9	875.4
东部	769.2	614.0	246.2
东北部	148.9	189.8	85.0
中部	524.5	480.9	174.5
西部	812.6	759.3	369.8

续表

		2004 年	2013 年	2017 年
西部地区	广西	94.4	47.2	17.7
	内蒙古	117.9	135.9	54.6
	重庆	79.5	54.8	25.3
	四川	126.5	81.7	38.9
	贵州	131.5	98.6	68.8
	云南	47.8	66.3	38.4
	西藏	0.1	0.4	0.4
	陕西	81.8	80.6	27.9
	甘肃	48.4	56.2	25.9
	青海	7.3	15.7	9.2
	宁夏	29.3	39	20.8
	新疆	48.1	82.9	41.8

（五）氮氧化物排放量

2017 年，西部地区氮氧化物排放 334.6 万吨，占全国比重 26.58%，其中排放最多的省份是 50.6 万吨，最少的是 3.0 万吨，两者相差 47.6 万吨。

表 2-28　氮氧化物排放量　（万吨）

	2009 年	2013 年	2017 年
全国	2214.4	2227.4	1258.8
东部	686.6	799.6	520.2
东北部	190.5	226.8	127.0
中部	518.1	535.8	277.1
西部	819.2	665.2	334.6

续表

		2009 年	2013 年	2017 年
西部地区	广西	89. 1	50. 4	34. 6
	内蒙古	139. 9	137. 8	50. 6
	重庆	74. 6	36. 2	20. 4
	四川	113. 5	62. 4	45. 8
	贵州	117. 6	55. 7	36. 0
	云南	49. 9	52. 4	26. 9
	西藏	0. 2	4. 4	3. 0
	陕西	80. 4	75. 9	34
	甘肃	50. 0	44. 3	21. 3
	青海	13. 6	13. 2	7. 2
	宁夏	31. 4	43. 7	16. 2
	新疆	59. 0	88. 7	38. 8

（六）一般工业固体废物综合利用量

2017 年，西部地区一般工业固体废物综合利用量 50825. 7 万吨，占全国比重 28. 05%，其中处理利用最多的省份是 10421. 6 万吨，最少的是 7. 2 万吨，两者相差 10414. 4 万吨。

表 2-29　一般工业固体废物综合利用量　（万吨）

	2004 年	2009 年	2013 年	2017 年
全国	67796. 0	138185. 8	205916. 3	181186. 9
东部	29506. 0	55463. 5	67404. 7	65669. 9
东北部	7030. 0	14589. 2	19598. 8	16804. 5
中部	17294. 0	36170. 3	60380. 2	47886. 8
西部	13967. 0	31962. 8	58532. 6	50825. 7

续表

		2004 年	2009 年	2013 年	2017 年
西部地区	广西	1953.0	3856.7	5424.9	3692.9
	内蒙古	1498.0	6367.9	9984.1	10421.6
	重庆	1093.0	2076.7	2695.4	1371.9
	四川	3407.0	4952.3	5780.5	5465.9
	贵州	1838.0	3350.7	4159.9	5200.6
	云南	1633.0	4264.8	8413.9	5363.5
	西藏	6.0	0.2	5.5	7.2
	陕西	831.0	2997.6	4758.5	3585.6
	甘肃	713.0	1072.7	3299.8	2453.4
	青海	103.0	508.2	6797.9	7151.7
	宁夏	335.0	987.9	2397.9	1904.5
	新疆	557.0	1527.2	4814.4	4206.8

（七）园地

2017 年，西部地区园地 567.5 万公顷，占全国比重 39.93%，其中园地最多的省份是 162.8 万公顷，最少的是 0.2 万公顷，两者相差 162.6 万公顷。

表 2-30　园地　　（万公顷）

	2004 年	2013 年	2017 年
全国	1128.8	1179.1	1421.4
东部	467.5	503.4	554.1
东北部	77.5	77.2	57.8
中部	215.6	214.0	242.0
西部	368.1	384.5	567.5

续表

		2004 年	2013 年	2017 年
西部地区	广西	48.7	53.9	108.1
	内蒙古	7.3	7.3	5.6
	重庆	22.1	24.0	27.1
	四川	71.4	71.6	72.7
	贵州	11.8	12.1	16.2
	云南	81.2	84.2	162.8
	西藏	0.2	0.2	0.2
	陕西	68.1	70.6	81.6
	甘肃	19.5	20.0	25.6
	青海	0.8	0.7	0.6
	宁夏	3.3	3.4	5.0
	新疆	33.6	36.4	62.1

（八）森林覆盖率

2017 年，西部地区森林覆盖率 27.06%，比全国高 5.43 个百分点，其中覆盖率最高的省份是 56.51%，最低的是 4.24%，两者相差 52.27 个百分点。

表 2-31　森林覆盖率　（%）

	2004 年	2009 年	2013 年	2017 年
全国	18.21	20.36	21.63	21.63
东部	28.40	32.08	34.41	34.41
东北部	36.88	38.82	40.59	40.59
中部	29.46	32.43	35.54	35.54
西部	20.01	24.92	27.06	27.06

续表

		2004 年	2009 年	2013 年	2017 年
西部地区	广西	41.41	52.71	56.51	56.51
	内蒙古	17.70	20.00	21.03	21.03
	重庆	22.25	34.85	38.43	38.43
	四川	30.27	34.31	35.22	35.22
	贵州	23.83	31.61	37.09	37.09
	云南	40.77	47.50	50.03	50.03
	西藏	11.31	11.91	11.98	11.98
	陕西	32.55	37.26	41.42	41.42
	甘肃	6.66	10.42	11.28	11.28
	青海	4.40	4.57	5.63	5.63
	宁夏	6.08	9.84	11.89	11.89
	新疆	2.94	4.02	4.24	4.24

（九）能源

2017 年，西部地区分地区电力消费量 16838.6 亿千瓦小时，占全国比重 26.70%，其中消费最多的省份是 2891.9 亿千瓦小时，最少的是 58.2 亿千瓦小时，两者相差 2833.7 亿千瓦小时。

表 2-32 分地区电力消费量 （亿千瓦小时）

	2000 年	2004 年	2009 年	2013 年	2017 年
全国	13606.3	21752.6	36595.2	53423.4	63076.6
东部	6471.9	10928.3	18391.4	25605.1	30648.2
东北部	1482.5	1917.0	2692.1	3507.5	3767.1
中部	2676.7	4192.3	7056.1	10259.6	11822.8
西部	2975.2	4715.1	8455.6	14051.3	16838.6

续表

		2000 年	2004 年	2009 年	2013 年	2017 年
西部地区	广西	314.4	456.9	856.4	1237.7	1442.3
	内蒙古	254.2	530.4	1287.9	2181.9	2891.9
	重庆	307.6	302.6	533.8	813.3	992.7
	四川	521.2	857.0	1324.6	1949.0	2205.2
	贵州	287.8	458.7	750.3	1126.3	1384.9
	云南	273.6	454.5	891.2	1459.8	1538.1
	西藏	—	—	17.7	30.7	58.2
	陕西	292.8	477.0	740.1	1152.2	1494.8
	甘肃	295.3	451.7	705.5	1073.3	1164.4
	青海	109.1	189.8	337.2	676.3	687.0
	宁夏	136.2	270.0	463.0	811.2	978.3
	新疆	183.0	266.4	547.9	1539.8	2000.9

五、公共服务

（一）教育

2017 年，西部地区普通高等学校（机构）数 675 所，占全国比重 25.66%，其中学校最多的省份是 109 所，最少的是 7 所，两者相差 102 所。

表 2-33　普通高等学校（机构）数　（所）

	2004 年	2009 年	2013 年	2017 年
全国	1731	2305	2491	2631
东部	699	915	969	1012
东北部	172	240	253	258
中部	451	596	659	686
西部	409	554	610	675

续表

		2004 年	2009 年	2013 年	2017 年
西部地区	广西	49	68	70	74
	内蒙古	31	41	49	53
	重庆	35	50	63	65
	四川	68	92	103	109
	贵州	34	47	52	70
	云南	43	61	67	77
	西藏	4	6	6	7
	陕西	62	89	92	93
	甘肃	31	39	42	49
	青海	11	9	9	12
	宁夏	13	15	16	19
	新疆	28	37	41	47

2017 年,西部地区普通高等学校(机构)教职工数 586078 人,占全国比重 23.99%,其中教职工数最多的省份是 121894 人,最少的是 3707 人,两者相差 118187 人。

表 2-34 普通高等学校(机构)教职工数 (人)

	2000 年	2004 年	2009 年	2013 年	2017 年
全国	1112776	1610658	2111451	2296262	2442995
东部	479576	673874	898013	966681	1021879
东北部	146640	193783	226806	237772	235075
中部	245668	394952	518958	561853	599963
西部	240892	348049	467674	529956	586078

续表

		2000 年	2004 年	2009 年	2013 年	2017 年
西部地区	广西	19304	29732	48304	55283	66934
	内蒙古	19228	26331	34932	37296	39598
	重庆	24970	33407	47173	53790	58388
	四川	46092	71619	97568	113553	121894
	贵州	14884	22597	29006	35102	47896
	云南	19847	27530	37896	47592	53533
	西藏	1673	1913	3082	3623	3707
	陕西	52220	74607	96485	102017	103994
	甘肃	16557	24544	31576	35582	41179
	青海	4229	5820	6418	6851	6911
	宁夏	3996	6684	8599	10486	11695
	新疆	17892	23265	26635	28781	30349

（二）医疗卫生

2017 年，西部地区医疗卫生机构数合计 312021 个，占全国比重 31.62%，其中机构最多的省份是 80481 个，最少的是 4271 个，两者相差 76210 个。

表 2-35　医疗卫生机构数合计　　（个）

	2004 年	2009 年	2017 年
全国	296492	916571	986649
东部	96500	298988	326908
东北部	30679	75097	76878
中部	69178	262433	270842
西部	100135	280053	312021

续表

		2004 年	2009 年	2017 年
西部地区	广西	9034	32355	34008
	内蒙古	7416	22677	24218
	重庆	6539	16497	19682
	四川	24605	72914	80481
	贵州	6664	24707	28034
	云南	9436	22365	24684
	西藏	1326	4959	6826
	陕西	11703	33928	35861
	甘肃	11404	25299	28857
	青海	1439	5959	6375
	宁夏	1483	4149	4271
	新疆	9086	14244	18724

2017 年，西部地区医院 10018 个，占全国比重 32.26%，其中医院最多的省份是 2219 个，最少的是 148 个，两者相差 2071 个。

表 2-36　医院情况　　（个）

	2000 年	2004 年	2009 年	2017 年
全国	16732	18396	20291	31056
东部	5084	5872	6942	10951
东北部	2435	2374	2307	3011
中部	4000	4496	4950	7076
西部	5213	5654	6092	10018

续表

		2000 年	2004 年	2009 年	2017 年
西部地区	广西	553	449	460	589
	内蒙古	473	472	469	775
	重庆	299	364	386	749
	四川	888	1144	1187	2219
	贵州	408	391	532	1270
	云南	602	594	720	1252
	西藏	105	97	100	148
	陕西	734	823	815	1150
	甘肃	365	376	373	526
	青海	161	130	129	212
	宁夏	97	132	158	209
	新疆	528	682	763	919

2017 年，西部地区卫生人员数 3243507 人，占全国比重 27.61%，其中人数最多的省份是 709899 人，最少的是 33413 人，两者相差 676486 人。

表 2-37　卫生人员数　（人）

	2004 年	2009 年	2017 年
全国	5353628	7781448	11748972
东部	2039240	3038665	4671296
东北部	622395	733755	905558
中部	1373778	2054377	2918611
西部	1318215	1954651	3243507

续表

		2004 年	2009 年	2017 年
西部地区	广西	154384	245611	404763
	内蒙古	120253	177697	233062
	重庆	93485	146033	255854
	四川	281847	437760	709899
	贵州	90174	143868	301876
	云南	136697	196796	369151
	西藏	10260	16040	33413
	陕西	163850	245352	393846
	甘肃	96423	126388	199155
	青海	23005	34429	56098
	宁夏	27335	37734	62022
	新疆	120502	146943	224368

2017 年,西部地区医疗卫生机构床位 231.9 万张,占全国比重 29.20%,其中床位最多的省份是 56.3 万张,最少的是 1.6 万张,两者相差 54.7 万张。

表 2-38　医疗卫生机构床位　（万张）

	2009 年	2013 年	2017 年
全国	441.7	618.2	794.0
东部	163.7	223.4	280.3
东北部	44.6	56.4	69.4
中部	113.6	161.5	212.5
西部	119.8	176.8	231.9

续表

		2009 年	2013 年	2017 年
西部地区	广西	13.2	18.7	24.1
	内蒙古	8.7	12.0	15.0
	重庆	9.3	14.7	20.6
	四川	27.5	42.7	56.3
	贵州	9.8	16.7	23.3
	云南	14.0	21.0	27.5
	西藏	0.9	1.1	1.6
	陕西	13.4	18.5	24.1
	甘肃	8.2	11.6	14.7
	青海	1.9	3.0	3.8
	宁夏	2.2	3.1	4.0
	新疆	10.7	13.7	16.8

2017 年，西部地区人均城市道路面积 16.3 平方米，比全国人均多 0.2 平方米，其中人均城市道路面积最多的省份是 23.9 平方米，最少的是 12.2 平方米，两者相差 11.7 平方米。

表 2-39　人均城市道路面积　（平方米）

	2013 年	2017 年
全国	14.9	16.1
东部	16.0	16.5
东北部	13.0	14.0
中部	14.8	16.6
西部	14.1	16.3

续表

		2013 年	2017 年
西部地区	广西	15.5	17.6
	内蒙古	19.7	23.9
	重庆	11.2	12.7
	四川	13.2	13.7
	贵州	9.6	12.2
	云南	12.3	12.5
	西藏	13.2	14.7
	陕西	14.7	16.3
	甘肃	14.0	16.5
	青海	10.9	14.4
	宁夏	18.8	21.8
	新疆	15.7	19.8

2017 年，西部地区城区面积为 43571 平方公里，占全国比重 21.97%，其中城区面积最大的省份是 8359 平方公里，最小的是 603 平方公里，两者相差 7756 平方公里。

表 2-40　城区面积　（平方公里）

	2013 年	2017 年
全国	183416	198357
东部	95975	104689
东北部	20336	20488
中部	27283	29609
西部	39822	43571

续表

		2013 年	2017 年
西部地区	广西	6104	5789
	内蒙古	8356	4885
	重庆	6134	7440
	四川	6433	8359
	贵州	1828	3184
	云南	3337	3157
	西藏	339	603
	陕西	1555	2621
	甘肃	1450	1591
	青海	560	688
	宁夏	2106	2159
	新疆	1620	3094

2017 年，西部地区建成区面积 13272 平方公里，占全国比重 23.60%，其中面积最大的省份是 2832 平方公里，最小的是 148 平方公里，两者相差 2684 平方公里。

表 2-41　建成区面积　（平方公里）

	2013 年	2017 年
全国	47855	56225
东部	22027	25631
东北部	5489	5916
中部	9770	11407
西部	10569	13272

续表

		2013 年	2017 年
西部地区	广西	1154	1414
	内蒙古	1206	1269
	重庆	1115	1423
	四川	2058	2832
	贵州	695	986
	云南	936	1142
	西藏	120	148
	陕西	915	1287
	甘肃	727	869
	青海	157	200
	宁夏	421	458
	新疆	1065	1244

2017 年,西部地区城市人口密度 2505 人/平方公里,比全国密度大 28 人/平方公里,其中密度最大的省份是 4101 人/平方公里,最小的是 1232 人/平方公里,两者相差 2869 人/平方公里。

表 2-42　城市人口密度　（人/平方公里）

	2013 年	2017 年
全国	2362	2477
东部	2341	2484
东北部	3240	3190
中部	3539	3705
西部	2749	2505

续表

		2013 年	2017 年
西部地区	广西	1543	1950
	内蒙古	1059	1824
	重庆	1847	2017
	四川	2900	2962
	贵州	3406	2302
	云南	2415	3000
	西藏	1820	1232
	陕西	5541	4101
	甘肃	3916	4066
	青海	2924	2777
	宁夏	1253	1388
	新疆	4361	2436

第二节　村镇建设状况

一、乡镇[①]经济发展

（一）经济总量显著提升，但与东部差距依然较大

“三线”建设为西部地区城镇化奠定了扎实基础，新一轮的西部大开发战略取得了明显的成效，城镇化水平不断提高，但与东部地区及全国平均水平都存在较大差距。2016 年，西部地区乡镇行政区域面积 626.50 万平方公里，远远大于东部的 80.10 万平方公里，但企业个数只有 114 万个，远低东部的

① 本部分数据来源于《中国农村县域统计年鉴》（县市卷、乡镇卷）2017 年版。

339.2万个。地区生产总值95270亿元，远低于东部的191790亿元。

表2-43　2016年西部地区乡镇数据（乡镇卷）

地区	行政区域面积（万平方公里）	常住人口（万）	企业个数（万）	企业从业人员（万）	工业企业单位数（万）	规模以上工业企业单位数（万）	城镇建成区常住人口（万）
东北部	62.20	5210	26.4	391	7.31	0.75	1275
东部	80.10	32490	339.2	7069	138.65	12.914	11659
西部	626.50	28140	114	1772	23.30	2.97	7046
中部	98.40	28730	123	2832	44.94	5.12	7327

表2-44　2016年西部地区乡镇数据（县市卷）

	行政区域面积（万平方公里）	乡个数（个）	镇个数（个）	街道办事处个数（个）	户籍人口（万）	第二产业从业人员（万）	第三产业从业人员（万）	固定电话用户（万户）
东部	84.78	1463	4945	1094	33057	7073.3	5836.4	4300.4
东北部	66.58	657	1377	398	6463	535.6	813.0	947.7
中部	91.39	2491	4709	583	31029	4089.4	4510.9	2142.1
西部	658.26	5519	6948	1117	31892	3202.1	4684.0	2624.5

表2-45　2016年西部地区乡镇综合经济（县市卷）

	地区生产总值（亿元）	第一产业增加值（亿元）	农业增加值（亿元）	牧业增加值（亿元）	第二产业增加值（亿元）	公共财政收入（亿元）	各项税收（亿元）	公共财政支出（亿元）	居民储蓄存款余额（亿元）	年末金融机构各项贷款余额（亿元）
东部	191790	18330	11057	3635	93700	14241	15495	24032	121840	144260
东北部	23680	5521	3033	1862	8570	1107	810	4499	17180	14970
中部	93970	14223	7881	4311	46610	6138	4904	16738	66230	47700
西部	95270	16160	9751	5088	44060	6654	4561	23707	67420	67470

表 2-46　2016 年西部地区乡镇农业、工业及投资 a(县市卷)

	农业机械总动力（十万千瓦特）	机收面积（万平方公里）	设施农业占地面积（万平方公里）	粮食总产量（万吨）	棉花产量（万吨）	油料产量（万吨）	肉类总产量（万吨）	规模以上工业企业单位数（万个）
东部	2584. 2	20. 63	1. 59	14197. 2	93. 95	748. 56	2381. 3	14. 14
东北部	868. 5	13. 84	0. 25	5552. 0	0. 01	175. 40	1139. 0	1. 06
中部	2821. 2	25. 25	0. 63	17299. 3	70. 04	1391. 33	2530. 9	6. 31
西部	2556. 7	15. 69	0. 66	18323. 8	336. 75	986. 12	2755. 8	3. 64

表 2-47　2016 年西部地区乡镇农业、工业及投资 b(县市卷)

	规模以上工业总产值(万亿元)	固定资产投资(万亿元)	普通中学在校学生数（万人）	中等职业教育学校在校学生数(人)	小学在校学生数（万人）	医疗卫生机构床位数(万床)	各种社会福利收养性单位数（万个）	各种社会福利收养性单位床位数（万床）
东部	37. 43	13. 72	1440. 9	2051. 8	2352. 6	127. 20	1. 09	149. 43
东北部	2. 18	1. 41	204. 4	154. 5	278. 3	24. 43	0. 25	22. 67
中部	16. 53	9. 42	1382. 9	1692. 5	2162. 9	113. 20	1. 08	95. 69
西部	10. 02	10	1506. 2	2041. 6	2195. 3	134. 45	1. 30	80. 98

（二）城市群建设加快，但辐射带动能力有限

西部城市数量略有增加，2015 年西部地区共有 92 个大中小城市，同比增长 2. 22%，其中 400 万以上人口城市 3 个，比东部 8 个差了 5 个，200—400 万人口的城市 5 个，比东部 24 个差了 19 个，100—200 万人口的城市 29 个，比东部 33 个差了 4 个，50—100 万人口的城市 24 个，比东部 17 个多了 7 个，20—50 万人口的城市 27 个，比东部 5 个多了 22 个，可见西部小城市数量增多。当前西部地区形成由中心城市带动、协调发展的城市群模式，共涵盖十大城市群，如北部湾城市群、成渝城市群、关中城市群、滇中城市群、呼包鄂城市群、乌

昌石城市群、拉萨城市群、黔中城市群、兰西银城市群等，对西部周边社会经济发展具有强劲的带动作用。

表 2-48　西部地区十大城市群基本情况

城市群	中心城市	主要组成城市	基本情况
北部湾城市群	南宁	南宁、北海、钦州、防城港、玉林、崇左 6 座地级市和东兴、凭祥、北流三个县级市及其境内的县城组成。	占地四万余平方公里，拥有 1600 公里海岸线，中国与东盟之间唯一既有陆地接壤又有海上通道的经济板块。
成渝城市群	成都、重庆	以重庆和四川成都两地为双核，包括四川的成都、绵阳、德阳、乐山、眉山、遂宁、内江、南充、资阳、自贡、宜宾、广安、达州、泸州，和重庆直辖市的主城九区、万州、涪陵、合川、永川、江津、大足、垫江、璧山、铜梁等。	已经纳入了长江经济带的发展规划中。2015 年 1 月，成渝城市群入围国家级城市群。2016 年 4 月 15 日，国务院批复《成渝城市群发展规划》。
关中城市群	西安	以西安为中心，包括咸阳、宝鸡、渭南、铜川、商洛等地级城市。	中华民族发祥地，周、秦、汉、唐均建都于此，经历新中国成立以来建设开发，是西北乃至西部地区比较优势区域。
滇中城市群	昆明	包括昆明、曲靖、玉溪、楚雄四州市行政辖区范围。	占地面积 9.6 万平方公里，规划的期限为 2009 至 2030 年，到 2030 年末，滇中总人口规模约为 2400 万人，城镇化水平达到 75%。
呼包鄂城市群	呼和浩特、包头	位于内蒙古中西部的核心区，包括包头市、呼和浩特市、鄂尔多斯市。	成为内蒙古最具活力的城市经济圈，被誉为内蒙古的“金三角”地区，呼包鄂经济发展水平已与沿海发达地区比肩。
黔中城市群	贵阳	以贵阳为中心，遵义、安顺、都匀、凯里等为支撑。	处于全国“两横三纵”城市化战略格局中沿长江通道横轴和包昆通道纵轴交汇地带，矿产资源分布相对集中，工业基础较好，在全省生产力布局中居重要战略地位。
兰西银城市群	兰州	主要包括兰州市、定西市、天水市、平凉市、庆阳市、嘉峪关市、酒泉市、银川市等 27 地州市的经济地带。	自然资源丰富，科技实力雄厚，有较大的熟练产业工人群体，农业条件较好，是我国粮食、畜牧品、中药材等的重要生产基地。

续表

城市群	中心城市	主要组成城市	基本情况
乌昌石城市群	乌鲁木齐	包括乌鲁木齐市、石河子市、昌吉市、阜康市、五家渠市以及呼图壁县、玛纳斯县和沙湾县等5市3县，以及新疆兵团第六师、第八师等25个团场和团镇合一建制镇。	占地面积6.38万平方公里，占天山北坡经济带面积的21.3%，占新疆总面积的3.8%。到2020年，城市群总人口将达到600万人，城镇化率达到80%以上。
拉萨城市群	拉萨	日喀则、林芝	境内蕴藏着丰富的各类资源，拉萨以风光秀丽、历史悠久、风俗民情独特、宗教色彩浓厚而闻名于世。

基础设施大幅度改善，但城镇支撑力仍然不足。西部城市固定资产投资、社会消费品零售总额、地方财政收入等增幅均有质的飞越，城市各项基础设施均有较大幅度改善。但整体上城镇对农牧村人口的吸纳能力和对农牧业带动作用有限，基础设施相对滞后，生产要素集聚和经济辐射功能偏弱。

二、村镇建设特征

我国广阔的地理面积和多样的区域环境产生了数量众多的村镇。根据我国第三次农业普查数据可知，截止到2016年，我国已有39808个乡级单位和603686个村级单位，农业经营单位达2043566个。西部地区占据我国71%的陆地面积，拥有数量众多的村镇，但西部村镇经济发展水平一直处于全国较低水平，是我国全面建成小康社会的重点难点区域。

（一）密度的分布特征

西部村镇密度主要包括两方面：(1)村镇数量的密度，用该地区单位土地面积上分布的村镇个数来计算；(2)村镇面积的密度，用该地区土地面积中村镇居民点建设用地面积所占的比重计算。虽然衡量方法不同，但两种方法得到的村镇密度数值意义相近，都是数值越大代表该地区村镇密度越大。受数据可得性的限制，仅采用村镇密度对西部地区村镇密度进行分析，同时还将西部地区各省市村镇密度与其他区域进行比较。

1. 全国各省市村镇密度比较分析①

各省市村级单位和乡级单位数量和密度存在较大差异，且村级单位数量和密度都远远大于乡级单位。截至 2016 年，村级单位密度最高的省市前五名分别是山东、天津、河南、浙江、河北，村级单位密度分别为 493. 2 个/1000 平方公里、296. 4 个/1000 平方公里、291. 8 个/1000 平方公里、279. 5 个/1000 平方公里、264. 4 个/1000 平方公里；村级单位密度最低的省市前五名分别是西部地区的西藏、青海、新疆、内蒙古和东北地区的黑龙江，密度分别为 4. 4 个/1000 平方公里、6. 0 个/1000 平方公里、7. 4 个/1000 平方公里、10. 6 个/1000 平方公里、24. 7 个/1000 平方公里。乡级单位密度最高的省市前五名分别是上海、河南、天津、浙江、江苏，密度分别为 19. 8 个/1000 平方公里、14. 7 个/1000 平方公里、12. 9 个/1000 平方公里、12. 8 个/1000 平方公里、12. 6 个/1000 平方公里；乡级单位密度最低的省市前五名分别是西藏、青海、新疆、内蒙古、甘肃，密度分别为 0. 6 个/1000 平方公里、0. 6 个/1000 平方公里、0. 8 个/1000 平方公里、1. 0 个/1000 平方公里、2. 9 个/1000 平方公里。西部地区村级单位密度与其他地区相比处于较低水平，乡级单位密度较低的省市也大多位于西部地区，这说明西部地区相对其他地区土地面积更大，人口相对稀少，最终导致较低的村级和乡级单位密度。

将各级单位密度最高和最低的省份对比来看，村级单位密度最高的山东是最低的西藏的 112 倍，乡级单位密度最高的上海是最低的西藏的 35 倍，各省市之间各级单位密度之间存在较大差异。村级单位和乡级单位密度较高的省份大多集中在经济较为发达的地区或者东部沿海地区，这些省份生活水平较高、地理位置优越、环境气候宜人，较为适合人类居住；而村级单位和乡级单

① 陆地面积单位是万平方公里，村级单位和乡级单位数量单位是个，村级单位和乡级单位密度单位是个/1000 平方公里。——笔者注

位密度较低的省份大多集中在经济较为落后的西部地区，这里生活水平较低，且地理位置和环境气候条件也远远比不上东部地区。

表 2-49　2016 年全国各省市村镇分布的密度比较

地区	陆地面积	村级单位		乡级单位	
		数量	密度	数量	密度
北京	1.64	3838	234.0	196	12.0
天津	1.19	3527	296.9	154	12.9
河北	18.8	49708	264.4	2128	11.3
山西	15.67	28213	180.0	1362	8.7
内蒙古	118.3	12567	10.6	1140	1.0
辽宁	14.8	12072	81.6	1260	8.5
吉林	18.74	9947	53.1	892	4.8
黑龙江	47.3	11670	24.7	1656	3.5
上海	0.63	1583	251.3	125	19.8
江苏	10.26	17191	167.6	1293	12.6
浙江	10.18	28452	279.5	1302	12.8
安徽	13.97	16446	117.7	1458	10.4
福建	12.4	15486	124.9	1118	9.0
江西	16.69	18143	108.7	1613	9.7
山东	15.71	77478	493.2	1754	11.2
河南	16.7	48728	291.8	2453	14.7
湖北	18.59	27457	147.7	1332	7.2
湖南	21.18	27385	129.3	1917	9.1
广东	17.98	21990	122.3	1549	8.6
广西	23.76	15587	65.6	1268	5.3
海南	3.54	3153	89.1	264	7.5
重庆	8.24	9546	115.8	1016	12.3
四川	48.6	50285	103.5	4601	9.5
贵州	17.6	17664	100.4	1414	8.0

续表

地区	陆地面积	村级单位		乡级单位	
		数量	密度	数量	密度
云南	39.4	13691	34.7	1378	3.5
西藏	122.84	5400	4.4	687	0.6
陕西	20.58	21064	102.3	1274	6.2
甘肃	45.37	16400	36.1	1298	2.9
青海	72.1	4315	6.0	424	0.6
宁夏	6.64	2417	36.4	240	3.6
新疆	166.49	12283	7.4	1242	0.7

注:陆地面积来自各省市统计年鉴,村级单位数量和乡级单位数量数据来自全国第三次农业普查数据,村级单位密度和乡级单位密度根据各省市村级单位数量和乡级单位数量以及各省市陆地面积计算得出。

2. 全国各地区村镇密度比较分析

从全国来看,村级单位平均密度为62.5个/1000平方公里,乡级单位密度为4.1个/1000平方公里,西部地区村级单位密度和乡级单位密度均小于全国平均水平。

各大区域中村级单位密度之间存在较大差异。最高的地区是东部地区,其村级单位密度为240.9个/1000平方公里;其次是中部地区,为161.8个/1000平方公里;第三位的是东北地区,为41.7个/1000平方公里;最低的是西部地区,为26.3个/1000平方公里。东部地区是西部地区的9.2倍。

各大区域乡级单位密度之间也存在较大差异。最高的地区是东部地区,为10.7个/1000平方公里;其次是中部地区,为9.9个/1000平方公里;第三位的是东北地区,为4.7个/1000平方公里;最低的是西部地区,为2.3个/1000平方公里。东部地区是西部地区的4.6倍。

从各大区域各级单位密度与全国水平的比较来看,西部地区和东北地区的村级单位密度均低于全国平均水平,而乡级单位密度仅西部地区低于全国平均水平,东部地区乡级单位密度与全国平均水平基本持平。可以看出,西部地区村级单位密度和乡级单位密度均较低,处于全国最低水平,西部地区村镇分布较为稀疏。

表 2-50　2016 年全国各区域村镇密度比较

地区	陆地面积	村级单位		乡级单位	
		数量	密度	数量	密度
东部地区	92. 33	222406	240. 9	9883	10. 7
中部地区	102. 8	166372	161. 8	10135	9. 6
西部地区	689. 92	181219	26. 3	15982	2. 3
东北地区	80. 84	33689	41. 7	3808	4. 7
全国	965. 89	603686	62. 5	39808	4. 1

（二）规模的分布特征

地区规模一般以常住人口数量进行界定,主要以人口规模进行分析。本部分分析乡镇单位规模和村级单位规模,比较西部地区与其他地区村镇规模之间差异。

1. 乡级单位规模分析①

各省市乡级单位人口规模存在较大差异。截止到 2016 年,乡级单位人口规模最大的省市前五名分别是上海、山东、安徽、河南、江苏,乡级单位人口规模分别为 23440 人、23238 人、21872 人、20398 人、20012 人,没有位于西部地区的省市;乡级单位人口规模最小的省市前五名分别是西藏、青海、内蒙古、四川、黑龙江,都位于西部地区,分别为 3392 人、6769 人、8579 人、9120 人、9360 人。可以看出,乡级人口规模排名较为靠前的省市大多为经济较为发达的东

① 乡级单位数量的单位是个,村镇人口的单位是万人,乡级单位人口规模的单位是人。——笔者注

部地区,而靠后的省市多为经济水平较低的中西部地区,尤其是最小的四个省市全部属于西部地区,说明西部地区乡级单位人口较为稀疏,不及东部地区乡级单位人口稠密。

表 2-51 我国各省市乡级单位规模分析

地区	乡级单位数量	村镇人口	乡级单位人口规模
北京	196	293	14949
天津	154	267	17338
河北	2128	3487	16386
山西	1362	1612	11836
内蒙古	1140	978	8579
辽宁	1260	1428	11333
吉林	892	1203	13487
黑龙江	1656	1550	9360
上海	125	293	23440
江苏	1293	2582	19969
浙江	1302	1845	14171
安徽	1458	2974	20398
福建	1118	1410	12612
江西	1613	2154	13354
山东	1754	4076	23238
河南	2453	4909	20012
湖北	1332	2466	18514
湖南	1917	3223	16813
广东	1549	3388	21872
广西	1268	2512	19811
海南	264	396	15000
重庆	1016	1140	11221
四川	4601	4196	9120
贵州	1414	1985	14038
云南	1378	2723	19761
西藏	687	233	3392

续表

地区	乡级单位数量	村镇人口	乡级单位人口规模
陕西	1274	1703	13367
甘肃	1298	1444	11125
青海	424	287	6769
宁夏	240	295	12292
新疆	1242	1239	9976

注:表中数据根据《中国农村统计年鉴》及全国第三次农业普查数据整理计算得出。

从乡级单位人口规模最大的省份和乡级单位人口规模最小的省份对比来看,最大的上海是最小的西藏的 6.9 倍,体现人口规模之间的巨大差异。各大区域乡级单位规模之间的存在较大的差距,最大的地区是东部地区,其乡级单位规模为 18251 人;其次是中部地区,为 17107 人;第三位的是西部地区,为 11723 人;最小的是东北地区,为 10980 人。最大的东部地区是最小的东北地区的 1.7 倍。

表 2-52　我国各地区乡级单位规模分析

地区	乡级单位数量	村镇人口	乡级单位人口规模
东部地区	9883	18037	18251
中部地区	10135	17338	17107
西部地区	15982	18735	11723
东北地区	3808	4181	109780
全国总计	39808	58291	14643

注:表中数据根据《中国农村统计年鉴》及全国第三次农业普查数据整理计算得出。

2. 村级单位规模分析①

各省市村级单位人口规模存在较大差异。截止到 2016 年,村级单位人口

① 表 2-53 是我国各省市村级单位规模分析。其中村级单位数量的单位是个,村镇人口的单位是万人,村级单位人口规模的单位是人。——笔者注

规模最大的省市前五名分别是云南、上海、安徽、广西、广东，分别为1989人、1851人、1808人、1611人、1541人；最小的省市前五名分别是西藏、山东、山西、浙江、青海，分别为432人、526人、571人、649人、665人。可以看出，村级单位人口规模不如乡级单位人口规模的特点明显，乡级单位人口规模排名较为靠前的省市大多为经济较为发达的东部地区，靠后的省市多为经济水平较低的中西部地区，不同区域之间呈现出明显的差异；而村级单位人口规模较大的省市不再集中于东部地区，较小的省市也不再集中于西部等欠发达地区。村级单位人口规模排名较为靠前的各个省市中，涵盖了东部、西部、中部等多地区的省市，不再像乡级单位人口规模较大的省市基本只包括东部地区。村级单位人口规模较小的省市涉及了东部、西部、中部等多个地区，各省市之间村级单位人口规模差异不明显。

表 2-53　我国各省市村级单位规模分析

地区	村级单位数量	村镇人口	村级单位人口规模
北京	3838	293	763
天津	3527	267	757
河北	49708	3487	702
山西	28213	1612	571
内蒙古	12567	978	778
辽宁	12072	1428	1183
吉林	9947	1203	1209
黑龙江	11670	1550	1328
上海	1583	293	1851
江苏	17191	2582	1502
浙江	28452	1845	649
安徽	16446	2974	1808
福建	15486	1410	911
江西	18143	2154	1187
山东	77478	4076	526

续表

地区	村级单位数量	村镇人口	村级单位人口规模
河南	48728	4909	1007
湖北	27457	2466	898
湖南	27385	3223	1177
广东	21990	3388	1541
广西	15587	2512	1612
海南	3153	396	1256
重庆	9546	1140	1194
四川	50285	4196	834
贵州	17664	1985	1124
云南	13691	2723	1989
西藏	5400	233	432
陕西	21064	1703	809
甘肃	16400	1444	881
青海	4315	287	665
宁夏	2417	295	1221
新疆	12283	1239	1009

注:表中数据根据《中国农村统计年鉴》及全国第三次农业普查数据整理计算得出。

从村级单位人口规模最大的省份和最小的省份对比来看,最大的云南省是最小西藏的 4.6 倍,体现出村级单位人口规模之间巨大差异。从全国来看,村级单位平均人口规模为 966 人。村级单位规模最大的地区是东北地区,为 1241 人;其次是中部地区,为 1042 人;第三位的是西部地区,为 1034 人;最小的是东部地区,为 811 人。最大的东北地区是最小东部地区的 1.5 倍。与该地区乡级单位人口规模排名相比,村级单位人口规模的排名与乡级单位人口规模排名基本相反。乡级单位人口规模最大的是东部地区,在村级单位人口规模排名中处于最后一位;乡级单位人口规模最小的是东北地区,在村级单位人口规模排名中处于第一位。

表 2-54 我国各地区村级单位规模分析

地区	村级单位数量	村镇人口	村级单位人口规模
东部地区	222406	18037	811
中部地区	166372	17338	1042
西部地区	181219	18735	1034
东北地区	33689	4181	1241
全国总计	603686	58291	966

注:表中数据根据《中国农村统计年鉴》及全国第三次农业普查数据整理计算得出。

(三) 区位的分布特征

西部地区村镇的选择和布局受多因素影响,包括气候条件、地理环境、水文条件和地质条件在内的自然因素,还包括文化习俗、居民思想观念、生产力水平等在内的社会经济因素等。

1. 村镇分布与地形之间的关系

一般说来,地形平坦的地区人口稠密。地形坡度越小,人类居住适宜程度就会越高,进行农业耕种的可行性也会越高。地形平坦的地方耕地面积大,粮食产量高,可以满足更多人口物质需求。相反,地形起伏大的山区及崎岖高原和丘陵地区耕地面积小,这些地区一般人口稀少,如青藏高原地区。

根据地形特点,可以将西部地区村镇建设划分为高山型村镇、丘陵型村镇及平坝型村镇三类别。(1)高山型村镇处于中高山地貌区,中高山地貌在西部地区比较普遍,为诸多高山型村镇形成创造了自然条件。高山型村镇的分布比较分散,不如其他两种类别的村镇分布密集。在高山型村镇中,经常出现一个村镇划分为多个村民居住点的情况。一般坐落于中山谷坡或者小山谷坡之上,村民农宅一般位于自家耕地附近,方便进行农业生产。受地形影响,村镇交通一般不便利，交通基础设施自然条件较差，与外界的交流较少，城镇化程度不高；(2)丘陵型村镇坐落于西部地区浅山丘陵地区，所处地势较中高山地貌低一些，一般海拔不超过一千两百米，相对高度介于一百米和五百米之间，坡度一般位于十度到二十五度之间。与高山型村镇相比，丘陵型村镇交通相对完善一些，与外界交流更多一些；(3)平坝型村镇主要坐落于川塬地带面积较大平坝上，地形比较开阔平坦，适合人类的居住。土地较为肥沃，适合农田的耕种，这为平坝型村镇居民提供了充足的物质基础。较为优越的地理条件，为交通设施建设提供了良好地形条件，所以平坝型村镇交通设施一般相对完善，村镇之间联系比较密切，村镇容易集聚在一起，形成较大规模的村镇群。

2. 村镇分部与河流之间的关系

水资源作为人类生产和生活不可或缺的重要自然资源，对村镇选址产生影响。生产离不开土地，距离水流的距离直接影响灌溉成本和难度，影响粮食产量和生活条件。为了增加灌溉的便利性，村镇多建在水流附近，可以节约一定生产成本。除了便利的灌溉条件外，距离水流较近的地区一般气候湿润，适宜人类生活，且居民生活用水也较为便利。

村镇分布与河流具有密不可分的联系。贵州省威宁县是四江之源，不仅是横江和乌江的发源地，还是珠江北源以及牛栏江东源和西源的发源地，河流的位置对威宁县村镇的分布发挥着重要作用。距离河流越近，农村居民点数量越多，距河流小于500米区域内，农村居民点占所有居民点比重最大，达45.94%；距河流500—1000米区域内，农村居民点占所有居民点比重居中，为30.59%；距河流1000—1500米区域内，农村居民点占所有居民点比重最小，仅为23.47%。这说明，河流能为农村居民提供肥沃的土地、优越的交通条件和湿润的气候条件，使居民倾向于居住距离水源较近的地区。

表 2-55 河流因素和农村居民点分布比例关系

编码	距河流距离(m)	居民点数量所占比例(%)
1	[0,500]	45.94
2	(500,1000]	30.59
3	(1000,1500]	23.47

数据来源:根据张勰等研究结果整理得到。①

3. 村镇分布与道路交通之间的关系

道路交通便利决定人类生活和生产水平,也影响西部村镇分布形态。距离道路越近,村民出行交通成本越低;距离道路越远,村民出行交通成本越高。为缩小交通成本,村镇多分布在距离道路较近的区域。村镇产出大量的粮食、蔬菜、水果及畜产品,在保证自己物质需求的同时,大部分要运输出去进行销售,这就需要完善的交通条件作为依托,尤其是对新鲜程度要求较高的蔬菜和水果,距离交通道路较近村镇就具有一定地理优势。所以,村镇一般分布在距离交通线路较近的地区,不仅满足人们出行需求,还为农产品运输提供便利。

道路交通会为农村居民提供便利的出行条件,距离道路的远近决定着农村居民出行成本的高低。以贵州省威宁县为例,距道路小于 500 米地区分布的农村居民点最多,该地区农村居民点占威宁县所有农村居民点的比重为 98.41;距离道路 500—1000 米和 1000—1500 米区域内分布的农村居民点数量最少,这两类地区农村居民点占威宁县全部农村居民点的比重分别为 1.48%和 0.11%。这反映距离道路远近和农村居民点分布之间存在显著的联系,距离道路越近,农村居民点的数量越多。

① 张勰、杨柳:《基于空间自相关的农村居民点空间分布特征及影响因素——以贵州省威宁县为例》,《江苏农业科学》2018 年第 6 期。

表 2-56　道路交通因素和农村居民点分布比例的关系

编码	距道路距离(m)	居民点数量所占比例(%)
1	[0,500]	98.41
2	(500,1000]	1.48
3	(1000,1500]	0.11

数据来源:根据张䰟等研究结果整理得到。

4. 村镇分布与耕作距离之间的关系

农村居民的农业生产离不开耕地,居民点分布与耕地之间存在联系。农村地区交通条件较城市地区差,耕地距离是影响农村居民点选址的重要因素。现阶段西部农村依然以农业生产为主,耕地距离不仅关系农民到达耕地的时间成本,还关系到农民对耕地进行管理的便利程度。

村镇一般分布在距离耕地较近的区域内。耕地距离与农村居民点分布之间关系紧密,耕地距离小于 150 米的区域分布着该地区所有的农村居民点,随着距耕地距离的增大,农村居民点分布的数量都为零。由此可见,为了获得更便利的耕地条件,农村居民点一般分布在距离耕地较近的区域内。

表 2-57　不同耕作距离缓冲区等级居民点景观指数分析

等级	A/hm^2	n/个	A_i/hm^2	D_i	S_i	F_i
一	199.29	141	35.42	0.4206	0.1777	2.37
二	61.88	0	0	—	—	—
三	38.17	0	0	—	—	—
四	15.77	0	0	—	—	—

数据来源:根据曾远文等研究结果整理得到。①

① 曾远文、丁忆、胡艳等:《农村居民点空间布局及优化分析——以重庆市合川区狮滩镇聂家村为例》,《国土资源遥感》2018 年第 9 期。

（四）形态的分布特征

全国村镇空间分布密度具有明显的差异性，核心—边缘结构较为突出。受地理环境因素影响较大，全国传统村落空间分布省际差异较为明显，云南、贵州具有数量众多的村镇，内蒙古、新疆、西藏、宁夏等地区村镇数量相对较少。此外，全国村镇呈南多、北少空间分布特征，东部、中部和西部地区差异明显，西南地区的村镇分布最为集中，长江中游地区次之。

西部村镇空间分布具有明显空间自相关性，村镇的空间分布并不随机，而是相似的地区在空间上显现出集聚特征。西部村镇空间分布呈现“热点区—次热点区—次冷点区—冷点区”由南向北梯度分布格局，呈现出比较明显的连续性和稳定性，其中热点区在南方地区分布比较多，冷点区在北方地区分布比较多。北方平原地区的村镇分布整体呈现出团聚型均匀分布特点，村镇内村民房舍相距较近，成百上千村民房舍较为紧密，聚集在比较集中空间内，村民房舍周围是大面积村民耕种的农田。

除平原地区外，西部地区存在着面积广阔非平原地区。非平原地区村镇分布呈现出团聚非均匀特点，这种类型的村镇在西部地区占很大比重，如青藏高原、内蒙古高原。村镇一般靠近水资源相对丰富、耕地资源相对肥沃的地区，一般坐落于高原的沟谷地带。

南方地区，水资源相对丰富，耕地水田较多，水稻成为农民主要耕种的农作物。为了耕种方便，也为更加便捷地获取水资源，村镇一般分布在距离水资源较近的地区。成都平原村镇分布特征和其他地区存在差异，聚落虽然也是散漫分布，但大多呈现“团簇”状聚落形态，集生产、生活和景观于一体，一般由林园、宅院及其外围的耕地组成，周边大多有水渠环绕或穿过。

综上所述，北方平原地区村镇分布呈现出团聚均匀分布的特点，而西部高原地区主要呈现出团聚非均匀分布特点。南方地区的村镇分布相对分散，呈现出分散均匀分布特点，而其他地区呈现出分散非均匀分布特点。

三、村镇功能分析

村镇功能关乎着村镇人民基本生活和村镇的未来发展，主要包括经济功能、社会功能、文化功能和生态功能，其中经济功能又分为市场功能、孵化器功能和农产品供应功能；社会功能分为聚散与传导功能、吸纳与调剂功能、治理与保障功能；文化功能分为素质培育功能和旅游休闲功能；生态功能分为生态调节功能和生态支持功能。

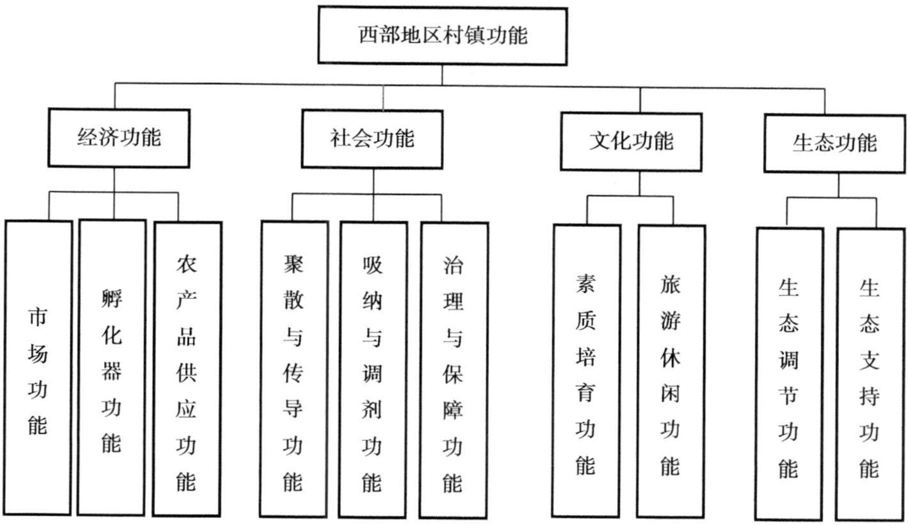

图 2-1　西部地区村镇功能划分

（一）经济功能

村镇基本功能是经济功能，关乎村镇基本生存和未来发展的基础性功能。西部村镇地域辽阔，拥有众多自然资源，拥有和城市完全不同的自然资源条件和人力资源基础，体现与城市不尽相同的经济作用。

1. 市场功能

市场是一定区域范畴内商品交易关联与商品交易场地的统称，交换既是市场的重要内涵，同时也是其存在的主要前提条件。(1)交易功能。各交易主体可在镇中对劳务或产品进行买卖，以此来达到转换商品拥有权的目的。(2)实体分配功能。在村镇的范围内存在诸多交易服务结构，可对众多实体进行分配活动，如商品分级与加工、运输和存储等，以此来达到对商品占有、地点和时间效用的实现目的。(3)信息功能。作为仅次于城市的经济与人口密集地，村镇是信息发送与接收的重要中转地。让城市对农村市场供需状况进行了解，同样通过村镇可让农村对城市供需变动进行掌握。(4)资源配置功能。作为农村特定经济区域中心，对产品、行业和不同部门诸多生产要素分配比例调节，如资金、生产工具、土地和农村劳动力等。

2. 孵化器功能

当前，作为乡镇企业的孵化器，西部地区村镇不仅获取更多的发展机遇，而且还逐步将其劳务与产品推入城市当中。当前，中国加大对城镇规划编制和执行力度，各镇级地区纷纷建设起工业小区。随着镇工业小区建设的不断开展，乡镇企业逐步走向区域集中化、结构合理化和高组织化发展路径。镇工业小区集中优势越发显著，为乡镇企业提供更加适宜的条件与环境。

3. 农产品供应功能

农产品供应功能是指村镇为了满足人们生活的物质需求，向社会供应包括粮食、蔬菜、畜产品在内的多种农产品。广袤的土地，且劳动力成本也相对较低，为西部村镇农产品的生产提供了先天有利条件。西部村镇生产的农产品，符合城市居民的生存需要。现阶段人们需求越来越多样化，社会所需要的农产品种类也更加丰富，对农产品的供应功能提出了新要求。

（二）社会功能

社会功能是西部村镇的又一重要功能，社会功能与地区社会秩序的维持及社会系统的运作息息相关。西部村镇社会功能主要有 3 方面，即聚散与传导功能、吸纳与调剂功能、治理与保障功能。

1. 聚散与传导功能

村镇尤其是较高城镇化的县镇，不仅集聚大规模的需求、劳动力、资金与生产资料，在通讯、交通和基础设施服务上也相对较为集中，并对服务型、金融和工商等企业吸引巨大。随着镇区规模不断拓展，村镇磁场效应越发强大。西部地区的村镇通常是周边农村产品的聚集地，还是各类城市产品下乡必要途径与中转地。村镇周边的农村产品在销往城市和其他区域时，多是以村镇为主要外出途径。村民的生活与生产资料，不是从村镇进行供给，就是经由村镇向城市进行购进。因而，在城乡商品物资流通当中，村镇不仅发挥传导作用，还存在着聚散功能。

2. 吸纳与调剂功能

现代化进程中，村镇发挥着对农村剩余劳动力调剂与吸纳功能。当前国内农村剩余劳动力有着最低 2 亿数额，如此多的剩余劳动力无法被城市吸收，而村镇因为分布广、数量多，不仅拥有市场机制作用，且还在农民进城上有着“三低”优势，即低风险、低成本和低难度。既能对农村富余劳动力进行分流，也能储蓄过多农村向城市涌入的人口，凭借村镇与农村的多方面联系，还可对农业生产剩余价值进行合理调剂。

3. 治理与保障功能

村镇是西部地区的重要组成部分，区域治理与西部村镇治理息息相关，现代化进程推进离不开村镇的治理。西部地区作为我国发展的重点区域，村镇治理功能的发挥既要实现村镇社会秩序的稳定，还要实现包括民主选举、民主决策在内的自我管理。不仅如此，西部村镇还具有社会保障功能，保障村镇人民正常的生活质量，表现为拥有文明的社会环境、充足的物质条件和完善的基础设施。

（三）文化功能

1. 素质培育功能

村镇既是农村的教育、科技和文化中心，也是医疗保健中心，在农村居民的素质提升与整体发展上存在巨大推动作用。村镇存在相对完善的医疗、教育和文化设施,相关人才也多是集中于此,既能为居民提供医疗、教育和文化方面的服务,也能为周边农村居民传播现代化城市文明和知识。因此,在农村精神文明建设中,村镇往往是最为重要的一个环节。

2. 旅游休闲功能

随着人们物质文化需求逐渐丰富,越来越多的人不仅仅满足于感受城市文化,还希望了解农村文化,在农村地区进行旅游休闲。西部地区独具特色的自然景观和人文特色,是生活在东部、中部及东北地区的人们无法感受到的,去西部休闲旅游成为一种趋势。西部村镇旅游休闲功能的发挥也有利于西部特有文化的传承,使其独特文化被更多人了解。

(四) 生态功能

1. 生态调节功能

与城市相比,村镇具有广阔的自然空间,生态服务功能是指生态的支持与调节功能,包括有害生物的控制,植物种子的扩散与花粉的传播,有毒物质的降解与环境净化,及气候的调节。人工作物与乡村天然植被是生态文明建设最为重要的构成部分,无论是对全球气候还是对大气净化都存在巨大作用,对蓄水防洪和水源涵养也都有着重大意义。西部地区村镇具有更高的植被覆盖率,有利于维护区域生态平衡。

2. 生态支持功能

乡村地域生态支持功能主要体现为第一生产者作用、循环营养物质和土壤构成等。一般来说,土壤层具备强大的固碳功能,不同于混凝土覆盖的城市地表,乡村地域多是土壤的保护圈,如林地、草地和耕地等,对全球碳循环维护存在着不可或缺的作用;过低的人口密度与广阔自然空间,有利于野生动植物生存与繁衍,推动生物多样性维护和生态系统食物链的完整。

四、村镇动力机制

农村城镇化动力机制是农村城镇化过程中所必需动力的生成机理，及维持和改善这种作用机理的经济生产关系、组织制度等复合型系统综合体。西部农村城镇化是农村城镇化在西部农村地区产生和发展的一种特殊状况，既有与一般农村城镇化相同的地方，也有一定差别。西部村镇涉及众多驱动因素，分为内驱动力、外驱动力，其中内驱动力分为文化驱动力和人才驱动力，外驱动力分为自然环境驱动力、产业发展驱动力和政策驱动力。

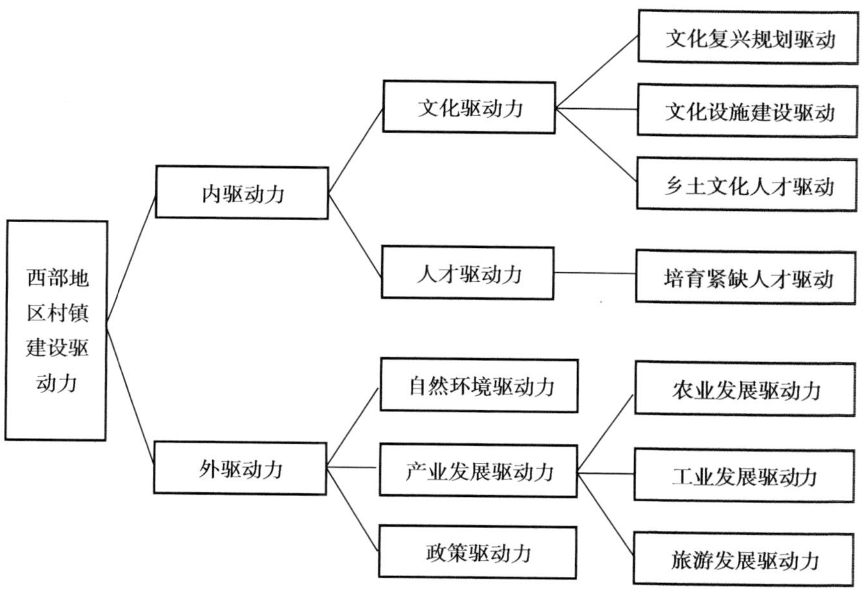

图 2-2　西部地区村镇建设驱动力系统

（一）内驱动力

西部村镇建设的内驱动力是内部因素引起的，主要包括文化驱动力和人才驱动力。

1. 文化驱动力

在地区经济社会发展中，文化既是最为持久的动力，也是最深沉的动力来源。对乡村振兴来讲，文化的繁荣兴盛尤为重要，乡土文化决定了村镇愿景的实现进度。在乡村振兴战略中，以乡土文化文明的复兴和培养作为核心内容，为之稳步发展提供最持久、最深沉的动力。目前，孕育乡土文化的自然载体正逐步缩减，不断消亡的非物质和物质文化，在推进西部村镇建设过程中，要发挥好文化的驱动作用。(1)以新时代乡土精神创造、乡土文化复兴为目标，基于民众对新时代乡土文化需求，制定乡土文化复兴发展计划。在乡土文化的复兴过程中，对保护措施、核心目的与工程、主要活动和任务以及主体力量进行明确，科学运用一切积极力量发扬乡土文化精神，并传播新时代乡土文化。(2)加强对文化设施建设，扩充农村文化建设投资途径。地方财政提升农村文化建设的补救力度，提升对贫困农村区域转移支付力度，保证区域文化设施资金的进入状况。呼吁社会进行公益性资助，着重各类金融渠道的创新与探索，以此来改善建设资金短缺问题。(3)加强乡土文化人才建设。引进诸多乡村精英，如创业强人、退伍军人、知识分子和退休干部等，建设日常组织活动平台，创设新的活动方式与内容，弘扬乡村乡风、维护乡村道德，并抨击乡村陋习。

2. 人才驱动力

聚拢村镇发展所需要的各类人才是西部村镇建设所面临的重要问题。在振兴村镇人才上，需将人力资本的开发置于核心地位，即科技推广专家、涉农企业家和组织掌舵人。(1)培育一批基层组织掌舵人。基层组织掌舵人是最短缺的人才，通过换岗训练与组织培训等途径，对该类人群多方面素养进行提升，其中既有社会矛盾处置能力，也有基层事务治理能力和政治素养等。选择具有民众信任、过强业务能力和高政治素质的人才，突破以往的用人条例。在专业技术部门、高校知识群体和机关干部中要提升对下乡人员的指派力度，提高人才沟通的横向机制，让更多有担当、敢干事、想干事的人才留在村镇。

(2)扶持一批涉农企业家。涉农企业家生存环境进行优化,通过管理、渠道和信息上的协助,让企业家在生产经营上能够有效规避风险。以涉农企业家带动村镇产业,对本土品牌发展机遇进行找寻与创设。鼓励农户与涉农企业合作,提升企业家对农户增收的带动力量。(3)培育并发掘科学推广专家。对当地农业技术人才进行培育与发掘,对先进农业技术进行引进与完善,进而达到经济与产业协同发展目的。

(二) 外驱动力

1. 自然环境驱动力

西部地区具有独特的自然环境,还拥有丰富的矿产资源,是国内最为重要的能源矿产基地之一。但经济与产业水平比较低,耕地资源短缺,人地冲突凸显,农业产出水平相对较低;农业发展水平与产业缺陷无法对村镇发展予以支撑,而支撑能力薄弱的村镇无法对产业提供所需的技术与资金帮助,并最终出现恶性循环状态,进而弱化村镇生产能力。随着工业化、城镇化的加快推进,西部能矿资源在经济发展中的重要性日益显著。与此同时,国际矿产与能源价格的飞涨,推动了西部地区能矿资源开采步伐,并改变了原有产业结构,但能矿资源多运至他省或国外,无法带动当地村镇经济,工业化转型中出现诸多问题,如过低城镇化水平、较少村镇非农业就业等,村民生活水平无法得到有效提升,进一步拉开城乡差距。

薄弱的财政经济基础,要求提升政策对村镇发展引导力度。更为充足的财政资金,并在市场需求引导下,依托地区资源优势,推动产业转型升级,大力培育生态友好型产业。通过对产业链的延长,逐步建立区域市场竞争优势,推动区域城镇化与工业化进程。强化退化土地综合治理与生态环境保护力度,根据当地特征实施退耕还林政策,实现农村经济与生态环境协同发展;农村社会保障投入力度予以提升,提高农村基础设施建设的同时,对生活与生产环境进行有效改善,完善生态补偿机制。

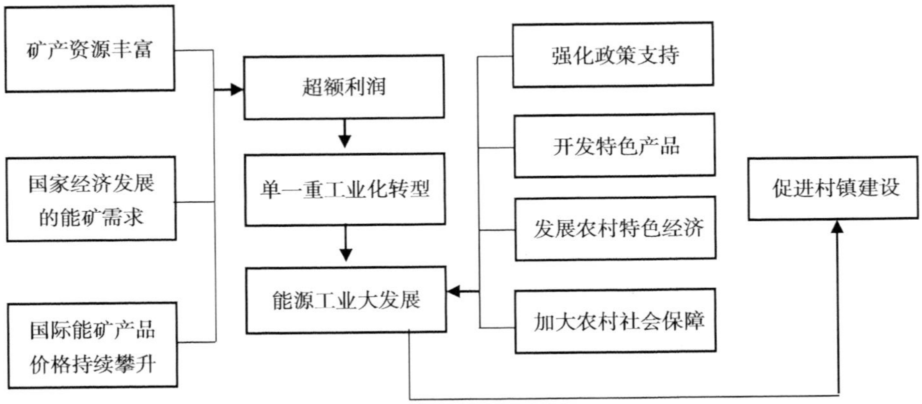

图 2-3　矿产资源对西部村镇建设的驱动机理

2. 产业发展驱动力

优化产业结构,促进资源优化配置,遏制并扭转城镇化过程产城分离、城乡分裂局面,实现以城带产以产兴城良性互动。(1)农业现代化。西部地区农业基础条件差、生产效率低,城镇化过程中的农业推力无法释放,应优化农业产业结构,积极调整农业产业布局,构建新型现代化农业生产经营体系,积极发展农村生产合作社,推动农村社会结构转型。(2)工业化。西部传统工业逐步陷入困境,传统行业日益丧失优势、资源可开采数量日益减少,同时资源开采、环境整治成本日益增高,因而西部地区应积极转换思路,致力于发展现代新型工业,推动知识、技术的聚集。积极创造条件促进生产关系的转化,加快城镇结构优化升级和非农产业扩展,寻找和发挥比较优势来提升竞争优势。(3)现代服务业。现代服务业不仅有助于城镇服务环境和基础设施提升,也可以增加城镇就业机会吸纳更多农村剩余劳动力,完善城镇的产业结构,提高居民的生活便利性。

一是农业发展驱动力。西部地区具有发展农业的有利气候条件,耕地面积约占全国总面积 23. 6%,人均占有耕地超出全国平均数 10. 8%。既存在充足的耕地面积,且还有着丰富的后备耕地土地资源。国内共有后备耕地资源

33.33km²,然而西部地区占据了60%,面积约20km²。西部地区存在着丰富的光能资源,特别是西北内陆与青藏高原,是国内高值的太阳辐射区域,对植物光合作物积累尤为适宜;在热量资源上,唯有青藏高原相对较差,其他区域都尤为丰富;同季节的雨热环境是农作物生产最适宜的环境。西部地区农村发展获得了巨大进步,增长最为明显的是以粮食为代表的农产品,随着农业扶持政策的推出与西部开发力度的不断提升,在农业基础建设上也有着明显的成效。加快了水利建设的脚步,进行中低产田改善与优化;快速发展的西部农业生产,大幅度提升农民收入。

已然形成诸多特色优势产区,如牛奶、烟叶和糖料等,在全国供应比例中,新疆甜菜占2/3、广西甘蔗占1/2、贵州与云南烟叶共占1/2、内蒙古牛奶占1/5。然而,依然存在较多制约条件与束缚。(1)地区资源环境因素,大宗农产品增产潜力受到制约。丰富的农业资源让其人均耕地面积超过国内人均标准的2倍有余,在水资源上也占据国内50%,然而两种资源整合存在失衡现象,内陆区域水资源非常稀缺,20%以上的土地都是荒漠化土地,土壤盐碱化趋势无法有效阻止。较高耗水量的大宗农产品,增大资源环境压力。(2)市场与区位劣势,大宗农产品生产规模无法拓展。西部农业区域不仅存在落后条件,较低价格大宗农产品运往东部地区销售时,所需物流成本相对较高。大宗农产品生产供应上,西部地区大多只能对本区域供给服务。

以农业促进西部村镇发展,注重以下几方面驱动。(1)进一步明确特色农业战略定位。广阔的地域与多样化地形和气候,西部地区具有天然的特色农业发展优势,找寻地区与农产品的优势,如陕西关中平原、河西走廊等区域。(2)完善和细化区域布局。坚持以畜牧业为核心的内蒙古和长城沿线区域,通过农牧的有机融合,着重生产甜菜、优质谷物等经济作物。黄土高原区域应倡导退耕还林,带动该区域果品加工业发展。在甘新区域着重畜牧业和绿洲农业发展,如枸杞、啤酒花和葡萄等。青藏区域以草地生态系统维护为核心,推行人工草场建设,提升畜产品质量。(3)提升农业基础设施投入。通过援疆、援藏和水利扶贫等，推动坡耕地综合整治工程与水土流失防治工程，提高生态区、水资源区和风沙区恢复力度。调节水资源与农业发展相互关系，耗水作物如瓜果和花卉、耗水且产生水污染的养殖业。(4)提高政策扶持力度。特色农业是信息密集型、技术密集型、资金密集型产业，不仅需要政府资金扶持，还需引进更多优秀人才。西部地区人才与科技缺陷，信息化水平远远落后于中东部。(5)循序渐进发展现代农业。特色产业发展急于求成，对规模过于重视，却未意识到经济可行性与市场容量，导致“难卖”现象大量出现。采取“指令农业”的发展方式，农民主体地位受到影响。开发过度，生态环境遭到破坏，如青藏高原的虫草、宁夏的发菜等野生珍稀农产品被过度采收。

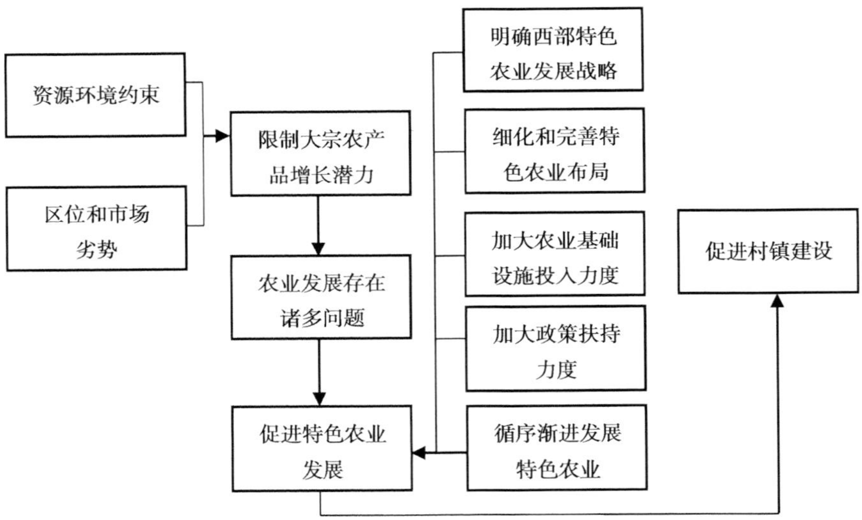

图 2-4　农业发展对西部村镇建设的驱动机理

二是工业发展驱动力。西部地区国民经济快速发展，工业化也取得了较为显著成效，但相比东部地区还存在较大差距。为促进西部地区村镇发展，要充分实现工业发展的驱动作用。(1)思想统一、认识提升。充分认识到工业对发展经济的重要性，工业的健康发展有利于人们生活水平的提升。正确选拔人才、发现人才和培养人才，为工业发展提供人才保障。制定成效考评方法，完善一抓到底、锲而不舍工作机制。严格惩戒乱作为、不作为现象，创造良好工业环境与社会氛围。（2）构建物流交通网络。物流交通网络是与外界沟通的桥梁，西部物流不畅、交通落后，很多村镇缺乏完善的快递功能，物流运输成本较高。国家投资西部力度应进一步加强，形成高效服务、以基层为主、功能完善且布局合理的物流交通服务网站，推动产品向国际方向发展。（3）完善多层次投融资系统。重视金融产品的创新，将现有抵押担保种类进一步拓宽，使企业有更多的贷款途径。公开化建设诚信体系，为诚信企业贷款提供便利。支持民间投融资机构的发展，将社会闲置资金的作用充分发挥出来，健全村镇金融体系。（4）切实加强技术创新，培育特色主导产业。企业只有具备核心竞争力才能可持续发展，技术落后是工业发展滞后的主要原因。西部地区多为开发性工业企业，产品多为初级产品，利润低、附加值低，且缺乏技术含量，应意识到技术创新的重要性，真正重视技术创新，加强创新力度。（5）重视中小企业发展，加强市场主体培育。西部中小企业数量并不多，且存在市场培育主体滞后的现象，阻碍当地发展工业经济。整体来看，过去市场有着较高的门槛和准入条件，导致一些好产业、好项目因未达到准入门槛而被拒之门外。近年来，企业工商登记管理制度改革后，为中小企业提供良好的环境，当地应借此机会加强对市场主体培育，逐渐培养出有活力、有朝气、有前途的企业，成为当地发展工业经济的支柱。

三是旅游发展驱动力。旅游业是伴随着国家乃至世界经济发展、人民生活水平和收入水平的提高及人们休闲时间的增加而发展起来的行业。旅游不是维持人生命延续的生存资料，而是发展和享受的资料。旅游产业在西部经济发展中的主导地位越来越明显，入境旅游市场、出境旅游市场运行良好，在质和量上持续稳定发展，并向多元化、深层次方向拓展。促进西部地区村镇的发展，要充分实现旅游业的驱动作用。

（1）提高旅游业发展认识，拓宽筹资渠道。旅游产业是一个特殊性产业和关联性强的产业，它能带动建筑业、交通运输业、手工制造业、食品生产业等

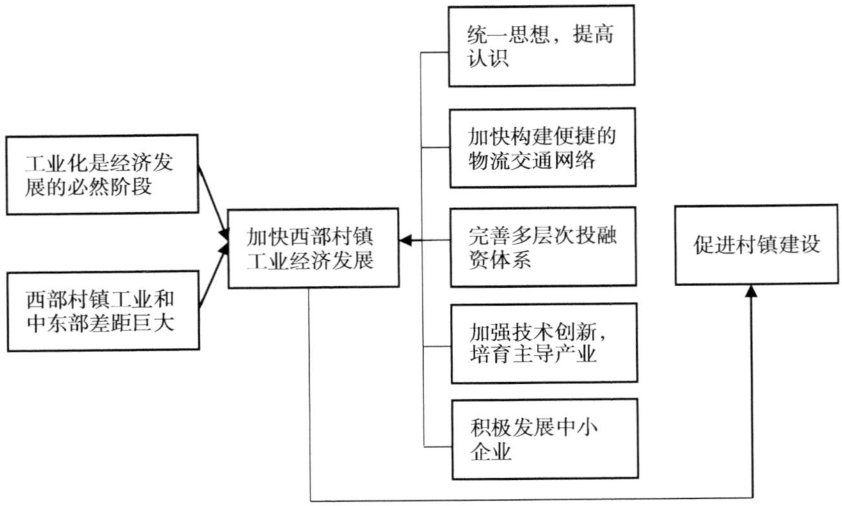

图 2-5　工业发展对西部村镇建设的驱动机理

相关行业的发展。西部地区旅游业发展，有利于加快西部地区与全国各地文化交流和民族融合，提高市场经济深刻认识。提高对旅游产业认识，根据各地实际情况制定符合本地区的旅游发展计划。加大资金扶持力度，拓宽筹资渠道，把资金投放在自然资源密集、高品位的旅游产品及发展潜力的景区上。加大招商引资的力度，吸引社会投资，引导投资者对旅游景区整体开发。进行旅游管理创新，提高从业人员素质，加快旅游地向标准化和管理服务规范化发展。

(2)实现旅游产品深度开发，提升文化内涵。旅游产品开发具有丰富文化内涵，可以用特定相关联的文化线索将各个景点连接成一个环环相扣的整体，使西部旅游产业朝整体化发展。符合西部旅游特色资源，赋予旅游产品当地的文化内涵，提高旅游产品消费档次。西藏可以将“世界屋脊”作为旅游产品宣传核心，开发具有自然特色旅游路线，包括珠穆朗玛峰、雅鲁藏布江大峡谷、纳木错景区，开发拥有丰富古代文明历史旅游路线，包括雍布拉康、藏王墓群等古代历史遗址，开发具有神秘宗教文化色彩旅游路线，包括布达拉宫、大昭寺、法门寺、哲蚌寺等，开发具有异彩纷呈的民族文化特色旅游路线，包括雪顿节、赛马节、民族饮食、民族歌舞等。

（3）把旅游开发和环境保护相结合，促进旅游可持续发展。经济发展不能以牺牲环境为代价，在发展旅游经济的同时，保护和改善环境是西部地区开发旅游资源须高度重视的。西部旅游的自然环境较少受到人为破坏，许多地区还保持着原生态的旅游景观。开车行驶在西藏公路上，随处可见公路两旁成群结队的牛羊，这是一种人与自然和谐共生的画面，更是一种珍贵的资源；当你漫步青海湖畔时，可以看到栖息着的各种珍贵鸟类；当你攀爬华山时，可以看见从山脚到山顶的各种珍贵动植物。一定要高度重视环境生态问题，在保护好生态环境的基础上，深层次多角度地开发旅游资源，使旅游开发和生态保护实现可持续发展原则。

（4）完善旅游基础设施，改善接待条件。旅游产业发展当务之急是要搞好旅游地基础设施的建设，如宾馆、饭店、交通等。旅游宾馆建设在离景区景点较近的位置，可以分别建设豪华星级酒店和经济型快捷酒店，可以更好地欣赏自然景观；在旅游景区的外围地带，建设经济型快捷酒店，可以短途步行或者有方便公共交通方式直达景区，满足不同消费群体不同消费需求。举行当地特色民族风晚会，让游客感受当地传统文化。西部地区旅游资源丰富，但旅游接待能力有待进一步提高，每逢节假日、黄金周到来之时人满为患，因此要健全旅游管理体系，搭建应急机制和采取相关措施，做好相关旅游接待工作。

3. 政策驱动力

政府在城镇化过程中起着十分重要的作用，然而政府应该是政策的制定者、市场的引导者、法律法规的执行者和维护者，而不是城镇化的唯一建设者。西部地区过多依赖政府来主导城镇化势必会抑制市场资源配置起到的基础性的作用，必然导致市场发育动力不足，资源要素难以充分优化配置。因而，西部地区农村城镇化必须寻找合适的动能，转变政府的职能，正确处理好市场与政府之间的关系，提升市场化运作的水平。另外，政府应对动力机制充分发挥

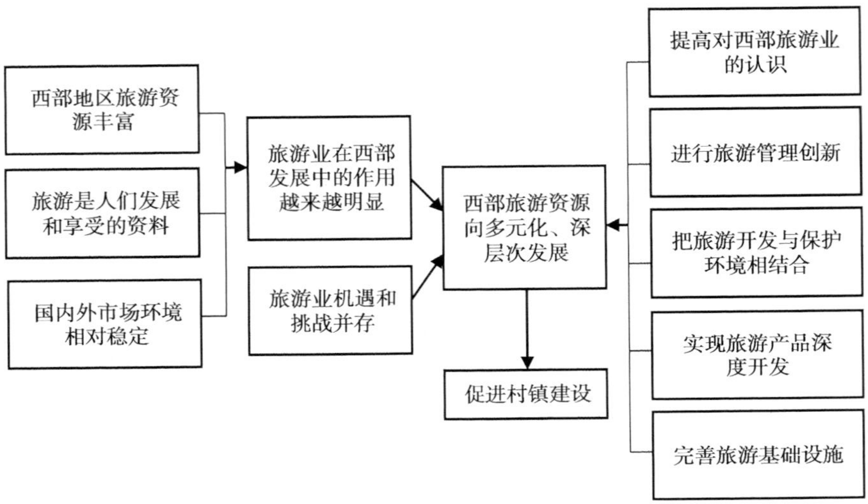

图 2-6　旅游资源对西部村镇建设的驱动机理

作用。2013 年,我国提出“一带一路”的国家战略。而其中涉及的核心省区中,有 10 个省区市位于西部地区。“一带一路”将西部由传统的大后方变为前沿阵地,大大提升区位优势,且也可以在开放过程中承接东部产业转移和升级换代,有利于增强西部地区城镇承载能力、自我发展和辐射带动能力。同时国家大力实施“互联网+”战略,互联网改变空间关系、缩短距离、降低社会成本,为生产生活提供巨大便利,其中以物联网和云计算为标志的生产性服务信息化,有助于提高社会生产效率,互联网技术、农村电子商务的发展扩展农产品市场边界,增加农业剩余。

西部地区城镇化进程中,政府职能应该从主导者变为合作者和倡导者,将市场培育为城镇化中坚力量。(1)增加政府投入,完善基础设施。加强农村公路、村镇机耕道等设施建设,支持林区、垦区、特色农业基地、高产稳产饲草基地等区域作业道路建设,提高机械化作业水平。建设“五小水利”工程,开展西北干旱地区和西南红层缺水地区找水工作,改造升级农村电网。建设粮食收储共赢安全保障工程,对新型主体创建保鲜库、冷藏库、烘储仓和自然通风仓等予以支持，建设标准化水产养殖池塘和内陆渔港。创建高标准无害化处理病死畜牧、粪污、青贮窖池和牲畜圈舍等设施。完善农产品流通骨干网络及服务功能。(2)对特色农业结构布局予以优化。采取科学、合理的方式确定农业地区、林区山区、草原牧区等发展方向，优化特色农业结构布局，推进现代农业示范区建设。进一步提高广西、甘肃、新疆和汾渭平原、河套灌区等农产品主产区粮食生产能力，使粮食安全得到有效保障。建设水稻、玉米种植基地，将西南与西北马铃薯产业带、油菜产业带、西南水稻产业带以及天然橡胶产业带、云南和广西甘蔗产业带作为重点培育区域。(3)大力发展安全农产品生产。立足生态环境本底，走差异化道路，发展安全、绿色、无公害农产品，提高现有特色渔业和畜养殖整体比例，加大对新增长点的培育力度。积极构建从种子种苗和种畜种禽选育、种养管理、生产加工到物流配送完整有机农产品供应链，提高农产品安全性与质量，促进农业提质增效。(4)完善服务体系，推动经营方式创新。构建一体化高效服务体系，着力解决产加销衔接不紧密、不配套问题。通过龙头企业与合作社，构建农业社会化服务机制。创新农业公益性服务方式，创建新型农业经营体制，产业化合作经营与集约化家庭经营有机结合。将延伸农业产业链与适度规模经营相结合，改革农村集体产权制度，对现有农村产权流转市场体系进行优化与完善。(5)坚持以人为核心的新型城镇化道路，因地制宜优化城镇化布局与形态，加强对西部地区城镇发展分类指导，做好区划调整工作，提高城乡规划的科学性，强化历史文化名城名镇保护。促进农业转移人口市民化，深入推进城乡融合改革力度。城镇基本公共服务居民全覆盖，户籍制度进行优化与完善。

（三）耦合驱动力

村镇空间结构优化往往都是内、外两方因素影响，无论是哪一系统内的单一因素推动或是哪一系统外的单一因素推动都会引发村镇的变化。(1)充分发挥内驱因素的作用。内驱因素可以理解为村镇主体利用文化和人才条件促进本地区建设,使得系统向有序状态演变的过程。在发展地区经济社会过程中,文化是最持久、最深沉和最基本的动力,文化繁荣也是西部村镇建设的重要组成部分,缺乏乡土文化,将难以实现真正乡村振兴美好愿景。乡土文化文明培育与传承是乡村振兴主要内容,也是主要动力。另西部村镇离不开人才,科技推广专家、涉农企业家和组织掌舵人的聚拢和培育是乡村振兴的有效手段。(2)充分发挥外驱因素的作用。外驱动力是系统各外部因素相互作用形成的,推进西部村镇建设的重点是振兴产业,没有找到与市场需求相符且适合本地的产业是导致乡村经济落后的主要原因。各地区应因地制宜、因时制宜加快特色产业发展力度。所以要充分发挥农业发展、工业发展和旅游发展的驱动作用,通过适合本地区产业发展措施带动西部村镇建设,还要注重自然环境和政策的驱动作用。(3)充分发挥耦合动力的作用。西部村镇建设是内驱动力和外驱动力共同作用的结果。村镇的文化优势有利于旅游业的发展,村镇人才优势可以为村镇培育各种人才,还能提高地区创新能力。只有充分融合内驱动力和外驱动力,才能产生强大的合力,促进西部村镇的可持续发展。(4)充分发挥市场机制作用。市场机制有效实现资源配置,并起到决定性作用,是实现利益协调和社会控制的有效手段,以市场为推动力有效避免行政规划下“有城无市”和“有城无人”伪城镇化现象,防止政府功能异化及政府与民争利。西部地区农村城镇化关键在于建立完善市场体制,为市场营造良好环境,调动市场的活力,健全完善市场运行体系、运行机制,规范市场秩序,增强资源要素聚集与辐射作用。当前,西部地区政府行政干预多,应积极发挥市场在资源配置中的作用,提高对市场引导力,通过供求关系和价格机制等促进要素资源合理化流动,促进西部地区城镇化进程。

第三节　统筹的必然性

城乡分离与融合是社会生产力发展不同阶段的产物,当人类社会步入后工业社会时，第三产业成为城市发展的主导产业，工业生产向农村地区转移，人口向郊区以及农村迁移，城乡之间的差距逐渐缩小，城市与农村的边界模糊，城乡开始走向融合。我国为了快速实现工业化与城镇化，采取了城乡二元分割、严格控制大城市规模的城镇化模式，大量的劳动力、资本等生产要素集中到省会（首府）及沿海城市，城镇化得到快速推进，但表现出明显的城乡分割、城镇化水平低、进程缓慢等特点，①造成城乡发展差距扩大、城乡间要素流动受阻，以及部分农村地区生产力落后和“空心化”。城市与农村、工业与农业的关系，是一个国家或地区现代化发展进程中必须处理好的重大关系，尤其对于中国这样一个域广人多、贫富悬殊、发展不一的大国来说，更是一个重大难题。② 当前我国城乡分离、对立问题依然存在，城市与农村差距日益扩大，收入差距有逐渐扩大的趋势，③成为制约新型工业化、新型城镇化和全面建成小康社会的瓶颈，而要想破解这个瓶颈，必须提升城乡命运共同体的关系联结度。④ 因此，加快推动城乡融合发展，不仅具有重要的理论意义，也具有重要的现实意义。

新中国成立以来，我国城乡关系发展可以分为 5 阶段：城市领导农村（1949—1978 年）、⑤城乡关系趋好阶段（1978—1984 年）、城乡再度分离阶段（1984—2002 年）、城乡统筹发展阶段（2002—2012 年）和城乡全面融合发展阶段（2012 年至今），⑥其城乡发展理论亦经历了城市偏向发展理论、城乡统筹发展理论、城乡一体化发展理论、城乡融合发展理论。中国城乡融合发展理论的演变主要以党中央的重大会议重大方针政策为依据，并且是依次递进、不

---

① 李红玉：《城乡融合型城镇化——中国新型城镇战略模式研究》，《学习与探索》2013 年第 9 期。

② 何秀荣：《建立健全城乡融合发展体制机制的几点思考》，《区域经济评论》2018 年第 3 期。

③ 皮建材、周愚：《城乡分割与融合的人力资本效应研究》，《经济评论》2013 年第 2 期。

④ 皇甫鑫、唐依：《马克思恩格斯城乡思想对我国城乡发展的理论价值》，《改革与战略》2018 年第 1 期。

⑤ 赵洋：《当代中国城乡关系的变迁》，《科学社会主义》2011 年第 6 期。

⑥ 吴丰华、韩文龙：《改革开放四十年的城乡关系：历史脉络、阶段特征和未来展望》，《学术月刊》2018 年第 4 期。

断完善的。2017年,中国共产党第十九次全国代表大会明确要求“按照产业兴旺、生态宜居、乡风文明、治理有效、生活富裕的总要求,建立健全城乡融合发展体制机制和政策体系,加快推进农业农村现代化”,首次提出“城乡融合发展”的概念。至此,中国迎来了城乡融合的新时代,从“统筹城乡发展”到“城乡发展一体化”,再到“城乡融合发展”,反映中央政策的一脉相承,又符合新时代阶段特征和具体要求。①

一、农村空心化的特征表现及危害

农村空心化已经成为影响城乡平衡发展、农村充分发展、农业现代化的重要因素,农村空心化的特征表现和危害主要有以下几点:

(一)人口空心化,严重影响农业发展

人口空心化是农村空心化的最主要特征。随着城镇化的快速推进,农村大量青壮年劳动力单向流向城镇,由农业向非农业转移,农村常住人口锐减,导致农村只剩下妇女、老人和儿童,俗称“389961”部队,农村人口呈现出一种老龄化、低龄化、妇女化的态势。“谁来种地?”成为新时代背景下亟待解决的一个重大问题。由于人口空心化,农村劳动力的大量流失,从事农业和农村发展的劳动力数量和质量下降严重,导致耕地无人可耕、耕地抛荒现象严重,进而影响农业发展、粮食安全和农村经济发展。此外,由于有知识和能力的青壮年劳动力都流向城镇,导致农村农业发展缺乏能人发挥带动作用,给农村治理和产业发展带来极大困难。

(二)土地抛荒化,土地资源浪费严重

由于农村大量青壮年劳动力单向流向城镇,年轻人根本不愿意回家种地,

---

① 魏后凯:《建立健全城乡融合发展,要把握好着四个关键点!》,《农民日报》2017年11月17日。

导致农村耕地大量抛荒现象严重,土地资源浪费严重,农业难以向精细化、现代化发展,不仅危害到了粮食生产,还影响了农民增收。另外随着村庄外延交通逐渐便利化,以及农民的乡愁和落叶归根的思想,使得许多农民返乡后在村外延地区建立新住宅,甚至在耕地上建新宅,不仅导致大量新建住宅和旧宅无人居住,而且造成国土资源的浪费。

(三) 村庄空心化,城乡差距日益扩大

随着农村人口不断流向城镇,农村常住人口的减少,导致大量"宅基地闲置",形成"空心村"。村庄外围出现大量的新建住宅,使得村庄毫无章法的无序扩大。村庄呈现出一种外部繁荣而内部凋敝的不协调状况,村庄内部公共基础设施老化严重、一些老旧房屋垮塌。此外,村庄的基础设施、金融服务、医疗保障等服务水平都与城镇存在极大差距,且呈现持续扩大的态势。

(四) 家庭空巢化,农村养老问题突出

随着大量农村青壮年劳动力转移进城,农村人口老龄化速度加快,农村养老特别是留守老人的养老矛盾比较突出,养老服务供给侧结构性改革迫在眉睫。[①] 由于农村大量青壮年流向城镇,老人与子女分开而居,子女常年在城镇务工,老人留守农村,导致留守农村的老人长时间无法照看,使得老人的健康问题、安全问题堪忧。农村医疗卫生服务水平普遍不高,空巢老人的身体健康普遍不好,老人不仅医疗意识匮乏,而且通常不愿意给家庭增添负担,常常出现小病就拖、大病硬抗的现象。

---

① 参见《农村养老面临的赤裸裸的问题》,搜狐网,2017 年 12 月 8 日,https://www.sohu.com/a/2-09311977_100052306。

二、城市病的特征表现及危害

（一）人口膨胀，导致城市无序发展

随着城市化的快速推进，大量的农村人口涌入城市，城市常住人口短时间内剧增，给城市建设带来大量廉价劳动力的同时，也导致城市人口急剧膨胀，带来一系列城市问题，如就业困难、犯罪率上升、住房短缺、教育资源不足、公共卫生设施匮乏、环境污染严重等。城市人口急剧膨胀，对城市资源造成极大压力，城市资源无法承受人口消耗时就会出现短缺，如人口膨胀导致用水量、用电量大增，水资源和电力急剧减少。城市人口膨胀，随之而来的是城市生活垃圾的排放增多，加重城市生活垃圾的处理压力。

（二）交通堵塞，城市环境持续恶化

城市人口的急剧膨胀，对城市交通的需要增加，加剧了城市交通供给与需求的矛盾，导致城市交通堵塞严重，由此带来城市污染、交通安全等系列问题。城市交通堵塞不仅增加城市居民出行成本，影响工作效率和日常生活，而且还会导致城市环境的恶化和交通事故的增多。城市人口膨胀，机动车的数量也将激增，车辆向城市空气中排放的废气也将增加，汽车排放的废气成为城市环境的主要污染源，导致城市环境持续恶化。

（三）资源短缺，制约城市可持续发展

城市病的另一特征是资源短缺。随着城市化进程的推进，城市规模急剧扩张，人口急剧膨胀，城市资源也快速消耗，水资源和土地资源短缺问题成为大城市、特大城市和超大城市必然出现的问题。因为城市人口不断增长，对水、土地等资源的需求也更多，对城市可持续发展造成极大压力，当城市人口消耗超过资源的承载能力时，将极大影响城市可持续发展。

（四）城市贫困，城市内部贫富差距扩大

由于大量农村劳动力流入城市，流动人口的收入普遍较低，大部分人收入处于或低于城市最低收入水平，导致城市内部贫富差距呈现扩大趋势。并且流动人口无法享受城市医疗、教育等城市福利，不仅影响流入人口的生活质量，也影响下一代的发展。城市的快速扩张，将城市周边村镇纳入城市范畴，大量无地农民单向流向城市，但缺乏专业技术、知识水平等，难以在城市中找到合适的就业机会，导致进城务工的农民只能够从事一些简单的体力劳动，报酬无法得到保障，城市内部贫富差距扩大。

三、城乡融合发展的作用意义

（一）新时代背景下的新使命新要求

随着我国步入中国特色社会主义新时代，新的社会矛盾要求解决发展不平衡不充分的问题，要求经济创新发展、融合发展，实现增量提质，按时完成“两个一百年”奋斗目标。所谓发展的不平衡，主要体现为城乡发展不平衡、区域发展平衡，以及农村发展不充分。在新时代，不仅要解决“三农”问题，实现全面建成小康社会，还要缓解我国社会新矛盾甚至消除社会矛盾。而缓解社会矛盾的主要做法就是推动城乡融合，以新的发展理念，推动城市和农村高质量发展，提高人民生活质量，实现城乡平衡发展和乡村充分发展。城乡融合将有效促进城乡要素的自由流动，资源配置得到有效优化，农村农业得到有效充分的发展，城乡差距扩大趋势亦能够得到有效遏制甚至消除。

（二）增强国力实现区域协调的关键

国力是一个综合指标，包括国家经济、政治、文化、军事、教育等方面，以及城市与农村的发展水平。目前，我国城乡不平衡问题严重，制约着农村发展，

导致城乡差距不断扩大,要增强国力并且实现区域协调发展,必然离不开城乡的融合。城乡融合发展,旨在推动以工业反哺农业、城市支持农村,打破城乡二元结构壁垒,促进城市与农村之间要素自由流动,从而缩小城乡差距,实现城乡协调发展、农村充分发展,增强农村综合实力。城乡融合有利于乡村振兴、壮大农村经济、提高农民收入,有利于实现农业农村现代化,还有利于打破城乡二元结构壁垒优化产业布局、实现人口融合、产业融合和土地融合,实现城乡乃至全国经济社会向更高质量、更高水平发展。

(三) 解决城市病的重要路径

随着城市化进程的快速推进,城市人口膨胀、交通堵塞、资源短缺、城市贫困等城市病日益凸显,导致城市资源浪费严重、城市居民生活质量下降、城市无序发展,而推动城乡融合发展,是解决城市的重要途径。一方面,引导城市要素(人口、资本、物质、技术、信息等)流向农村,特别是人口的回流,一定程度上能够缓解城市人口压力、资源压力和交通压力;另一方面,城市要素流向农村,一定程度上能够推动农村经济发展,特别是推动农业现代化、农业+旅游,以及新型村镇建设等,缩小城乡差距,使得农村向城市提供更多更优质的劳动力和物质支持,从而实现城市与农村互利共赢局面。

(四) 实现现代化的必然要求

现代化的核心是高度发达的工业化,其要义是工业化、城镇化、信息化、农业现代化的同步发展。2017 年,我国城镇常住人口达 8. 13 亿人,乡村常住人口 5. 77 亿人,城镇化率达到 58. 52%,但是户籍城镇化率为 42. 35%,即有 2. 24 亿农民工常住于城镇,尚未转化为城镇市民。“三农”问题成为制约我国现代化建设的主要阻碍,以城乡融合促进新型村镇建设是实现中国特色社会主义农业现代化的必然要求。现代化不仅包括城市现代化、工业现代化,还包括农村现代化、农业现代化,如果以牺牲农村、农业、农民的方式来促进工业现代化，必然不是国家的现代化，也将导致“三农”问题更加突出，更难以完成社会主义现代化建设的任务。因此，必须通过城乡融合发展，破解城乡二元结构，助推农村建设、农业现代化发展和农民增收致富，从而实现国家现代化的伟大目标。

（五）破解“三农”问题的根本途径

新时代背景下，不仅要解决农村建设、农业现代化及农民增收的问题，更需要实现城乡的融合发展。随着我国步入新时代，新的社会矛盾亟待解决农村短板，扫除全面建成小康社会、现代化的阻碍，必须加快城乡融合，从根本上解决城乡二元结构。推动城乡融合发展，就是要形成新型城镇化和新型村镇建设双轮驱动机制，以新型城镇化和新型村镇建设驱动城市发展和农村建设，二者相互作用、共同促进，最终形成以工促农、以城带乡、工农互惠、城乡融合发展的新型城乡关系，从根本上破解“三农”问题。城乡融合意味着城市与乡村在基础设施、要素流动、公共服务等方面实现城乡一体化，将城市与农村作为一个命运共同体，充分发挥二者相互联系、相互补充、相互促进的作用，发挥城市的扩散效应，以城市的资本、技术、信息和管理，对农村资源进行重构，大力发展现代农业、农村旅游业以及各种新业态新模式，激发农村发展活力，实现农村经济的快速发展。

第三章　西部地区乡村振兴与农村城镇化统筹的演进规律

世界各国乡村发展进程都经历过青壮年人口持续外流、农业经济地位下降、农村基础设施薄弱、环境污染、资源短缺等问题，我国乡村发展更是如此。近年来，我国经济结构、产业结构、就业结构、城乡地域结构、社会结构等发生了显著的变化，但在城乡二元体制下，发展战略的城市偏向、分配制度的市民偏向、产业结构的重工业偏向，进一步固化城乡二元化问题，影响当代中国经济发展方式转变、城乡发展转型，并加剧了农村空心化、“乡村病”等问题。小城镇是城市起源的原始形态，也是城市群系统的有机组成部分。与国外相比，我国对小城镇、城市化乃至城市群的系统性研究起步较晚。① 从历史演进角度，分析不同时期西部乡村政策的着力点，同时遵循乡村振兴“三步走”时间表和阶段性目标任务，揭示不同阶段农村城镇化的特征和要求。

---

① 吴闫：《城市群视域下小城镇功能变迁与战略选择》，中共中央党校 2015 年博士学位论文。

第一节 国内外经验借鉴

一、国外经验

在工业化和城镇化进程中，世界各国具有不同的特点，日韩、德国、美国及印度、拉美非洲、沙特伊朗等形成了不同的发展模式，有的国家政府与市场并重型，有的国家是市场主导的自由放任型，有的国家是特色产业支撑型。英国、美国等先行工业化国家通过推行乡村建设来解决市区人口密度过高、交通拥堵等“城市病”问题，促进农村发展。日本、韩国等作为东北亚后发工业化国家的代表，都出现过农村资源流失引发农村和农业衰落等突出问题，及时推行了农村建设与振兴运动，如韩国、日本分别开展了“新农村运动”和“村镇综合建设示范工程”。中国乡村振兴不可能照搬发达国家转型做法，但也应避免“城市病”与农村衰败并存的被动局面。

（一）日韩

日本是亚洲地区典型的高工业化水平国家，日本城镇化高度集约，形成了东京都市圈、大阪都市圈和名古屋都市圈三大都市圈，大城市与卫星城并存，实现了城乡共同发展。在城镇化进程中，政府调控发挥了重要作用，通过立法、规划和政策自上而下推动城镇化，由政府主导的“置产兴业”政策带动城镇化，注重利用外资和先进技术。集中型转移是日本农村剩余劳动力转移的主要方式，农村剩余劳动力主要涌向大城市，经历了以大城市为主的城镇化过程。与其他发达国家一样，工业化促使日本实现了经济起飞。“明治维新”开始，日本开启了现代化的进程。1895 年，城市人口只占全国的 5%。1920 到 1940 年，城市人口占总人口比重从 18%提高到 35%。但日本的城镇化进程被第二次世界大战中断，1945 年城市化率下降至 27.8%。1945 年至 1955 年，城市化水平从27.8%提高到56.1%。1956年到1975年，日本工业生产高速增长，城市化进入加速期，农业人口高速向城市和非农产业转移。1955年到1975年，城镇化率从的56.1%提高到76%，开始进入城镇化后期，成为高度发达的城市化国家。期间，日本城市的数量和质量得到提高和提升。日本城镇化速度因20世纪70年代、90年代的两次石油危机、东亚金融危机的影响放缓，经济发展因冲击而下滑。1976年以后，土地、劳动力等生产成本上升，城市生产生活资源紧张产生“城市病”，出现了逆城市化现象。1996年，日本城市人口只占全国的78%，与1975年的76%相比，增速缓慢，积极开展“村镇综合建设示范工程”，加强乡村建设与振兴，解决了城市化进程中出现的问题。韩国和日本的城镇化进程类似，也是在政府调控下的积极推进型城镇化。1960年到1980年，城镇化率从36.8%上升到69.7%，20年间提高了33个百分点。但也面临土地和自然资源不足的问题，积极开展“新农村运动”建设乡村。2013年韩国城镇化率达91.04%，城镇化也高度集约，以首都圈为核心实现了城乡共同发展。

（二）德国

德国等西欧国家工业化、城镇化高度发达，主要是以市场为基础。① 资源、资本分配集中作用于回报率高的城市，乡村长期以来成为土地、劳动力等要素供给者，投资回报较低，城镇向乡村资本回流微弱，乡村持续失血和衰退。相对于美国强调自由市场主导的国家，德国政府在社会经济发展、国土开发、城乡建设等领域扮演着更为重要的角色。从1990年两德统一到2013年的20余年间，联邦政府为原东德的5个州和居民直接投资高达1.5万亿欧元，此外还有约5600亿欧元的基金会、信托、投资补贴和拨款，每年支付用于原东德州城乡建设资金达80亿—145亿欧元。然而，德国联邦政府对基础设施和公共

① 饶枕流：《湖北省农村城镇化发展模式研究》，武汉工程大学2014年硕士学位论文。

服务的倾力投入并未能达到缩小东西德区域和城乡差距的预期效果。1991—2013年间,原东德地区人口减少约200多万,超过东德地区总人口的10%,其乡村地区流失人口更高达20%以上,且出现高度老龄化、空心化问题。出现上述现象并不能完全归结于东西德之间作为两个独立国家的历史和制度差距的后果,即使历来统一的欧洲发达国家如西班牙、法国,其人口也从相对均衡的空间格局走向不断向发达大城市地区聚集,进入某种"逐渐稳定"状态后,大片农村地区日益呈现出空心化、老龄化等日益衰退的状态。从德国等西欧乡村发展的既有经验看,即使在相对狭小的国土范围和高密度的基础设施和服务设施投入,也并不能扭转农村地区乃至中小城镇区域性失血进程。德国是最早完成工业化的西欧国家之一,通过政府与市场并重的城镇化模式实现较高水平的城镇化,充分发挥政府宏观调控作用;通过政府行政和法律等手段解决土地、交通、环境等问题,加强基础设施建设,发挥城镇的辐射带动作用,促进区域协调发展。德国中小企业发展良好,良好公共交通设施使农村与城镇有效连结,医疗、教育等基本需求本地解决,大中小城市和农村协调发展。在德国,巴伐利亚州的"城乡等值化"经验①和基于"资源—网络"的德国图林根州乡村"自下而上"发展经验②具有很强的代表性。英国和法国等西欧国家与德国类似政府与市场并重的城镇化模式,实现较高水平的城镇化。

(三) 美国

作为全球经济规模最大的国家,美国城镇化主要采用以市场为主导的自由放任型模式,政府的调控较少。市场的需求是美国工业化和城镇化发展的主要动力,市场调节在发展进程中起了主导作用,形成了功能互补、层次分明的城镇化体系,工业区、卫星城镇协调发展。18世纪中后期,随着工业化步伐

---

① 吴碧波:《中国农村就地城镇化模式选择研究》,中央财经大学2016年博士学位论文。

② 黄璜、杨贵庆、菲利普·米塞尔维茨等:《"后农村城镇化"与乡村振兴——当代德国乡村规划探索及对中国的启示》,《城市规划》2017年第11期。

的加快、先进技术的引进，美国加快了城镇化进程，1870 年城镇化率达25.7%。19 世纪为初步化城镇化阶段，1840 年到 1940 年为城市化初级阶段。1950 年，美国的城镇化水平达 64%，形成了完整的城市体系。二战后，进入大都市化和郊区化“城市扩展阶段”，城市发展由集中向外扩展和分散。在美国城镇化过程中，自由放任式经济发展模式是美国最基本特征，市场拉动型城镇化符合美国的实际情况，城镇发展与规模经济、区域特色等同时协调发展；当前，美国 85%以上的人口住在城市里，城镇化发展已经进入高级阶段，开始出现逆城市化的现象，中心城市人口向郊区流动，乡村人口向小城镇流动。

（四）其他国家

印度、沙特、伊朗等国家在城镇化进程中出现的问题，也值得警醒。(1)印度的多因素导致滞后型城镇化问题，城镇化落后于工业化和经济发展水平。印度的二元结构限制了农村剩余劳动力转移，农业劳动生产率低下无法释放农村剩余劳动力。政策重点扶持资本产业向社会提动力就业有限。印度社会结构等级制度明显，根据占有土地数量决定身份地位等级，人们土地依赖性较大，存在土地转移引起冲突、城镇贫困人口大量存在、城镇基础设施滞后等社会问题；(2)沙特、伊朗和委内瑞拉等国经济结构单一的资源驱动型城镇化问题。沙特、伊朗、委内瑞拉等国主要依靠石油资源储备和出口，经济快速发展，但经济结构单一，受国际影响较大，对原油产业依赖程度深。创新活动不活跃，人力资本素质提升缓慢。宗教因素影响深入政治经济文化各领域，资源收益集中在少数权贵阶层手中，收入分配差距大，社会不稳定。①

二、国内经验

自然资源、生产力水平、经济发展、历史传统、政府政策等诸多因素的影响

① 吴碧波：《中国农村就地城镇化模式选择研究》，中央财经大学 2016 年博士学位论文。

村镇建设和农村模式的形成和演化。在特定的自然环境、经济社会条件下，因资源禀赋、生产程度、产业结构、技术构成、要素组合的地域差异，乡村发展模式会有所差异。区域城市化外援驱动力的大小、农村自我发展能力的高低决定村镇系统演进状态，①从动力源的差异性看可分为内外综合驱动型、内生发展型、外援驱动型等模式。

（一）外援驱动型

以城乡间要素流动为纽带，通过工业和城市对农业和农村的反哺带动作用，推动村镇空间重构，实现农村发展的外援驱动型模式。② 外援驱动型模式主要包括四类：城镇建设带动型、工业企业带动型、交通枢纽型、劳务输出带动型。

（1）城镇建设带动型。充分发挥城市的支撑和辐射作用，中心城市职能向城市郊区或周围较远的农村地区辐射。伴随着城镇化进程的加快，城市建成区面积不断扩大，带动城市边缘的郊区和农村发展，城市郊区被纳入城市建设，城市近郊区的农村成为城市的一部分，由郊区转变为新城区或主城区。城市周围的小城镇主动承接大城市腾笼换鸟迁出的工业企业，较远的农村地区逐渐形成以城市为中心的卫星城镇群。以产业和居住用地集中为导向，推动农业剩余人口向非农领域有序转移，统筹规划将城镇体系规划与村庄治理相结合，推动村镇空间布局优化，形成科学合理的城镇等级体系，③但也面临农民原有土地使用权收益、就业、社会保障等问题。

（2）工业企业带动型。充分利用城镇的资源禀赋优势，以工业企业的发展推动城镇经济发展和人口集聚。国家布点建设的大中型企业所在的小城

① 张富刚、刘彦随：《中国区域农村发展动力机制及其发展模式》，《地理学报》2008 年第 2 期。

② 龙花楼、李婷婷、邹健：《我国乡村转型发展动力机制与优化对策的典型分析》，《经济地理》2011 年第 12 期。

③ 刘彦随：《中国新农村建设地理论》，科学出版社 2011 年版，第 37—59 页。

镇，以大中企业发展辐射带动农村腹地，该类大中企业型小城镇主要分布于东北地区。由于劳动力等要素优势，小城镇工商企业等乡镇企业活跃并集聚，形成了以乡镇企业为支柱的小城镇。乡镇企业活跃提供了更多的就业机会，增加了居民收入、促进人口聚集、扩大小城镇的人口规模，带动了配套的交通运输、商贸、餐饮等产业发展，从而促进农村市场的兴起和繁荣。“温州”“苏南”“珠江”模式，充分利用已有工业基础、政策优势、资源条件、比较优势，发展乡镇企业，扩大企业规模，降低产品成本，转型升级传统乡镇企业，促进乡镇企业发展和集聚，促进小城镇经济发展。通过降低企业的生产交易成本，提高企业集聚水平，增强小城镇承载能力。在东部沿海发达地区、城市周边的小城镇、矿产资源丰富的地方，大力发展各类乡镇企业。① 乡镇企业和人口的集聚促进乡村空间重构，居民点向社区集中，乡镇企业逐渐向工业园区集中，但面临着发展与资源、环境之间不协调，乡镇企业规模相对较小等问题。

（3）交通枢纽型。交通运输是经济发展的基础，能够促进连接城乡的小城镇发展。交通枢纽型小城镇是公路、铁路、水路、航空运输的重要枢纽，是物流、人流、信息流汇集的地方，处于地理交通节点。交通枢纽型小城镇交通方便快捷、客流物流量较大、信息传播速度快，促进现代物流业等非农产业发展，活跃农村生产交易市场，带动服务业等相关产业的发展，促进三产业融合。公路、铁路、航空等基础设施不断加强，产生了位于公路和铁路等多条交通线汇集的交通枢纽型小城镇。交通基础设施建设对交通枢纽型小城镇的形成和发展具有重要的推动作用，良好的交通条件是交通枢纽型小城镇发展的基础。

（4）劳务输出带动型。虽然有的农村自然资源匮乏，如传统农区和丘陵山区生产自然条件不好，但随着农业生产效率的提高产生大量的剩余劳动力，形成了丰富的人力资源。通过劳务培训、组织部分农村剩余劳动力有序转移，为城市和产业发展提供了人力资源，进而带动农村发展。劳务输出人员收入

---

① 张敏、顾朝林：《农村城市化：“苏南模式”与“珠江模式”比较研究》，《经济地理》2002年第4期。

提高，生活水平得到提高，可以改善其居住条件。返乡的劳务输出人员在外工作积累了一些生产经营和现代生活方式的经验，继续从事农业经营的返乡人员，更有条件引进和采用城市的现代生产设备和生产经营方式；从事非农产业生产经营的返乡人员，更有条件获得各类非农生产经营的市场信息。大量青壮年劳动力流向城镇，引起农业发展主体弱化等问题，劳务输出人员在就业、社保、子女教育等方面与城市居民还不能享受平等一致的待遇，农村劳动力“离土不离乡”无法彻底融入城市，市民化进程任重道远。

（二）内生发展型

小城镇的资源禀赋是农村发展的内源性动力，内生发展模式主要包括农业专业化型、文化产业带动型、自然资源利用型等类型。依托农村自身的内在发展能力，充分利用自身的资源禀赋优势，大力发展特色农业和乡村文化产业，充分利用现代的生产技术和生产经营管理方式，推动农业现代化，促进农村产业结构转型升级，优化农村空间布局，实现农村发展。

（1）农业专业化型。农业驱动型小城镇根据自身资源条件，依托企业，逐步提高规模化生产经营水平，集中人力、资金等生产要素，围绕自身特色种植和养殖产品，大力发展粮食、养殖、果蔬、花卉、畜牧业；运用城市现代技术和设备等资源，以工促农，工农融合发展，大力发展商贸、农副产品加工、物流、仓储运输等产业。大力扶持农产品加工业的发展，鼓励农业生产和农产品加工创新，延伸农业生产和农产品的产业链条，提高农产品附加值，以龙头企业的选择和农产品市场的培育为关键点，促进相关生产经营企业向小城镇集中。打造农产品专业生产基地，建设自身优质品牌，形成名牌效应，①但特色农业发展对气候和土壤等自然条件具有一定的要求，受市场波动和自然灾害等因素影响较大。② 在尊重农民意愿的基础上，逐步提高农业经营规模化水平，提高

① 刘彦随：《中国新农村建设地理论》，科学出版社 2011 年版，第 113—117 页。

② 冯健：《乡村重构：模式与创新》，商务印书馆 2012 年版，第 79—88 页。

农产品加工产业的聚集水平,降低交易和物流成本,深化农户与企业的合作。

(2)文化产业带动型。以其多样的乡村民风民俗、浓厚的民族文化底蕴、传统的乡土特色、饮食文化为基础,深入挖掘培育特色文化资源,依托民间艺术资源和独特民俗文化,保护传承历史文化名镇的文化遗产和精神文化,发展休闲娱乐、承办博览会等多种形式,形成乡村特色文化产业,吸引游客观光体验。通过生产销售文化产品,促进资金、人口等要素集聚,带动农村经济社会发展。以文化市场的需求为目标导向,深入挖掘整理特色文化资源,形成以乡村特色文化产业为主导,文化产业向前后延伸,延长产业链条,提升乡村价值,①促进农村发展,助力乡村振兴。

(3)自然资源利用型。该类小城镇以自然资源开发为支柱产业。在我国西部地区,有的小城镇煤炭等资源丰富,为资源利用型小城镇的发展提供了条件。在资源丰富的西部小城镇,以其丰富的自然资源为核心,进行综合开发利用,带动了小城镇的发展。此类城镇的企业主要以开发资源的劳动密集型企业为主,其提供的就业岗位主要从事运输、装卸、开采、加工等工作,对工作人员的学历层次、知识技能、专业背景等要求不高。同时也带动了房地产、餐饮住宿、休闲娱乐、机械修理等服务业的发展。工商业和人口的集聚效应显著,推动了交通、公共基础设施、建筑业等行业的发展,促进了教育医疗等公共服务水平的提升。

(三) 内外综合驱动型

小城镇发展是内外部多种因素共同作用的结果,不同的城镇内外因素的作用大小也有所差异,内外综合驱动型模式主要包括:旅游产业带动型、专业市场组织型。

(1)旅游产业开发型。旅游产业带动型小城镇注重开发自然景观资源,

① 李学鑫、陈世强、薛诺稳:《中国农区文化创意产业集群形成演化的影响因素研究——以河南民权“画虎村”为例》,《地域研究与开发》2010 年第 2 期。

依托优美的田园风光、风景名胜、生态园林、美丽山水、珍奇动植物、湖泊湿地等旅游资源，开展集历史、文化、娱乐、休闲、度假于一体的乡村旅游，促进村容村貌的改善，带动农村发展。主导产业为旅游业，因地制宜开发具有地域特色的旅游产品和旅游线路。发挥旅游业带动效应，依靠旅游业促进资金和人口等要素聚集。依托特色自然景观等旅游资源，通过科学合理规划和塑造良好形象和口碑，吸引各地游客游览参观。以旅游业的发展促进农村和乡镇产业结构转型升级，促进农民收入增加，带动城镇基础设施建设。但旅游产业带动型小城镇也面临大兴土木搞建设导致资源破坏和浪费，过度商业化导致乡村纯朴生活风气丧失等问题。

（2）专业市场组织型。城镇市场是人们交换商品的场所，是连接城乡的纽带，是农副产品集散中心，是城乡商品流通的中枢。随着经济发展和商品流通的加快，资金和信息等要素因市场而聚集流通，在小城镇各类市场得到发展。城镇市场的发展为农产品的生产加工销售提供了良好的市场环境，需要进一步建设商贸发达、物流畅通的现代化专业市场。市场带动型的小城镇以市场需求为导向，用市场引导产业发展，依托良好的区位优势和基础设施硬件条件，通过市场机制作用将商贸流通服务业和农副产品加工业联系起来，向外连接城市市场和其他市场，向内连接城镇和农村的产业结构。在交通枢纽和城市郊区，利用比较优势，培育以当地农产品交易为中心，发展餐饮业、商贸流通服务业和市场网络，建设专业市场组织型城镇。但该模式需要良好的区位优势，具有一定基础的配套产业，及良好基础设施硬件水平支撑。①

三、借鉴启示

（一）处理好工业化和城镇化关系

工业化打破了马尔萨斯贫困陷阱，实现了经济起飞，释放了大量农业剩余

① 张利庠：《可资借鉴的八种新农村发展模式》，《中国乡镇企业》2007 年第 3 期。

劳动力并流向城市,但工业化超前或滞后城镇化都会对经济增长产生消极影响。英美德法等国家城镇化与工业化同步发展,完成农村劳动力从乡村向城市的转移;美欧等发达国家和地区大中小城市协调发展,功能定位和规划城市科学合理、法律法规健全,构建大中小城市功能分配合理的城镇化体系;德国大中小城市之间的基础设施均等化发展;美英等国家市场经济体制完善。拉美、非洲等曾经西方殖民地国家,虽然与欧美发达国家相比,其城镇化达到了欧美水平,但工业水平和经济发展水平与欧美等西方发达国家相比,还存在差距,在经济发展过程中,工业化水平和经济发展的水平低于城镇化的发展水平,“过度城镇化”导致拉美、非洲城市贫民窟增加,城市贫民生活苦难。政府发展资本密集型工业拉动工业化导致债务负担沉重,虽然人口向城镇大量转移,但城市的就业机会有限。印度是滞后性城镇化国家的典型代表,在我国的城镇化进程中也存在过城镇化滞后于工业化的问题,出现“伪城镇化”问题。印度的二元结构限制了农村剩余劳动力转移,农业劳动生产率低下无法释放农村剩余劳动力,政策重点扶持的资本产业社会劳动力增加就业数量十分有限;还存在大量的城镇贫困人口、城镇基础设施建设滞后等问题。

(二)规范市场和政府作用边界

在欧美等发达国家城镇化和工业化发展过程中,有的主要依靠市场机制发挥作用,有的市场与政府并重,有的以政府推动为主,政府和市场在工业化和城镇化进程中作用清晰。我国要完善政府的权力清单,优化经济发展软环境,防止政府乱作为,影响经济秩序;完善市场负面清单制度,严格市场准入,防止市场失灵。政府和企业是工业化和城镇化主要参与者,科学界定政府和市场的边界。科学认知市场发挥作用的条件和界限,城镇化进程如果单独依靠市场机制来推动,由于市场自身的不完善,公共服务和产品有可能会出现供给不充足的问题,导致出现市场失灵的现象,从而会产生城市病问题。政府在城镇化过程中的作用十分重要,英国、美国等先行工业化国家通过推行乡村建设来解决市区人口密度过高、交通拥堵等“城市病”问题，基于市场化的政府引导能够促进城镇化有序发展。美国、英国、法国分别通过新城镇开发建设、农村中心村建设、“农村振兴计划”，加大农村建设的支持力度，盘活农村资产，提高农村基础设施建设水平，提高农村生产水平，改善农民生活条件，为解决农村日益凋敝的问题，采取补贴政策吸引人口回到农村来。在工业化推动城镇化进程的过程中，政府要发挥规划与引导作用，采取种种优惠政策促进工业经济快速增长。日本、韩国等后发工业化国家，及时推行了农村建设与振兴运动，如“新农村运动”和“村镇综合建设示范工程”。

（三）传承创新乡村传统文明

乡村建筑遗产价值较大，发达国家采取有效措施保护历史遗产。在城镇化进程中，我国对历史文化传承滞后，需要借鉴德国等发达国家的发展理念。农村大量人口进入城镇使乡土文化传承与创新问题严峻，需要丰富乡村文化内涵，激发乡村发展活力，让乡村更美丽、村民生活更美好。规划建设注意有文化特色，能体现出地方风情、风俗和当地的历史文化。地方政府应加大对无形文化的保护力度，注重文化禀赋差异，因地制宜抓好农村文化设施建设。发掘本地文化资源，对丰富的文化资源进行搜集、整理、系统研究和传播，打造特色文化产业品牌，不搞“千村一面”。积极开展丰富多彩的乡村文化活动，树立鲜明的道德导向，通过创建文明家庭活动，带动乡村社会风气建设，把文明家庭建设作为改变乡村文明环境的重要抓手。通过表彰善行义举，道德讲堂，加强节日文化建设等形式，发扬优秀乡村文化。深入挖掘传统家风，广泛宣传其中的优秀思想和文化精髓。

（四）支持多种社会力量积极参与乡村治理

政府对公共资源配置及宏观决策功能在乡村治理中具有重要作用，同时加强乡村治理需要激发农民创新精神、尊重农民主体地位。政府要引导农民和企业等主体参与公共事务，引导他们积极参与建设规划，有效发挥他们对政府的监督作用,提高农民在社会事务方面的组织化程度,促进行业组织、自治组织、公益慈善和基层服务性组织等农村多元化组织结构的形成,促进农村经济组织的发展,提高农民进入市场的组织化程度。日本通过促进农民自我发展以及加大财政投入,提高农村的发展水平和农民收入水平;美国通过私人投资增加农村资金;英国重视人力资源培育;德国图林根州"资源—网络"规划实践经验表明,人文资源、本地智慧是乡村资源的重要部分,深入挖掘乡村资源是吸引投资的重要方式。① 构建农村职业教育、成人学历教育等多层次的农村职业技能和知识教育体系。在创业培训、农村实用新型技术培训、市场经营管理培训等方面加大农民教育培训力度;在税收、财政、金融等支持农村职业教育发展方面,给予一定的政策倾斜。鼓励提高职业化和专业化水平,提高农业生产效率,在育种、种植、农业机械化、信息化方面加大农民的免费职业化培训力度,保障农民获得各类技术和管理知识。

(五) 着力缩小城乡之间的差距

城镇产业的规模效应明显,从城镇流向农村的许多工业品和技术设备促进了农业生产效率提高,农业生产效率提高节省出大量农业剩余劳动力,农业剩余劳动力向城镇集中,为城镇经济发展提供重要的生产要素。城镇化进程要注意"三个一致"问题,城镇化进程要工业化进程协调一致,城镇化进程要与农村发展协调一致,城镇化进程要与农业发展水平协调一致;城镇化进程不能忽视"三农问题",忽视农业和农村的发展问题,要关注城乡均衡发展,防止城乡收入之间的差距过大,防止城乡发展的严重失调。美国大多城市保持活力的重要原因是因地制宜培育具有竞争优势主导产业,通过主导产业的培育,创造了更多就业岗位,形成聚集效应,带动配套设施建设和相关产业发展。美国农业生产率通过农业技术革命得到提高,农业发展为社会提供了大量的农

① 黄璜、杨贵庆、菲利普·米塞尔维茨等:《"后农村城镇化"与乡村振兴——当代德国乡村规划探索及对中国的启示》,《城市规划》2017 年第 11 期。

副产品和农业剩余劳动力，从而为城镇化提供了坚实的物质基础和劳动力资源。日本通过加强立法和政府推动，加大农村公共设施的投资，提高基础设施建设水平，妥善处理城乡关系，加强城乡间的联系。以集约农业理念推动资源高效整合，鼓励土地经营权有序流转，扩大规模经营，推动农业集约化发展，促进农业规模化发展，打造高质量农产品品牌。调整农业结构，发展特色种植、畜禽养殖、水产等当地特色农业；推广现代农业科技成果及管理手段，提高农业机械化、信息化、集约化水平，提升农业生产效率。

第二节　发展的阶段性特征

一、理论发展变迁

城乡融合发展是社会发展趋势，是历史的产物。随着资本主义工业革命的到来，城市蓬勃发展，生产要素高度集中于城市，城乡由分离走向对立。国外城乡融合发展理论研究轨迹可以总结为：19 世纪的空想社会主义—城乡融合发展理论，20 世纪 50 年代至 60 年代的城乡协调发展，20 世纪 70 年代至 80 年代的“城市偏向”理论及其批判，20 世纪 90 年代以来的新城乡融合发展理论。

（一）空想社会主义：城乡融合发展理论的萌芽（19 世纪）

19 世纪，克劳德·昂利·圣西门、罗伯特·欧文、夏尔·傅立叶等空想社会主义者观察到工业发展和城市发展所带来城乡分割及对立的弊端，分别提出了城乡社会平等观、“和谐社会”、“共产主义新村”和“理性的社会制度”，设想没有城乡分割、对立以及差距的和谐社会，城市与乡村实现融合发展，形成了城乡融合发展理论的雏形。同时，19 世纪末埃比尼泽·霍华德在其《明日，一条通向真正改革的和平道路》一书中提出“田园城市”概念，其实质思想就是城市与乡村的结合体。刘易斯·芒福德则主张人文与自然环境的协调发展。弗兰克·劳埃德·赖特在其《正在消灭中的城市》和《广亩城市：一个新的社区规划》中提出了"区域统一体"和"广亩城市"两个概念，其实质是追求人与环境的和谐、有机、协调的发展。

（二）城乡协调理论：城乡融合发展理论成长（20 世纪 50 年代至 60 年代）

1954 年，威廉·阿瑟·刘易斯在其《劳动无限供给条件下的经济发展》一文中提出"二元经济"发展模式，指出经济发展过程是现代工业部门相对传统农业部门的扩张过程，这一扩张过程将一直持续到把沉积在传统农业部门中的剩余劳动力全部转移干净，直至出现一个城乡一体化的劳动力市场时为止（这时到来的即为刘易斯第二拐点，传统部门与现代部门的边际产品相等，二元经济完全消解，经济开始进入新古典主义体系所说的一元经济状态）。1961 年，费景汉和古斯塔夫·拉尼斯在《经济发展的一种理论》一文中对刘易斯的二元结构理论进行了改进，形成了费景汉—拉尼斯模型，该模型用一种从动态角度研究农业和工业均衡增长的二元结构理论。此外，西方经济学家（弗郎索瓦·佩鲁、布代维尔、弗里德曼、缪尔达尔和赫希曼等）对经济平衡增长抑或不平衡增长进行了大讨论，最终形成了经济增长极理论。增长极理论是一种非均衡发展理论，该理论倡导通过城市中心点来刺激经济增长，并通过出现的一些增长点或增长极的"涓滴效应"扩散到乡村地区。

（三）城市偏向理论及其批判与城乡均衡发展理论：城乡融合发展理论的完善（20 世纪 70 年至 80 年代）

（1）城市偏向理论的提出及其批判。20 世纪 70 年代，以利普顿为代表的城市偏向的理论对以往的城乡发展理论进行了批评，认为以往的城乡理论存在城市偏向，通过制定城市偏向的政策，使资源要素不合理的流入城市，城市步入快速发展通道，但乡村的发展缓慢，甚至停滞抑或倒退，导致城市与乡村的分割与对立;[①](2)城乡均衡发展理论及其分析框架的形成。城市偏向理论的提出,引发了西方学者们对城乡发展的大论战,涌现出了诸多城乡发展理论。弗里德曼和道格拉斯(1975)提出乡村城市发展战略,[②]主张乡村与城市关联发展,将乡村的发展纳入城市规划。岸根卓郎(1985)提出"自然—空间—人类系统",强调破除城市和乡村的界限,构建城乡融合的网络化发展框架,旨在构建城乡融合社会。[③] 这些理论主张加强城市与乡村的联系与互动,以破解城乡二元结构和缩小城乡发展差距。

(四) 新城乡发展观理论:城乡融合发展理论体系形成(20世纪90年代以来)

波特和昂温(1989)提出了区域网络发展模型,以城乡联系流("流"包括人、资金、信息和商品等)的影响来实现城乡融合发展,以城乡联系来探究城乡融合发展的规律。[④] 朗迪勒里(2004)提出"次级城市发展战略",主张建立一个完整、分散的次级城市体系来加强城市与乡村的联系,从而实现全面发展。[⑤] 麦基(2005)提出"Desakota"模式,该模式所体现的是城市与乡村界限模糊,城乡联系紧密,城乡要素自由流动,其着眼点不在城乡差异,而是关注城市与乡村在空间上的相互联系与作用,从而实现城乡融合发展。[⑥] 这些理论

---

① Lipton M.,"Why Poor People Stay Poor: Urban Bias in World Development", MA: Harvard University Press, 1977.

② Friedman John., Mike Douglass., "Agropolitan development: towards a new strategy for regional planning in Asia", Los Angeles: University of California, 1975.

③ [日]岸根卓郎:《迈向21世纪的国土规划:城乡融合系统设计》,高文琛译,科学出版社1985年版。

④ Potter., R. B., Tim Unwin., "The Geography of Urban-rural Interaction in Developing Countries: essays for Alan B Mount joy", *Routledge*, 1989, 9(3): 212-213.

⑤ Graeml., Karin Sylvia., Alex., et al, "Urbanization solutions of a third world country's metropolis to its social environment challenges", *Journal of Urban Econimics*, 2004(8): 36-51.

⑥ Fields., Gary S., "A Welfare Economic Analysis of Labor Market Policies in the Harris-Todaro Model", *Journal of Development Economics*, 2005, 76(1): 127-146.

不仅探讨城乡关系，还从宏观、微观的层面对城乡融合发展进行了研究，城乡融合发展理论体系逐渐形成。

二、新中国成立以来农村城镇化趋势

（一）1949—1978 年：农村城镇化的有效探索

新中国成立之初，我国实行了工业化优先发展政策，虽以牺牲农业发展重工业，工业化速度大大快于城镇化速度，但城镇规模不断扩大、产业向城镇逐渐集中。从 1949 年到 1978 年间，城镇化发展可分为 3 时期。①

（1）1949—1956 年初步发展时期。新中国成立初，国内战争还没有结束，帝国主义对我国进行封锁，我国工业发展落后，农业人口占绝大多数，是一个农业大国。为了巩固新生的人民政权，必须发展自己的现代工业，建立自己独立的现代工业体系。为国民经济的恢复和发展，当时政府优先发展工业尤其是重工业。国民经济得到恢复后，1953 年，我国开始了“一五”计划，156 个重点工业项目开始建设，大量农民进入工矿企业和城市就业。同时，政府在农村实行土地改革，农业生产力得到解放，提高农业生产效率，农业释放出剩余劳动力，城镇人口快速增加。“一五”计划完善了我国工业生产体系，城市得到建设和发展，优化城镇的空间布局。就城镇数量而言，1949 年全国仅有 136 个市和 2000 个镇左右，到 1956 年，全国城市、建制镇已分别发展到 172 个、3672 个。城镇人口相对比重来看，1949 年、1956 年市镇人口比重分别为 10.64%、14.6%，比重明显提升。② 1956 年 1 月，《全国农业发展纲要》颁布，是“一五”到“三五”迅速发展农业生产力、提高人民生活水平的纲领性文件。③ 为迅速扭转旧中国农业和农村衰败的局面，新中国实施了“社会主义农

---

① 肖万春：《中国农村城镇化问题研究》，中共中央党校 2005 年博士学位论文。

② 肖万春：《中国农村城镇化问题研究》，中共中央党校 2005 年博士学位论文。

③ 王景新、支晓娟：《中国乡村振兴及其地域空间重构》，《南京农业大学学报》（社会科学版）2018 年第 2 期。

村建设”战略,开始了农村地域空间大规模重建和乡村全面复兴。

表 3-1 1949—1956 年中国总人口、市镇非农业人口和市镇个数

序号	年度	总人口			城市(个)	建制镇(个)
		全国(万人)	市镇(万人)	比重(%)		
1	1949	54167	5765	10.6	136	2000
2	1950	55196	6169	11.2	146	—
3	1951	56300	6632	11.8	155	1896
4	1952	57482	7163	12.5	159	—
5	1953	58796	7826	13.3	164	5402
6	1954	60266	8429	13.7	164	5400
7	1955	61465	8285	13.5	164	—
8	1956	62828	9185	14.6	172	3672

资料来源:《中国统计年鉴》(2017 年);肖万春:《中国农村城镇化问题研究》,中共中央党校 2005 年博士学位论文。

(2)1957—1965 年缓慢发展时期。为了短期内赶美超英,提出了以钢为纲、全民大办工业的总路线,1960 年,重工业产值占工业总产值的比重达到 66.6%。随着工业化在短时间爆发性发展,促使大量的农村劳动力进入城镇。1959 年城镇人口增加 1650 万人,同比增长了 15.4%,城镇化指标超过工业化和生产力发展水平。1961 年,国家利用行政手段降低城镇人口,1961—1963 年压缩城镇人口 2600 万人,1960 年人口城镇化率为 20.7%,到 1964 年下降为 16.6%。从城镇数量来看,国务院于 1963 年调整提高了市镇设置标准,1961 年的城市数为 183 座,到 1965 年下降为 169 座;1961 年建制镇为 4429 个,到 1964 年下降为 2877 个。① 城镇人口返乡使城镇化回归到正常的自然发展轨道。曾多次使用“建设社会主义新农村”提法,要求在农村生产全面发展的基础上,建立农民增收长效机制,确保增加农民收入。

① 肖万春:《中国农村城镇化问题研究》,中共中央党校 2005 年博士学位论文。

表 3-2　1960、1965 年中国总人口、城镇非农业人口和城市数量

序号	年份	总人口（万人）	城市数量（个）	城镇人口比重（%）
1	1960	66207	181	17. 38
2	1965	72538	169	17. 26

（3）1966—1978 年艰难探索阶段。这一时期，我国以国防建设为中心，关注"三线"建设，工业发展布局较为分散。农业和农村需要发展，农民收入需要增加，农民的生活需要改善，农村剩余劳动力需要更多就业机会。"三线"建设的加快，沿海地区工业大量向西南、西北、豫西、鄂西、湘西等落后地区迁移，起到了优化全国生产力布局结构的作用，促进了西南、西北、豫西、鄂西、湘西等落后地区的工业化和城镇化发展。城乡之间、区域之间要素资源流动不断优化，农村劳动力配置更加合理，重视小城镇尤其是资源型城镇建设发展，农业分工进一步加强、企业发展进一步带动了农村劳动力转移，但这一阶段，我国人口城镇化率仅仅提高 0. 06 个百分点，并且始终在 17. 5%的低水平徘徊。①

表 3-3　1970—1978 年中国城市数量和城镇人口比重

序号	年份	城市数量（个）	城镇人口比重（%）
1	1970	178	17. 38
2	1971	181	17. 26
3	1972	182	17. 13
4	1973	181	17. 20
5	1974	181	17. 16
6	1975	185	17. 34
7	1976	188	17. 44
8	1977	190	17. 55
9	1978	193	17. 92

① 肖万春：《中国农村城镇化问题研究》，中共中央党校 2005 年博士学位论文。

（二）1978—2012年：农村城镇化初步发展

（1）1978—1991年农村城镇化情况。1978年后，开始以经济建设为中心，大力发展社会生产力，农村社会分工不断细化，农业剩余人口转入小工业和小城镇服务业。① 1978年乡村就业人员、社会总就业人员分别为3亿、4亿，到1991年，乡村就业人员、社会总就业人员分别为4.8亿、6.5亿。建国初期农村工业发展是乡镇企业的重要基础，1978年到1991年，乡镇企业吸纳劳动力从2827万人增加到9609万人，推动了城镇化进程。农民工人数从1988年的2600万人增加到1989年的3000万人，其中跨省流动的人数从500万人增加到700万人。1978年中国城镇人口、城市化水平分别为17245万人、17.92%；1991年分别为30543万人、26.37%。1978年城市数、建制镇数分别为193个、2850个；1991年城市数、建制镇数分别为475个、2152个，中国城市格局初步形成。在政策上采取限制农村劳动力转移的措施，无法做到完全放开，但鼓励发展乡村工业和乡镇企业，以促进农村剩余劳动力的就地就近转移。转移后的农村劳动力在城市大量非正规就业，用工不规范、临时就业，难以融入城市，在城市内部形成了新的二元体制。同时，东部沿海地区民营企业、个体经济组织等快速发展，大量的就业机会提高了对劳动力的需求。

从1984年开始，国家出台系列放开政策，逐步取消限制农民非农就业的措施。逐步允许农民自带口粮到集镇务工、经商并落户，②农民个人、农村集体被允许从事长途贩运，销售“三类农副产品”等，③城乡障碍开始松动。国家还出台相关政策加强地区之间协作，推动劳动力跨地区转移。④ 农村劳动力在现有城市就业仍受到严格控制，包分配的就业安排方式主要针对城市居民。

① 《中共中央关于1984年农村工作的通知》，1984年1月1日。

② 《中共中央关于1984年农村工作的通知》，1984年1月1日。

③ 《国务院关于合作商业和个人贩运农副产品若干问题的规定》，1984年2月25日。

④ 《劳动部、国务院贫困地区经济开发领导小组关于加强贫困地区劳动力资源开发工作的通知》，1988年7月15日。

为防止过多的农村人口涌向城市，解决城镇劳动力的就业问题，国家采取了严格的措施限制农村劳动力流动，在城市清理农村劳动力，加大对使用农村劳动力管控，严格控制从农村招工，加强户口和粮食管理。① 随着城市第三产业、建筑业等劳动密集型产业兴起，非正规经济部门不断繁荣，为农村劳动力转移提供了就业空间，政府放松了农村劳动力进城务工的限制，允许农民进城兴办服务业、开店设坊、提供各种劳务、兴办交通运输业。② 国营企业可以招收农民。③ 但 1988 年开始，经济结构矛盾突出，社会总供求失衡，经济过热通货膨胀严重。国家开始治理经济秩序，加强财税和信贷控制、压缩基本建设投资规模，很多建设项目被停建和缓建，经济增速放缓，出现了大量农民工返乡的现象。1985 年以后，暂住证制度推广到所有城镇，中国逐渐形成了以暂住证为主要内容的流动人口管理办法，成为农村劳动力"半城市化"的重要原因。农村转移劳动力与城市劳动力不同等，城市内部形成了新的二元体制，加剧了城乡之间的差距。④

（2）1992—2001 年农村城镇化情况。1993 年，十四届三中全会提出改革劳动制度，逐步形成劳动力市场，引导农村剩余劳动力逐步向非农产业有序转移。⑤ 1993 年的"城乡协调就业计划"第一期工程，强调异地就业成为解决农村剩余劳动力就业问题的重要渠道，农村劳动力向就业机会增多的中国东部沿海地区大规模转移。1993 年，中国农业从业人员绝对数量首次出现下降。1994 年 7 月通过了劳动法，劳动就业行为和企业的招收录用行为有了法律规定。这一时期沿海发达地区非国有经济对劳动力的需求大幅提升，农村劳动力向沿海发达地区转移规模迅猛扩张。1993 年农民工人数是 1989 年的 1.07

---

① 《国务院关于严格控制农村劳动力进程做工和农业人口转为非农业人口的通知》，1981 年 12 月 30 日。

② 《中共中央、国务院关于进一步活跃农村经济的十项政策》，1985 年 1 月 1 日。

③ 《国务院国营企业招用工人暂行规定》，1986 年 7 月 12 日。

④ 李厚喜：《转型时期中国农村劳动力转移及政策研究》，财政部财政科学研究所 2011 年博士学位论文。

⑤ 十四届三中全会通过《中共中央关于建立社会主义市场经济体制若干问题的决定》。

倍,达到6200万人,1996年、2001年分别达到7223万人、8399万人。乡镇企业发展缓慢,提供就业的能力下降明显,农村经济发展乏力。① 农业剩余劳动力转移就业的渠道从以本地乡镇企业为主向以异地现代企业为主转变,东部沿海地区是农民工流入的主要区域,尤其是广东、北京、上海等发达地区;中西部地区是农民工流出的主要区域,其中,河南、四川、江西、湖南、安徽等是流出大省。在转移过程中,农村劳动力流向相对集中,从农村向城市流动,从不发达地区向发达地区流动,从农业向二、三产业流动。

农村经济发展不力,农民负担较重,城乡差距扩大。乡镇企业逐渐向建制镇、县城集聚,加快了我国城镇化步伐,城市和乡村间的联系不断加强。1992年城市化水平约为27.63%,全国城镇人口约为32372万人,到2001年分别上升到37.66%、48064万人,1992年、1997年、2001年城市数分别为517个、688个、662个,1997年城市数最多;1992年建制镇数为6770个,2002年达20600个,随后开始减少。但二元体制并没有完全消除,甚至产生了新的二元城市劳动力市场。由城市户口的劳动力构成的正规劳动力市场,相对正规、劳动条件较好;农村转移劳动力市场,即"次级劳动力市场",收入低、不规范、劳动条件恶劣。农民工从事的工作具有高劳动强度、高危险性、没有发展前途等特点,其劳动环境和工作条件比较恶劣。同时也没有社会保障、社会救助等福利待遇。② 1992年,公安部门实行当地有效城镇户口制度,成为中国户籍改革的过渡性政策。1993年1月1日起,全国范围放开粮油市场,取消"户粮挂钩",终止粮票流通。1993年,小城镇户籍制度改革的特点是"最低条件,全面放开";中等城市是"取消限额,条件准入";北京、上海等特大城市是"筑高门槛,开大城门"。③

---

① 张忠法、崔传义、陈剑光等:《我国农村劳动力转移的历程、特点及面临的新形势》,《经济研究参考》2001年第3期。

② 李厚喜:《转型时期中国农村劳动力转移及政策研究》,财政部财政科学研究所2011年博士学位论文。

③ 蔡昉:《中国劳动力市场发育与就业变化》,《经济研究》2007年第7期。

1995 年，开展小城镇综合改革试点，同时深化了小城镇户籍制度改革。① 建立劳动预备制度，调控农村劳动力的转移，建立健全劳动力市场规划和信息服务系统。② 2001 年，进一步放开小城镇户籍管理制度。在市场经济体制改革背景下，非国有经济快速发展。

(3)2002—2012 年农村城镇化情况。2002 年以后，农村人口总量和农业就业人口比重均下降，农村劳动力转移进入新时期，农民工开始市民化过程。农村剩余劳动力仍然存在，农业劳动生产率的提高会产生农业剩余劳动力，为城市提供劳动力资源，农村劳动力流动趋势仍在持续。新生代农民工接受教育水平和综合能力素质相对较高，除建筑业外，娱乐、餐饮、新型服务业等也成为农民工就业的主要渠道。大量农村劳动力在城市非正规部门就业，农村剩余劳动力转移速度已相对平缓，有的农民工开始回乡创业，农村劳动力城乡双向流动的格局正在形成。2002 年，清理对农民进城务工的不合理限制和乱收费，推动了中国农村劳动力转移。2004 年，逐步取消针对农村劳动力进城就业的不合理限制和收费。③ 2006 年明确提出要解决农民工工资拖欠和克扣问题。2008 年，实施就业促进法保障农村劳动者的平等就业权。2009 年，参加城镇企业基本养老保险的农民工养老保险关系可以跨省转移。

2002 年中国城镇人口、城市化水平分别为 50212 万人、39.09%，到 2012 年上升到 71182 万人、52.6%。2002 年城市数为 660 个，2012 年为 672 个；2002 年建制镇数为 20600 个，到 2012 年为 19881 个。城市化进程仍快速发展，城市集中效应明显。农村居民的医疗保险、养老保险等不断完善，推动了部分农村劳动力转变为现代农民。农村的“空巢”现象，“乡村病”成为农村现

---

① 《小城镇户籍管理制度改革试点方案和关于完善农村户籍管理制度的意见》，1997 年。

② 国务院办公厅转发的劳动部等部门：《关于进一步做好组织民工有序流动工作的意见》，1997 年 11 月。

③ 《国家计委、财政部关于全面清理整顿外出或外来务工人员收费的通知》，2001 年 10 月 30 日。

代化转型、农村经济社会稳定和发展的重要障碍。2008 年在爆发全球金融危机背景下,民工大量返乡,2009 年东部沿海地区出现“民工荒”,2010 年“民工荒”向全国扩展。农民工返乡体现了农村劳动力代际更替的自然现象,反映了农业和农村非农产业对农村老龄劳动力就业和保障作用,新生代农民工接续着转移的步伐,逐渐由非熟练劳动力向专业化的产业工人转变。① 在 2005 年的十六届五中全会,提出了建设社会主义新农村目标。

(三)2012 年至今:农村城镇化协调可持续发展

2012 年后,我国经济发展进入新常态,农村城镇化面临着新的挑战。2013 年,中央提出“实现城乡一体化,建设美丽乡村”。2013 年我国城市数量达到 673 个,镇的个数达到 20117 个,乡的个数达 12812 个。② 2014 年,围绕“美丽乡村”创建目标,农业部提出十大创建模式。“美丽乡村”建设是在经济快速发展的中国对农村地域空间综合利用提出更高的追求,内在要求与“新型城镇化”、“基本公共服务均等化”、“城乡一体化”、“绿水青山就是金山银山”等一致。城乡居民生活水平普遍提高,城乡差距不断缩小。此外,基本公共服务均等化也缩小了城乡居民社会保障差距;农村电商兴起、产业兴村镇、农民工返乡创业等等,开始改变农村农业的困境。截至 2017 年末,全国大陆总人口和城镇常住人口分别约为 13.90 亿人、8.13 亿人,常住人口城镇化率和户籍人口城镇化率分别为 58.52%和 42.35%,③城市数量达 661 个。④ 但我国城镇化仍有较大的空间,与

---

① 李厚喜:《转型时期中国农村劳动力转移及政策研究》,财政部财政科学研究所 2011 年博士学位论文。

② 数据来自国家统计局年度统计年鉴,课题组城市个数的计算方法为:城市个数 = 直辖市+副省级市+地级市+县级市。

③ 数据来自中华人民共和国国家统计局:《2017 国民经济和社会发展统计公报》。

④ 《改革开放以来我国城镇化水平显著提高》,人民网,2018 年 9 月 11 日,http://money.people.com-cn/n1/2018/0911/c42877-30286543.html。

发达国家普遍超过80%相比,①城镇化仍是我国目前的主要任务之一,户籍人口城市化率和常住人口的差异说明,推进农民工市民化仍任重而道远。

2017年,十九大报告提出"乡村振兴战略"。优先发展农业农村,在城乡一体化基础上提出了城乡融合发展。② 从新农村建设—美丽乡村—乡村振兴,反映出我国"三农"战略不断发展创新的过程。实施乡村振兴战略的重要载体是村镇,城乡融合发展的基础是城乡基础设施建设网,通过现代通信体系、城乡交通系统等,城市、县城、乡镇、中心村贯通联接起来。通过健全完善城乡基础设施一体化服务体系、乡村治理现代化支撑技术平台、城乡公共资源均衡配置机制,推进乡村振兴。乡村振兴关键要因地制宜,结合自身实际,对农村村镇空间布局和组织进行优化,提升广大农村区域的中心村镇功能,促进城乡融合发展。乡村振兴离不开人才,激励各类人才到乡村创业,引导农民企业家回乡创业。③

表3-4　近年来我国农村城镇化相关政策简表

序号	时间	政策	有关政策主要内容
1	2018年1月	《中共中央、国务院关于实施乡村振兴战略的意见》	加快推进农业农村现代化,坚持优先发展农村和农业,建立健全城乡融合发展体制机制和政策体系。
2	2017年12月	中央农村工作会议	到2020年的阶段目标,乡村振兴取得重要进展,制度框架和政策体系基本形成;到2035年的阶段目标,乡村振兴取得决定性进展,农业农村现代化基本实现;到2050年的阶段目标,乡村全面振兴,农业强、农村美、农民富裕。

① 《2017年中国居民可支配收入、城镇化率及各国城镇化水平比较分析》,中国产业信息网,http://www.chyxx.com/industry/201801/607062.html。

② 吴闫:《城市群视域下小城镇功能变迁与战略选择》,中共中央党校2015年博士学位论文。

③ 刘彦随:《中国新时代城乡融合与乡村振兴》,《地理学报》2018年第4期。

续表

序号	时间	政策	有关政策主要内容
3	2017年10月	十九大报告《决胜全面建成小康社会夺取新时代中国特色社会主义伟大胜利》	报告提出了实施乡村振兴战略。报告指出"三农"问题关系国计民生,必须把其作为全党工作的重中之重。
4	2016年12月	《中共中央、国务院关于深入推进农业供给侧结构性改革加快培育农业农村发展新动能的若干意见》	培育宜居宜业特色村镇,建设一批生产生活生态同步改善、农业文化旅游"三位一体"、三次产业融合发展的特色村镇。发展各具特色的专业村。提升农业科技园区建设水平。
5	2015年12月	《中共中央、国务院关于落实发展新理念加快农业现代化实现全面小康目标的若干意见》	意见指出要推动城乡协调发展,提高新农村建设水平。加快实现所有具备条件的乡镇和建制村通硬化路、通班车,推动一定人口规模的自然村通公路。创造条件推进城乡客运一体化。
6	2014年1月	《中共中央、国务院关于全面深化农村改革加快推进农业现代化若干意见》	健全城乡发展一体化体制机制。要完善农村物流服务体系,实施村内道路硬化工程,以西部和集中连片特困地区为重点加快农村公路建设。加强村内道路、供排水等公用设施的运行管护。要加强农产品市场体系建设。扩大小城镇对农村基本公共服务供给的有效覆盖,统筹推进农村基层公共服务资源有效整合和设施共建共享,有条件的地方稳步推进农村社区化管理服务
7	2014年3月	《国家新型城镇化规划(2014—2020年)》	突出了中小城市和小城镇的重要作用,指出"增强产业集聚能力和要素吸引能力"、"培育发展若干新的城市群"以及松绑"地方政府发行债券"支持城镇化建设。
8	2013年11月	十八届三中全会《中共中央关于全面深化改革若干重大问题的决定》	不断推进以人为核心的城镇化建设,推动产业和城镇融合发展,全面提升城镇化的水平。
9	2012年11月	十八大报告《坚定不移沿着中国特色社会主义道路前进为全面建成小康社会而奋斗》	要加快完善城乡发展一体化体制机制,着力在城乡规划、基础设施等方面推进城乡发展一体化,促进城乡要素平等交换和公共资源均衡配置,形成以工促农、以城带乡、工农互惠、城乡一体的新型工农、城乡关系。
10	2005年10月	《"十一五"规划纲要》	提出建设社会主义新农村要求,标志着新农村建设在全国的兴起。

续表

序号	时间	政策	有关政策主要内容
11	2005 年 1 月	《中共中央国务院关于进一步加强农村工作提高农业综合生产能力若干政策的意见》	强调了提高农村生产力水平。
12	2004 年 2 月	《中共中央、国务院关于促进农民增加收入若干政策的意见》	标志着国家重新把“三农”问题放入了国家战略目标。

在新农村建设、社会主义新农村、美丽乡村及乡村振兴等系列农村发展战略和政策扶持下,西部地区乡村社会经济发展都取得了较大进展,但也必须清醒地看到,与东部发达地区及西部全面建设小康社会的要求相比,总体上仍然相当薄弱,面临的问题仍然很多,比如,农民被上楼,忽视民族习俗,农村空心化严重,农村内生发展动力不足等。城乡发展不均衡,农村发展不充分,在一定程度上阻碍了城镇化进程。

第三节 新时代新要求

城乡融合是社会发展的必然产物,也是生产力发展的最终结果。城乡融合系统包含人口融合、产业融合和土地融合三个子系统。假设某地区的城市与乡村融合的起始点为 0 点,此时城市尚未诞生,城乡本为一体,随着生产力的发展,社会分工的出现,城市产生,并且由于政府的政策倾向,至此城市与乡村开始分割,城乡关系由融合状态的 0 点向融合衰退的 a 点演进。随着城市和乡村经济社会的发展,城乡间的人口流动频繁,三产业间的互动增多,城市与乡村间的互动开始变多,城乡关系由 a 点向 00’线①靠近(A 点附

① 00’线是由人口融合、产业融合和土地融合所构成的三维图的中心线,是城乡融合发展的路径线,越接近 00’线则说明城乡融合度越高,反之则越低。00’线与 P(x)、I(y)、L(z)均成 45°角。——笔者注

近），表明城市与乡村的关系开始缓和，并且二者的联系增多。随着政府的城市偏向，以及城市化的快速发展，城市产业对用工的需求剧增，农村大量农业劳动力向城镇迁移，资本、技术等生产要素集中到城市，造成城乡发展差距扩大、城乡间要素流动受阻，以及部分农村地区生产力落后和“空心化”。城乡融合由A点向B点演进，城市与乡村的差距扩大，城乡二元结构形成。城乡关系由协调向分割、对立演进，即城乡融合由A→B→C变动，城市引领乡村发展。当生产力不断提高，到达一定程度后，城市与农村的边界逐渐模糊，城乡差距收窄甚至消除，城乡融合由C点向D点演进，人可以在城市与乡村间自由流动，三产融合发展并催生出新业态，城市与乡村的交融运输网络便利化，城乡间的距离缩短，农村自然环境、人文环境与城市的人文环境连成一片，城市和乡村土地资源在空间上进行重构，有效地促进城市与乡村在人口、产业和土地上的互动、融合，形成一个城乡融合的社会综合体。城乡融合由E点向F点、G点演进，而D、F、G点均靠近00'线，即城乡融

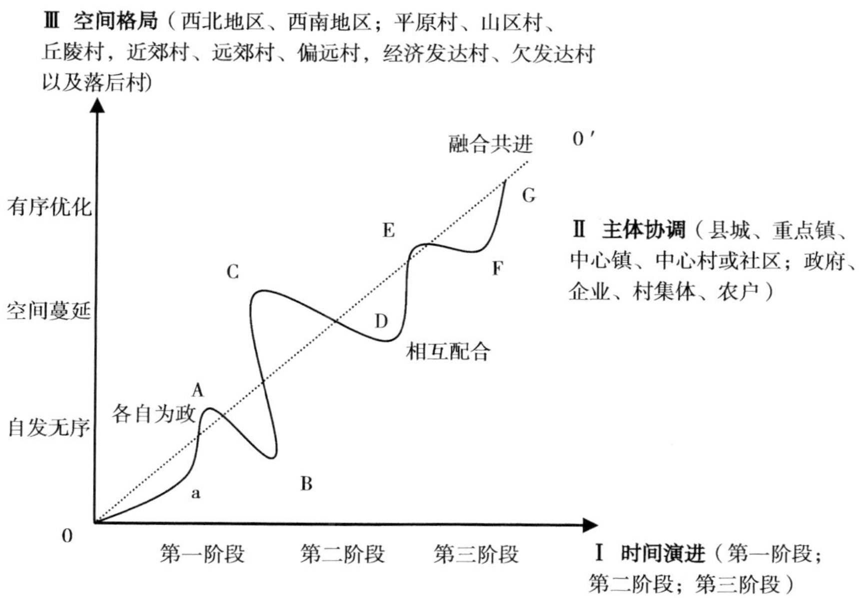

图3-1　城乡融合“人—业—地”路径

合进入优质融合阶段。由此可见,城市与乡村的融合是一个动态过程,城市与乡村关系由“同一→分割(对立)→协调→融合”。初期,城市与乡村同一化,城市概念并未产生,随着生产力发展,城市产生后,城乡逐渐出现分割、对立的关系。当生产力达到一定水平后,城市与乡村发展都要求二者融合,其相互影响程度越来越深,融合程度越来越高。

一、对农业转移人口的关注

伴随着城镇化的加快推进,大量农业剩余劳动力大规模向城镇转移,并在非农产业就业,伴随产生子女入学、居住、医疗、社保等许多需解决的社会问题。在创新人口管理上,2014 年 7 月 31 日印发的《关于进一步推进户籍制度改革的意见》中农业户口与非农业户口被取消,统一登记为居民户口。特大城市积分落户,达到规定分值的,可以在当地申请登记常住户口。2016 年,我国城镇户籍人口、常住人口城镇化率分别为 40%、57. 4%,2017 年分别达到 42. 35%、58. 52%。[①] 户籍制度只是城乡二元模式的一种制度表现,而城乡医疗统筹、不动产流转、农村生产要素盘活、社保养老等是更深层次制度安排改革,是缩小城乡差距实现乡村振兴的深水区。2017 年农民工总量同比增加 481 万人,达 2. 87 亿人,同比增长 1. 7%。其中外出农民工同比增加 251 万人,约为 1. 72 亿人,同比增长 1. 5%;本地农民工同比增加 230 万人,约为 1. 15 亿人,同比增长 2. 0%,增速仍快于外出农民工增速。在外出农民工中,进城农民工同比增加 125 万人,约为 1. 37 亿人,同比增长 0. 9%。[②] 在住房、教育、社会保障政策上,农民工无法与城市劳动力享受一样的待遇,将转移农民纳入城镇保障性住房体系的步伐需加快。在优质教育资源的学区,农民工

---

① 《最新数据! 2017 年中国城镇化率达 58. 52%》,2018 年 2 月 28 日,http://finance.ifeng.co-m/a/20180228/16002427_0. shtml。

② 《2017 年农民工总量达 28652 万人 新生代农民工占比首次过半》,新华网,2018 年 4 月 27 日,http://www.xinhuanet.com/fin-ance/2018-04/27/c_129860718. htm。

随迁子女居住地入学的政策上落实还不到位，导致农民工子女入学地点与生活地点不一致，增加了生活成本。农民的养老保险待遇普遍偏低，再加上农民工学历层次不高，职业能力不强，就业方面存在劣势。

二、对农业现代化的关注

农业现代化是乡村振兴战略的主要目标，促进农业生产模式由落后的传统农业向先进的现代农业转变，提高农业生产的信息化水平、规模化水平、智能化水平、机械化水平。农业面临的重大问题是如何由传统农业转变为现代农业，如何利用先进工业技术来装备农业，如何利用先进的管理体系来管理农业，实现农业现代化，打造高产、优质、低耗的农业生产综合体，形成资源利用合理、环境充分保护、农业产出高效的现代化农业生态系统。建立发达的农业、建设富庶的农村和创造良好的环境是农业现代化的目标。农业规模经营是农业现代化内在要求，与城镇化进程相伴而行，而传统城镇化主要关注农业剩余人口向城市的流动。农村优质劳动力出现了短缺，同时受粮食价格低价位徘徊和农业生产成本上升影响，农业经济发展形势严峻。乡村振兴要求缩小城乡差距，提高农民收入水平，调整农村经济结构，逐步提高农业规模化水平，积极采用现代化的生产技术和设备，做好农业“互联网+”，提高农业和农村信息化水平，促进农业现代化，加快农村建设发展。

三、对农村发展的关注

农村是农业生产和农民生活的空间载体，农村的基础设施建设互联互通，关系到农业生产效率、农产品的流通效率，乡村振兴要求更加关注农村的建设。根据发达国家的经验，城镇化后期，受成本和环境等因素综合影响，企业尤其传统工业企业会从中心城区向外部产业园区转移，从中心城市向周边城市和小城镇迁移。随着农村改革的深入，农业规模化经营和农村经济结构的调整优化，各项政策红利不断显现，农村对城市的技术、资本等要素吸引力增强,尤其是农村的土地红利对城市的资本吸引力更强。通过“工业支持农业”促进农业现代化、农业规模化、农业信息化;通过“城市反哺农村”城乡统筹发展带动农村发展,加大对农村建设的政策和资金支持力度,促进农村基础设施建设水平的提高,提升教育、医疗等公共服务水平。中小城镇具有较强的经济引领力、文化辐射力、社会服务力,并延伸向农村,提升农村社会保障水平和基础设施水平;促进农民可以平等地享有乡镇、县城、城市的教育、医疗、养老等公共资源,提升农民的生活水平,改善农民生活;城乡融合关键节点是农村的区域经济文化中心、公共服务资源的集中地。乡村振兴要求推动传统乡村转变为生产发展、生活服务、乡风文明的现代农村。①

四、对经济结构优化的关注

西部地区农业基础不牢固、农机装备水平较低、科技支撑能力不足、农业基础设施薄弱、抗灾减灾能力不强,缺乏现代农业发展需要的经营体系、产业体系、生产体系。耕地质量不高,小农分散经营,气候多变,农业生产、乡村发展和城乡转型面临严峻挑战。② 从西部地区三次产业结构看,第一产业中传统农业占比较大,农副产品以出售原始产品或初级产品为主,现代农业还处于起步阶段,缺少精深加工;多数农民主要收入来源于种植业,对土地数量、自然环境、农产品市场具有较强依赖性;自然环境条件差,交通落后、农产品流通效率低,粮食亩产量较低,农林牧渔业劳动力比平均值低。从工业结构看,传统产业多、新兴产业少,资源开发利用程度不高,以能源、初级矿产品和基础原材料为主,存在加工层次低、品牌少、附加值低等问题,不能有效带动农业及其他产业的发展,对当地的经济带动作用小。例如,甘肃省成县属于典型的资源型工业县,铅锌储量较大,但并没有将资源优势转化为经济优势,矿产开采并没

---

① 吴闫:《城市群视域下小城镇功能变迁与战略选择》,中共中央党校 2015 年博士学位论文。

② 刘彦随:《中国新时代城乡融合与乡村振兴》,《地理学报》2018 年第 4 期。

有带动地方经济发展。农产品市场化开发不足，有区际专业化意义的农产品不多，农产品商品化程度低。① 工业化滞后，乡镇内企业规模较小，缺少具有辐射效应和带动作用的龙头企业，农产品加工程度和技术含量低，附加值低。民营经济在推进工业化和城镇化进程中，提供就业岗位的作用越来越重要，但西部地区民营企业技术人才、经营人才缺乏，存在缺资金、缺技术、缺人才等问题，发展缓慢。②

五、对城乡融合的关注

工业化、城镇化改变了人们的生产生活方式，城镇化包括了城镇和农村的发展，是一个城乡互动过程。一方面是城市人口规模、建成区规模和城镇数量的扩张，生产要素不断积聚；另一方面是农村农业剩余劳动力的转移，在农村土地不断集中，农业形成规模经济，农村工业得到发展，现代技术在农业生产上得到应用，促进了农业劳动生产率的提高。城镇化是经济发展和社会进步的客观过程，农村人口转变为城镇人口的过程，是农村人口向城镇大规模迁移和集中的过程，是城乡共同作用的结果。农村土地资源有限、农业人口迅速增加推动农业人口向农业以外的产业部门转移，农产品收入弹性较低推动农业劳动者向非农产业转移，而城镇的规模经济和第三产业较高收入水平吸引农村剩余劳动力向城镇迁移。农村的资金、劳动力等生产要素向城镇流动，农村就业结构和生产方式发生改变。城镇先进的生产力、技术、文化、生活方式向农村辐射扩散，促进了农村思维方式、生产方式、生活方式城镇化。当社会生产水平到一定水平以后，农村人口向城镇转移与城镇人口向农村或郊区转移并存。

六、科学规划城镇发展体系

发挥农村建设规划对乡村振兴的促进作用，从优化配置乡村空间格局与

① 杜鹃：《西部县域经济发展要以农业为切入点》，《经济师》2003 年第 11 期。

② 马增明：《中国西部县域经济发展与新农村建设研究》，兰州大学 2008 年博士学位论文。

地域功能出发，着重调整城乡用地布局和结构；优化配置乡村各类生产生活设施，指导乡村发展的空间布局、主导方向、规模水平，促进企业、资本和人才下乡，助力农民工返乡，以创新创业促进乡村转型；整合乡村组织和产业，优化村镇空间布局，盘活农村各类要素资源，优化调整农村产业结构，提高农村经济发展水平，提高乡村价值，提升完善乡村生产生活和生态功能。① 德国、波兰等很多欧洲国家很重视乡村规划，政府加强了对农民住房的规划和引导，避免无止境扩张。美国城市人口移居郊区，城市空间结构向多个中心分散型转变。英国成立了专门的城市发展委员会推动伦敦等大都市与其他城市间的综合协调发展。日本在充分发挥中心城市作用基础上，分散主城的部分职能，发展卫星城镇、专业城镇、其他工矿镇。乡村振兴发展的模式不能照搬国外做法，应根据要素禀赋的差异，因地制宜选择合适的建设模式，综合考虑生态容量、资源禀赋、历史文化等条件，合理调整村镇布局规划，加快水、电、路、气、房，污水垃圾处理等农村公共基础设施的规划和建设。

七、优化村镇地域功能

连接城市和乡村的村镇是城乡融合发展的枢纽，我国小城镇总体数量多，全国建制镇数量达 2 万余个，但规模偏小、服务功能较弱。优化中心村、特色村、空心村、贫困村，重构乡村地域系统和等级体系，优化村镇空间结构，转变农村生产要素组织方式，破解农村发展不充分、城乡经济失衡等问题。保护传统村落及其传承的乡土文明，振兴古村落的传统文化，建设特色文化产业区，振兴特色文化乡村；一般具有一定人口、产业规模和公共设施、服务能力的中心村，发挥农村纽带节点作用，培育特色产业，培育农村发展增长极；人地分离的空心村，优化整合乡村组织、乡村产业、乡村空间，加快建设现代农村中心社区；贫困村在空间上具有“孤岛效应”，是乡村振兴的最大短板；“无人村”、“老

① 刘彦随：《中国新时代城乡融合与乡村振兴》，《地理学报》2018 年第 4 期。

人村”问题村庄，促进传统乡村功能向现代生产生态功能转变。将精准扶贫、生态文明建设与乡村振兴结合，在生态脆弱、家庭外迁、环境污染等区域不宜重建新村和新社区，加大环境保护力度。

八、对农民工返乡创业的重视

在城市就业的农民工，接受了城市的生产生活理念和先进的知识技能，其返乡创业可以催生出许多乡镇小微企业和农业生产经营主体，促进农村的经济社会发展。可以引进发达城市经营理念和生产管理技术，有利于盘活资源要素、促进农民增收、农村发展积累。能够缓解乡村“空心化”、就业收入渠道窄等问题，是促进乡村振兴、农业发展及解决城乡发展不平衡的重要力量。返乡农民工用所学经营管理经验、知识技术提升二三产业发展水平，利用优势资源开发特色商品，发展市场空间大的特色农产品，打造优质品牌，提高农产品的加工水平，优化产业结构，提高农产品附加值。以创业带动就业，活跃乡村经济主体，促进乡村产业发展，促进贫困地区脱贫增收。

第四章　西部地区农村城镇化促进乡村振兴的作用机制

农业农村农民问题作为关系民生的根本性问题，一直都是我国经济社会发展的重点，从新中国成立以来的新农村、社会主义新农村到乡村振兴战略，无不体现“三农”在国民经济中的基础地位。“乡村振兴战略”将乡村建设提到战略的高度，以“产业兴旺、生态宜居、乡风文明、治理有效、生活富裕”为总要求，促进“农村优先发展，实现城乡融合发展”。农村作为西部地区行政治理基本单元，农村建设与发展始终符合区域经济前进的方向，乡村振兴离不开农村城镇化的推动，也是乡村振兴战略的必然需求和重要内容。新常态下，中国现阶段矛盾也发生了变化，由之前“人民日益长的物质文化需求与落后的生产力之间的矛盾”转化为“人民日益增长的美好生活需要和不平衡不充分的发展之间的矛盾”，西部地区农村城镇化也被赋予了新的内涵和要求，应当正确看待农村城镇化对乡村振兴的积极作用。

第一节　优化机理

城乡平衡发展、乡村充分发展、城乡差距缩小是城乡融合和新型村镇建设的重要目标，城乡融合发展对新型村镇建设具有显著的促进作用，而新型村镇

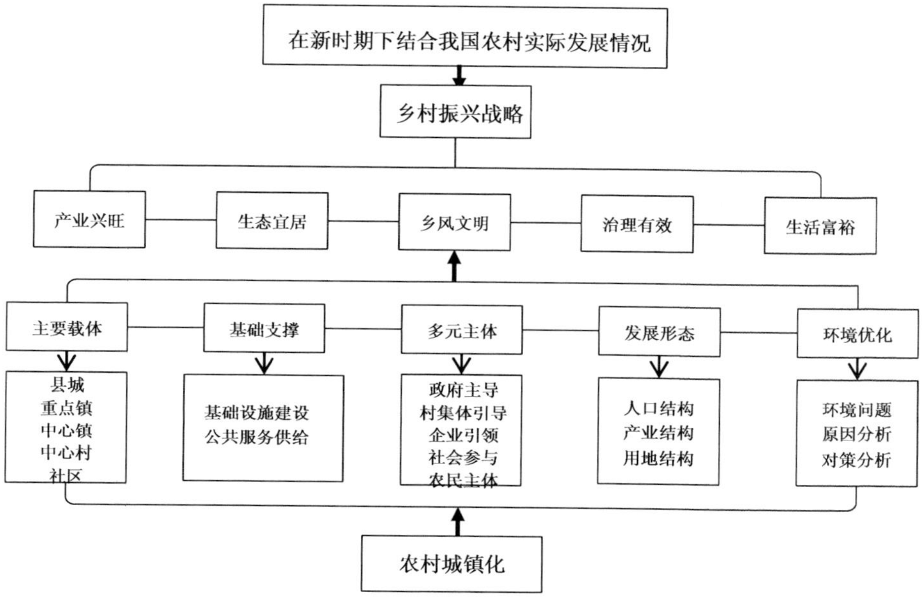

图 4-1　运行机制逻辑图

建设是城乡融合的具体实践选择。可以通过建立城乡等值线和城乡发展空间均衡模型，对城乡融合发展促进新型村镇建设进行作用机理分析。

一、城乡等值化与城乡平衡

城乡等值发展是城乡互动发展的新机制、新理念，①其概论源于 1950 年德国赛德尔基金的“城乡等值化”试验，②1965 年德国巴伐利亚州制定《城乡空间发展规划》，将“城乡等值化”确定为区域空间发展和国土规划的战略目标，并要求城市与乡村居民具有同等的交通、生活和工作条件，保证土地资源

① 穆兴增：《怎样理解城乡等值化发展》，《河北日报》2011 年 3 月 30 日。

② Liu Y., Chen C., Li Y., “Differentiation regularity of urban-rural equalized development at prefecture-level city in China, Journal of Geographical Sciences”, 2015, 25(9): 1075–1088. Liu Y., Lu S., Chen Y., “Spatio-temporal change of urban-rural equalized development patterns in China and its driving factors”, *Journal of Rural Studies*, 2013, 32(32): 320–330.

的合理配置和利用。[①] 城乡等值化的核心思想是：城市与乡村虽然在社会形态、生活方式、生产方式、生态环境等方面存在不同，但是城市与乡村是等值的；通过土地改革、村庄革新、功能区划分、加强乡村基础设施建设、公共服务改善等方式，缩小城乡生活、生产差距，使城乡协调发展，从而实现农村生活条件、生活质量达到与城市生活“不同类但等值”的目标，破解城乡二元结构以及城乡不平衡发展，使城乡居民享有同等水平的生活条件、社会福利和生活质量，共享现代文明。[②] 目前，我国有关部门正在山东省青州市南张楼村进行“城乡等值化”试验，利用社会资本构建网络化的结构，通过有形或无形的、双向的人流、物流、信息流、资金流、技术流以及政府转移支付、社会保障等各种“流”，将城乡有机地联系在一起，依托土地整理、村庄革新、信息技术、低碳生产等方式，逐渐消除农村在生产、生活质量上与城市的差异，实现与城市生活不同类型但等值的目的。[③] 城乡等值化思想逐渐成为统筹城乡发展、城乡一体化（城乡融合发展）的重要理论依据，城乡融合发展和新型村镇建设都是为了实现城乡平衡发展、乡村充分发展以及城乡差距缩小。城市与乡村在经济社会发展水平上非常接近，城乡居民在生活、工作、公共服务、收入等方面相当，即城乡等值化。

二、城乡空间均衡模型

城乡等值化的中心思想是通过一系列政策措施，构建城乡要素“流”自由流动机制，推动人流、物流、资金流、信息流等各种“流”在城市与乡村中自由流动，特别是助推城市要素“流”向乡村流动，推动乡村经济社会的快速发展，从而实现城乡平衡发展。城乡融合发展与新型村镇建设都是“人—业—地”

---

① 参见《德国：“城乡等值化”理念下的新农村建设》，搜狐网，2011 年 9 月 9 日，http://roll.so-hu.com/20110909/n318834236.shtml。

② 李文荣、陈建伟：《城乡等值化的理论剖析及实践启示》，《城市问题》2012 年第 1 期。

③ 余致远：《推行城乡等值化是城镇化的一个有效途径》，《中国改革报》2011 年 5 月 3 日。

系统的融合过程，即城乡空间均衡发展过程。因此，可以建立城乡空间均衡模型来进一步解释城乡要素"流"对城乡的影响以及城乡空间动态均衡的过程。

假设某一区域的综合效益为 $\sum_{i=1}^{m} D_m$ ，D_m 为 m 中发展效益，这里我们主要假设包括人口融合效益（D_1）、产业融合效益（D_2）和土地融合效益（D_3）；D_m 的发展效益函数主要受劳动力（L_m）、资本（K_m）、土地（G_m）、技术（T_m）、管理（M_m）等要素的影响。其公式为：

$$\sum_{i=1}^{m} D_m = D_1 + D_2 + D_3 \quad (m = 1,2,3) \tag{4.1}$$

$$D_m = f(L_m, K_m, G_m, T_m, M_m) \quad (m = 1,2,3) \tag{4.2}$$

城乡融合背景下，假设生产要素（劳动力流、资本流、土地流、技术流）可以在城乡间自由流动。通过一系列人口、产业和土地政策的实施，重新优化人口、产业和土地的配置，从而实现城乡融合发展、城乡平衡发展，乡村人均综合发展效益等于或接近城市人均综合发展效益，实现城乡生活、工作和公共服务等值。则城乡发展空间均衡模型为：

$$PD_R = \frac{\sum_{i=1}^{m} D_{Rm}}{P_R} = \frac{\sum_{i=1}^{m} D_{Um}}{P_U} = PD_U \quad (m = 1,2,3,) \tag{4.3}$$

式 4.3 中，$\sum_{i=1}^{m} D_{Rm}$ 为乡村综合发展效益，$\sum_{i=1}^{m} D_{Um}$ 为城市综合发展效益；P_R 为乡村总人口，P_U 为城市总人口；PD_R 为乡村人均综合发展效益，PD_U 为城市人均综合发展效益。由于城乡要素自由流动是理想状态，人口流动受限于户籍制度、教育制度和医疗制度等，土地流动受限于城乡土地制度，技术流动受限于地域经济社会发展水平、人文环境、资源禀赋、政治干预等，即人流、资金流、土地流、技术流等要素"流"，依然会受到制度、政策、城乡经济社会发展水平、区位条件、资源禀赋等因素的影响，因此，在计算乡村人均综合发展效益（PD_R）和城市人均综合发展效益（PD_U）时，需要加一个修正系数 φ ，以提高 PD_R 、PD_U 的准确性。则式 4.3 调整为：

$$PD_R = \varphi_R \frac{\sum_{i=1}^{m} D_{Rm}}{P_R} = \varphi_U \frac{\sum_{i=1}^{m} D_{Um}}{P_U} = PD_U \ (\varphi_{Rt} \in (0,1), \varphi_{Ut} \in (0,1); m = 1, 2, 3 \qquad (4.4)$$

城乡发展的空间均衡模型是城乡融合“人—业—地”系统及其空间均衡发展的抽象表达,该模型从数理方面阐述城乡融合发展与新型村镇建设的关键问题:

(1)城乡要素“流”的空间自由合理流动是城乡融合发展、新型村镇建设的重要前提。城乡要素市场割裂是导致城乡差距较大的主要原因,城乡融合发展以及促进新型村镇建设,必须重塑城乡要素关系,建立城乡要素自由流动、平等交换、优化配置机制,①促进城乡要素自由合理流动。生产要素在城乡间的自由合理流动是城乡要素相互结合、优化配置的前提和市场经济的内在要求,②是推动城乡融合发展的内在动力。国内相关研究也得出,我国要素市场存在显著的城乡二元体制特征,并且要素市场的分割导致要素配置的效率低下和损失,③阻碍了城乡二元结构的转化,④使得城市经济的分散效应难以发挥作用。因此,增强生产要素的流动性,提高生产要素的配置效率,是促进城乡融合发展、新型村镇建设的关键。2017 年,我国城镇化率达到 58.52%,城镇人口达到 81247.48 万人,城镇化进程和城镇人口依旧呈现增长趋势,而乡村人口呈现流出趋势。今后一段时间,乡村人口向城镇流入,城镇人口持续增长的状况将不会改变。也就是说,乡村人口(P_R)在一定时间段内将逐渐减少,而城镇人口(P_U)在一定时间段内将持续增加。与此同时,随着我国乡村振兴战略的实施,以及户籍制度、农村土地制度的改革,城市与乡

① 高泽敏:《构建城乡要素合理流动机制》,《河南日报》2018 年 5 月 2 日。

② 郭晓鸣、张克俊、高杰:《推进城乡要素自由流动体制机制改革的探索与思考——以成都市为例》,《经济论坛》2016 年第 1 期。

③ 曹飞:《城乡统筹进程中的要素整合机制研究》,《贵州社会科学》2013 年第 3 期。

④ 王颂吉、白永秀:《城乡要素错配与中国二元经济结构转化滞后:理论与实证研究》,《中国工业经济》2013 年第 7 期。

村的经济、人口、产业和土地互动互融较多，一定程度上促进了乡村发展，特别是助推了一二三产业的融合发展。乡村综合发展效益（ $\sum_{i=1}^{m} D_{Rm}$ ）得到增加，新型村镇建设步伐加快，助推“人—业—地”系统融合。

（2）推进新型村镇建设有助于缩小城乡差距，加速城乡融合发展，实现城乡平衡发展、乡村充分发展。以新型村镇建设重构乡村，建设创新、协调、绿色、开放和共享的新型村镇，促进城乡人口融合、产业融合和土地融合，提升乡村综合效益，不断缩小村镇与城市的差距，实现城乡协调发展、三产融合发展、人的全面发展、生态宜居的村镇建设的新格局。新型村镇建设是城乡融合发展的实现路径选择，是城市反哺乡村、工业反哺农业的一个缩影，更是充分激发乡村发展潜力的重要手段。推进新型村镇建设的核心要义就是提高乡村居民收入、生活质量，进而缩小城乡差距；其核心内涵是推动城乡人口融合、产业融合和土地融合，重构乡村发展新格局、新模式。新型村镇建设以“人—业—地”进行统筹规划，构建城乡要素双向流动机制和政策体系，以及“人—业—地”耦合机制，建设独具特色、产城融合、要素自由流动、共同富裕、生态宜居的新型村镇，乡村综合发展效益（ $\sum_{i=1}^{m} D_{Rm}$ ）将得到显著提高，不断缩小与城市综合发展效益（ $\sum_{i=1}^{m} D_{Um}$ ）的差距。

（3）政策因素是影响城乡融合发展、新型村镇建设的外在动力。生产要素的流动不仅仅受要素市场的影响，而且受政策因素的影响。发展效益（ D_m ）受劳动力（ L_m ）、资本（ K_m ）、土地（ G_m ）、技术（ T_m ）、管理（ M_m ）等要素的影响，生产要素聚集的越多，发展效益越高。但是劳动力、资本、土地、技术和管理等要素都受国家及地方政策的影响，如我国户籍制度将人口分为农业户口和非农业户口，将人口非常清晰的划定为城市人口与农村人口，同时农村人口无法享受城市就业、教育和社会福利等方面的权益。由此也导致诸多进城务工人员（农民工）为城市建设作出巨大贡献，但是无法成为城市人口。

据统计,2016 年我国进城务工人员数达 28171 万人,比 2015 年增长 424 万人,增长 1.5%。大量的农村劳动力转移至城市,但是绝大部分的进城务工人员难以获得城市户口,难以享受到城市相关福利。一定程度上加剧了城乡居民收入差距,乡村人口(P_R)持续实质性的减少,城镇人口(P_U)持续性的增多,乡村综合发展效益($\sum_{i=1}^{m} D_{Rm}$)不断下降,而城市综合发展效益($\sum_{i=1}^{m} D_{Um}$)持续提高,在此消彼长的情况下,城乡差距进一步扩大。2014 年 7 月 24 日,国务院印发《关于进一步推进户籍制度改革的意见》,促进有能力在城镇稳定就业和生活的常住人口有序实现市民化。进一步完善了农村产权制度,引导农业转移人口有序流转土地承包经营权。户籍制度和土地制度的改革,极大地刺激了人口和土地的流动,也为新型村镇建设提供了发展空间。修正系数 φ 越大,则人均综合效益就越大。因此,政府应该充分利用政策工具,加快建立健全城乡要素双向自由流动机制和政策体系,促进生产要素的自由合理流动,推动城乡要素市场健康有序发展。

(4)不同类型的新型村镇,其综合发展效益($\sum_{i=1}^{m} D_m$)、发展效益(D_m)的具体构成和影响都不同。新型村镇建设是特色小镇、田园综合体和新型农村社区的综合体,特色小镇、田园综合体和新型农村社区不尽相同、各有侧重。特色小镇主要以“产业+旅游”、“文化+旅游”为重点,更强调产业融合发展;田园综合体主要侧重体验农业和休闲旅游,强调人与自然和谐及三产融合发展;新型农村社区则更侧重土地融合发展,以土地集约化的方式促进中心村的改造与重建。因此,新型村镇建设是通过多种方式、类型和模式来践行城乡融合发展的实现路径,也就是说在城乡空间均衡过程中,其发展效益(D_m)和综合发展效益($\sum_{i=1}^{m} D_m$)存在较为明显的差异,城乡要素“流”的自由合理流动将会对城乡空间均衡产生不同影响,进而影响发展效益和综合发展效益。

三、城乡等值线与空间均衡

借鉴无差异曲线概念，建立城乡等值线，并将城乡等值线定义为给居民带来城乡同等生活、工作和公共服务条件的不同人均发展效益（人口融合发展效益、产业融合发展效益和土地融合发展效益）。由于人口流动是附着在土地上的，为了简化城乡等值线，对“人—业—地”三维系统进行降维处理，将人口融合与土地融合合并为一维。则可以在二维平面上刻画出城乡等值线（见图4-2），纵轴表示人口和土地融合效益（Y_t），横轴表示产业融合效益（X_t），城乡等值线（PD_t）为人口和土地融合效益（Y_t）、产业融合效益（X_t）的函数。可以用城乡等值线进一步阐述城乡空间均衡的过程：

$$PD_t = PD(X_t, Y_t) = PD_{Rt} = PD_{Ut} \tag{4.5}$$

$$PD_{Rt} = MAX\{PD(X_{Rt}, Y_{Rt})\} = f(L_m, K_m, G_m, T_m, M_m) \tag{4.6}$$

$$PD_{Ut} = MAX\{PD(X_{Ut}, Y_{Ut})\} = f(L_m, K_m, G_m, T_m, M_m) \tag{4.7}$$

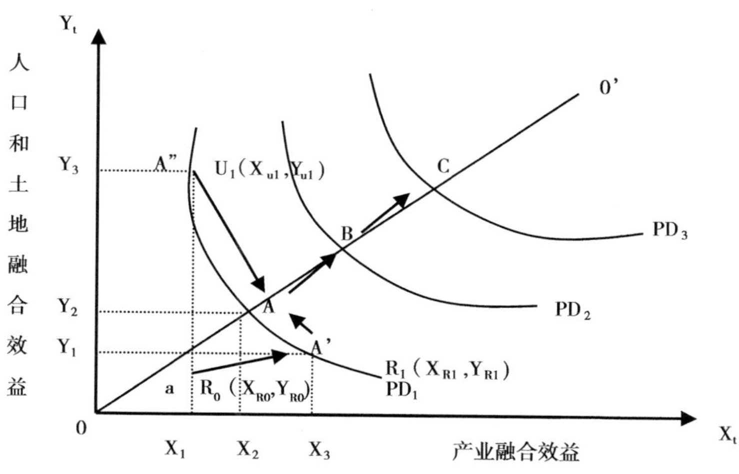

图4-2　城乡“人—业—地”系统等值线及其均衡

（1）城乡融合是人口、产业和土地在空间上的融合，融合过程具有时间性和地域性。即城乡的人口、产业和土地融合根据不同的区位条件、资源禀赋、市场环境以及政策等因素,“人—业—地”的融合进程快慢、先后不同。城乡等值线 PD_1、PD_2、PD_3,距离原点 0 越近,则发展效益越低,反之则越高。即 $PD_1<PD_2<PD_3$。在原点 0,表示城乡同一化,此时不分城市综合发展效益和乡村综合发展效益,人口、产业和土地本质上就是融合在一起的。随着生产力水平的提高和社会分工,城市随之产生,城乡关系发生变化。a 点不在 PD_1 等值线上,且离原点 0 较近,而 A' 点相比 a 点离原点 0 要远,且在 PD_1 等值线上,因此可以判定为 $R_0(X_{R0},Y_{R0})<R_1(X_{R1},Y_{R1})$。同时,A' 点和 A" 点同在 PD_1 等值线上,则说明 $R_1(X_{R1},Y_{R1})=U_1(X_{u1},Y_{u1})$。即在 PD_1 等值线上城乡综合效益相等,城乡初步实现均衡发展。但是 a 点、A' 点、A" 点都不是永久不变的,而是随着城乡人口、产业和土地要素的流动而发生改变。例如,随着工业与农业的不断融合,建立产城融合的新型村镇,由此 a 点将逐渐向 A' 点移动,并随着城乡人口互动增多、城乡土地一体化,A' 点将逐渐向 A 点移动,而伴随着产业的不断融合,A" 点将逐渐向 A 点移动。也就是说,随着城乡劳动力、资金、土地、技术和管理的相互作用、相互融合,“人—业—地”系统不断融合,乡村综合发展效益与城市综合发展效益逐渐靠拢,最终二者相等,实现城乡融合发展。并且随着城乡融合发展度的不断提高,A 点将逐渐向 B 点甚至 C 点移动,实现城乡综合效益的提升。

(2)城乡空间均衡过程是城乡融合发展促进新型村镇建设的过程,是城乡平衡发展、乡村充分发展的过程,是城乡人口融合、产业融合和土地融合的过程。根据无差异曲线概念,无差异曲线的斜率为负且绝对值递减,即城乡等值线的斜率也为负。也就是说当城乡居民生活、工作和公共服务条件不变的状态下,一种发展效益的增加是另外一种发展效益的减少,即人口和土地融合发展效益与产业发展效益存在替代关系,并且二者的边际替代率 *MRS* 是递减的。图 4-2 中所示,A' 点的产业融合发展效益较高,而 A" 点的人口和土地融合发展效益较高,随着 A' 点顺着 PD_1 城乡等值线向 A 点移动,产业融合发展效益由 X_3 下降至 X_2,与此同时,人口和土地融合发展效益由 Y_1 上升至 Y_2。同样，A”点顺着 PD_1 城乡等值线向 A 点移动，人口和土地融合发展效益由 Y_3 下降至 Y_2，与此同时，产业融合发展效益由 X_1 上升至 X_2。当城乡融合发展水平由 A 点移动到 B 点甚至 C 点时，人口和土地融合发展效益、产业融合发展效益都将得到显著提升，并且实现城乡均衡发展。从城乡空间动态均衡过程中可以看出，城乡融合发展和新型村镇建设是“人—业—地”系统不断融合的过程，是城乡关系、城乡人口、产业和土地不断调整优化、互动互融的过程。

第二节　主要载体

农村城镇化作为农村发展的主要载体，主要通过 5 方面发挥乡村振兴作用：(1)县城对乡村振兴发挥示范引导的作用，引导农村产业发展。县城作为城市和乡村的结合点，作为城市经济和乡村经济的纽带，一方面运用城市中先进的技术及管理方式促进农业现代化发展，引导农村三产业融合，另一方面发挥龙头带动作用，推动农村经济发展方式转变，发展当地特色产业；(2)重点镇对乡村振兴的发展有着承上启下的作用。重点镇以产业和资源条件为支撑，创新生产经验模式，带动周围乡镇发展，增加农民收入，改善农村生活生产条件，促进农村发展；(3)中心镇辐射带动乡村振兴。中心镇以其良好的地理优势和区位优势及具有较强的经济实力，消除城乡差距，推动农村城镇化进程，促进区域经济的快速增长；(4)中心村作为农村居民建设的最佳载体，是乡村振兴战略的重要的节点。中心村在乡村振兴战略及农村城镇化发展中的衔接作用、承载能力和服务功能都逐步展现；(5)社区作为乡村治理最基本单元，发挥集聚效应。一方面有利于农村的有效治理，另一方面有利于农村经济的发展，提高农村生活水平。综上所述，县城、重点镇、中心镇、中心村及社区作为农村城镇化主要载体，在产业、生活、治理等多方面推动乡村振兴。

一、县城

县城作为农村城镇化重要载体，在乡村振兴中发挥着示范引领作用。目

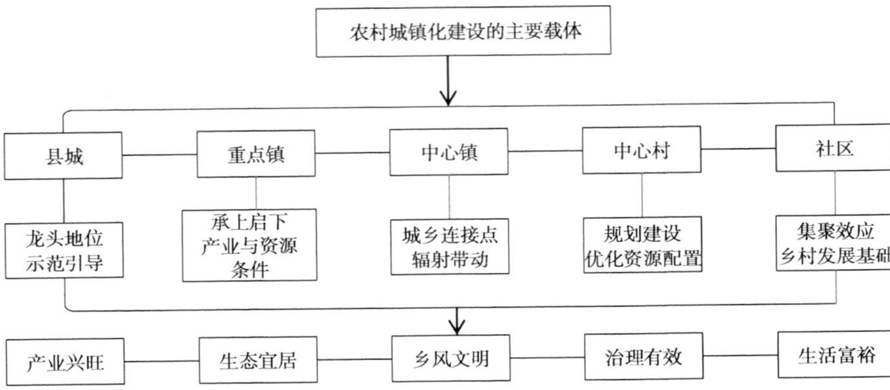

图 4-3　主要载体关系图

前，县域经济发展成为区域经济重要组成部分，为响应县域经济发展政策，各地政府积极改革促进发展，取得较大的成果。2018 年中国西部百强县市在 10 个省区市有分布，分别为四川 27 个、云南 13 个、内蒙古 12 个、广西 11 个、新疆 10 个、贵州 9 个、陕西 9 个、重庆 6 个、宁夏 2 个、青海 1 个，甘肃、西藏没有县市进入西部百强县市名单。2018 中国西部百强县市竞争力指数平均值达 71.76，同比增加 1.83 个百分点。经济规模指数、人民生活指数、经济活力指数、经济质量指数平均值分别为 71.63、72.66、73.90、68.59，同比增长 1.48、4.06、0.67、0.63 个百分点，尤其是人民生活指数，上升最为明显。西部地区县域经济发展活力不断增强，规模不断扩大，极大的改善人民的生活水平，满足人民对物质文化的需要。

县域作为国民经济的基本单元，国家宏观经济与微观经济的桥梁，工业经济与农业经济的结合部，城镇经济与农村经济的纽带，承载着全国最广大的土地面积和最多的人口，不仅是我国国民经济发展的基础，且是乡村振兴战略、脱贫攻坚战的主战场，县域经济在乡村振兴战略中扮演着重要角色。(1)有利于促进生产要素的自由流动。城市有着完整的工业体系和产业体系，县城作为城乡结合点，城市先进技术及先进生产要素向农村流动，有利于缩小城乡差距，缓解社会矛盾，促进我国经济均衡发展。县及城镇作为城市产业转移的承接者，一方面减缓了城市的负担，也为城镇化建设和乡村振兴带来契机；(2)县域经济引领当地特色产业发展。县域利用其自身地理优势、区位优势，结合其要素禀赋，利用城市转移过来的先进技术和生产模式，发展当地特色产业，以市场为导向，发挥品牌效应，树立起当地龙头企业，引领和带动当地产业发展；(3)有利于促进农业现代化的发展。县城作为承接城市产业转移的承接地，具有较为完善的工业基础，县城的发展有利于加强农业现代化，促进农产品质量由低质向中高质转变，促进农业增长方式向科技创新转移，加强农业机械化生产，提高农业生产效率；(4)有利于提高人民收入水平。收入分配不均，城乡收入差距大是阻碍我国经济可持续发展的重要原因。县域经济提高农业生产率，增加了农民就业机会，拓宽农民就业渠道，有利于劳动力由农业部门向非农业部门转移，从而提高了农民的收入，缩小了城乡差距，缓和了社会矛盾；(5)有利于社会的长治久安。县域作为我国地方主要的行政单位，要除恶务尽、深挖彻查，净化社会风气，维护社会稳定，增强农民的获得感、幸福感及安全感。

因此，在乡村振兴和农村城镇化建设的背景下，应当发挥县域的积极作用，积极承接城市产业转移，促进先进技术及生产要素的自由流动，结合县域自身的地理及资源优势，树立龙头企业，从根本上解决了农村产业发展和农民增收的问题，推动乡村振兴的发展。

表 4-1　2018 年中国西部各县竞争力排名

县域单位	排序	竞争力指数	县域单位	排序	竞争力指数
陕西神木市	CI001	120. 98	云南个旧市	CI051	68. 78
内蒙古准格尔旗	CI002	112. 48	重庆忠县	CI052	68. 51
内蒙古伊金霍洛	CI003	103. 79	广西岑溪市	CI053	67. 94

续表

县域单位	排序	竞争力指数	县域单位	排序	竞争力指数
贵州盘州市	CI004	92.28	重庆云阳县	CI054	67.71
四川西昌市	CI005	91.56	重庆丰都县	CI055	67.54
贵州仁怀市	CI006	88.81	四川泸县	CI056	67.51
新疆昌吉市	CI007	88.59	新疆阿克苏市	CI057	67.36
新疆石河子市	CI008	88.40	陕西靖边县	CI058	67.31
新疆库尔勒市	CI009	87.64	新疆喀什市	CI059	67.28
贵州兴义市	CI010	84.84	四川安岳县	CI060	67.21
陕西府谷县	CI011	83.91	云南开远市	CI061	67.10
云南安宁市	CI012	83.53	四川宣汉县	CI062	67.09
云南大理市	CI013	83.01	宁夏贺兰县	CI063	67.08
内蒙古鄂托克旗	CI014	80.90	四川渠县	CI064	67.05
四川金堂县	CI015	79.60	云南弥勒市	CI065	67.05
四川简阳市	CI016	79.59	新疆奎屯市	CI066	66.67
四川彭州市	CI017	78.78	内蒙古土默特	CI067	66.61
云南楚雄市	CI018	78.50	广西桂平市	CI068	66.40
四川广汉市	CI019	77.92	四川大邑县	CI069	66.01
陕西韩城市	CI020	77.91	贵州开阳县	CI070	66.00
四川都江堰市	CI021	77.89	广西横县	CI071	65.88
内蒙古乌审旗	CI022	77.68	贵州金沙县	CI072	65.76
四川新津县	CI023	77.65	四川岳池县	CI073	65.64
四川江油市	CI024	77.17	广西宾阳县	CI074	65.34

数据来源:《中国西部地区县域发展监测报告 2018》。

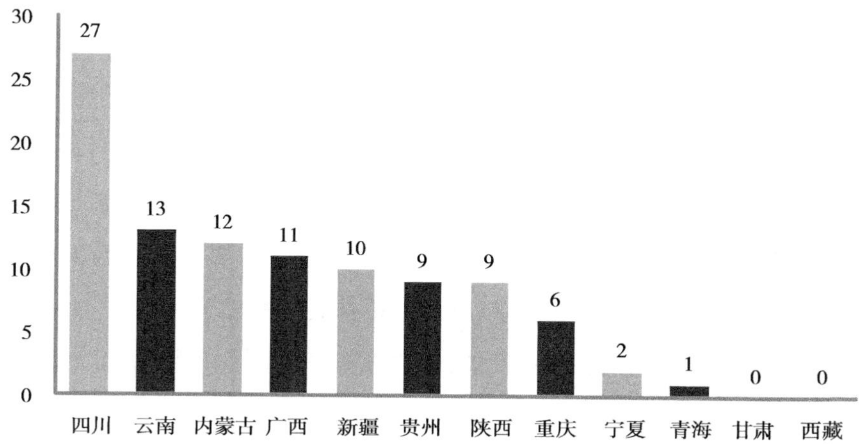

图 4-4　2018 年中国西部各省百强县数量

数据来源:《中国西部地区县域发展监测报告 2018》。

二、重点镇

重点镇作为城乡发展重要一环,发挥承上启下作用。政府推出以产业和资源条件为支撑,突出重点、整合资源、分布实施、逐步推开的政策,结合城乡经济圈的发展,实施优先发展重点镇战略,形成整体化的城镇发展空间布局,形成以中心城区为核心,辐射带动县城及重点镇,重点镇带动中心村的梯次结构体系。2017 年我国重点镇达 3675 个,2018 年重点镇建设范围不断扩大,先后有两批建制镇进入重点镇建设名单,尤其是西部地区,云南有 48 个镇被列为重点镇。地方重点镇建设促进农村城镇化进程,减少由于工业化发展不足带来城乡差距,也解决大城市人口承载压力。

西部地区 35 个重点示范镇的农民人均可支配收入已由当初的 7064 元跃升到目前的 11378 元,但发展的同时也出现了许多问题,主要表现在以下 3 方面:(1)产业与资源不匹配。新兴工业园区、现代农业园区、文化旅游园区及物流园区的建设,显著提升重点镇镇区综合承载力,为镇区群众提供更多就业机会,但也存在产业发展与城镇建设不匹配问题。这与乡镇资源不匹配问题造成重点镇“大而空”,无法以产业带动乡镇经济发展,也无法促进重点镇承上启下功能发挥;(2)乡镇建设缺乏特色。乡镇企业的发展应当根据当地的资源,充分利用当地优势,建设特色小城镇。但在重点镇的建设中,由于缺乏科学的规划与政策指导,存在镇与镇“撞脸”现象,不能突出特色,造成资源浪费,无法发挥小镇的价值;(3)存在资金短缺问题。需要依靠财政的转移支付,而大部分镇财政收入薄弱,难以支撑乡镇基础设施建设。

因此,为促进重点镇的有效发展,应当重点发展产业项目,强化创新驱动和多点支撑,也为小镇发展提供资金来源。同时完善基础设施建设和公共服务功能,以镇带村,促进城镇与农村协调发展。

三、中心镇

从地理学上来说,中心镇是指在一定的区域内,小镇位置相对居中,是自然形成的且客观存在的小镇;从经济学的角度来说,中心镇在较长的时期内,在一定的区域内经济实力较强、基础设施建设较完善、具有一定的发展潜力,并形成以其为中心的经济圈;从职能角度来说,中心镇的发展目标定位为小城市,功能定位应能承担县城和县级市的副中心职能,并赋予部分县级管理权限,如财政、教育、经济和社会权限。县市级单位对于确定的中心镇将重点支持其率先发展,使其成为县域经济的强力支撑。中心镇与重点镇的不同有两点:(1)中心镇是在一定区域内发展起来的优质小镇,而重点镇是在全国范围来讲的一个概念;(2)中心镇是随着时间自发形成的经济实力较强的小镇,而重点镇更多的是依靠政策指导及扶持,具有政策性。

中心镇的发展具有极大的潜力,并且能够对周边地区具有一定的辐射力,是在经济发展中自动形成的能够连接城市和乡村的连接点,对周边乡村的发展具有较强的带动作用。(1)有利于促进经济协调发展。中心镇作为城乡连接点,促进农村现代化及产业化发展,提高了农业的生产效率和农民的收入水平,另一方面舒缓了城镇人口过多的压力,促进城乡协调发展;(2)有利于区域经济的增长。中心镇是具有良好地理优势,具有较强经济实力及较大发展潜力,可以凭借其自身优势,加强工业化和现代化发展,凭借其聚集功能,吸引大量的劳动力,促进农业劳动力剩余的转移,促进区域经济的发展;(3)有利于促进乡村社保体系完善。社会保障体系建立是中心镇发展及乡村发展中重要的一环,社会保障体系的建立有利于保障人民基本生活水平。推行农村合作医疗制度,落实五保户、低保户、失地农民的各项保障政策,实现应保尽保;(4)有利于提高农民整体素质。中心镇的发展为当地农民就业提供了机会,政府及企业对转业农民进行了技能培训及职业道德培训,进行法律法规、国家政策及爱国主义等教育,提高农民的法律意识,弘扬社会道德风尚。

虽已取得成就,但仍然存在许多问题,主要表现在以下 3 方面:(1)产业发展主要是初级产品加工为主,低科技含量、低附加值、高耗能产业,使得产业缺乏核心竞争力,产业难以高质量发展;(2)产业发展没有形成支柱产业。资金、人才、技术等条件的制约,难以形成完整的产业链体系;(3)公共服务供给不足。人口聚集速度较快,导致公共基础设施建设及公共服务供给不足。因此,中心镇建设要紧抓经济转型的机遇,调整产业结构,因地制宜发展。

四、中心村

中心村是社区建设中最重要的单元,具有一定人口规模和较为齐全的公共设施的农村社区,介于乡镇与行政村之间。从规划角度看,中心村在城镇建设中能达到支撑最基本生活服务设施要求的最小规模点;从职能上来说,中心村是具有较好的发展和规划建设基础,发展空间比较大,发展前景广阔,能对周边行政村起到辐射和带动作用的行政村。土地作为经济发展不可或缺的要素,由于土地资源有限与经济发展需求之间的矛盾,要在现有土地规模上不断提高土地利用效率,以自然村合并,减少小村落的数量,建设中心村。中心村作为农村居民建设的最佳载体,是乡村振兴战略的重要的节点,也是推进农村社区建设的重要对象。中心村建设，一方面提高农村土地使用效率，减少土地浪费，另一方面在于村庄的聚集，完善农村基础设施配套建设，推动农村现代化建设。近年来，深入实施“千村示范万村整治”工程，促使城镇村建设体系逐步健全，村庄布局形态逐步优化。

但中心村建设中存在一些问题。(1)从整体上看，村庄布局散、人口规模小、建设水平低的问题仍然突出，不仅影响农村整体面貌和农民生活条件的改善，也制约基本公共服务和土地资源的集约利用；(2)中心村产业特色不够突出，经济发展水平普遍较弱。工业化基础薄弱，人才及资金匮乏。存在“照抄照搬”行为，导致产业没有特色，发展模式与当地资源禀赋不符；(3)基础设施建设不完善，难以满足人口规模扩大和产业发展的需求。基础设施建设作为产业发展的基础，有利于承接产业转移，促进产业快速发展。促进农村发展，提高人民生活水平。

因此，为促进中心村发展，发挥中心村衔接作用，对零散布局的小村庄进行控制，将分散的几户、十来户集中到大村，加速中心村集聚。做好布局分散、农居村落小、土地利用率低的土地整理，旧村落、小村庄、闲置农村道路、农田水利设施、废弃独立工矿及农村未利用地的整理，实现城镇建设用地增加与农村建设用地减少相挂钩。同时，把工业化、现代化与乡村发展紧密结合，统筹城乡人口流动、生产要素配置和公共资源分配，加强中心村基础设施和公共服务建设，减少城乡差距，促进经济协调发展。

五、社区

实行乡村振兴战略是一个相对漫长的过程，要运用科学方式方法，调动各方资源与力量，统筹性、系统性、持续性的推进实施。农村社区建设是城乡发展的结合点、关键点和增长点，也是乡村振兴的有效途径，因此在经济新常态背景下，为促进农村快速发展，需创新农村社区模式。

农村社区应当根据要素禀赋，因地制宜的建设新社区。(1)平原发达型。平原发达型社区是指社区所处的地理位置在平原地区，较容易进行农村社区基础设施建设，因此该类社区有着较大的发展潜力。因此，该类社区应当坚持“以城带乡、以乡促城”原则，大力推进农业农村现代化，引导农民向城镇聚集，同时加速城乡资本和产业向农村转移，形成新型城乡产业结构和互惠体系；(2)山区贫困县。该类社区地处偏远，经济条件相对落后，但由于周围村落有着共同的环境、文化及类似的资源禀赋，村民的认同感和归属感较强，有利于促进群众积极参与和治理合力，注重发挥利益协商机制；(3)两型社会型。结合农村社区建设特点，把节约并高效利用资源放在战略高度，注重生态环境可持续发展。以人为本，以健康、环保、和谐为理念，实现社区的可持续发展；(4)城郊生态文化型。在城镇边缘或者城镇化水平较高的农村社区，充分利用该地区城郊乡镇的区位优势、资源优势和产业优势，积极围绕休闲、生态、观光、文化等产业的发展，同时充分利用交通优势，以此为契机进一步完善农村社区的基础设施建设，完善社区的公共服务功能。

因此，县城、重点镇、中心镇、中心村及社区作为农村城镇化的主要载体，作为城乡融合发展的结合点和关键点，在乡村建设、城镇化及社会经济发展方面都有着不可或缺的作用。

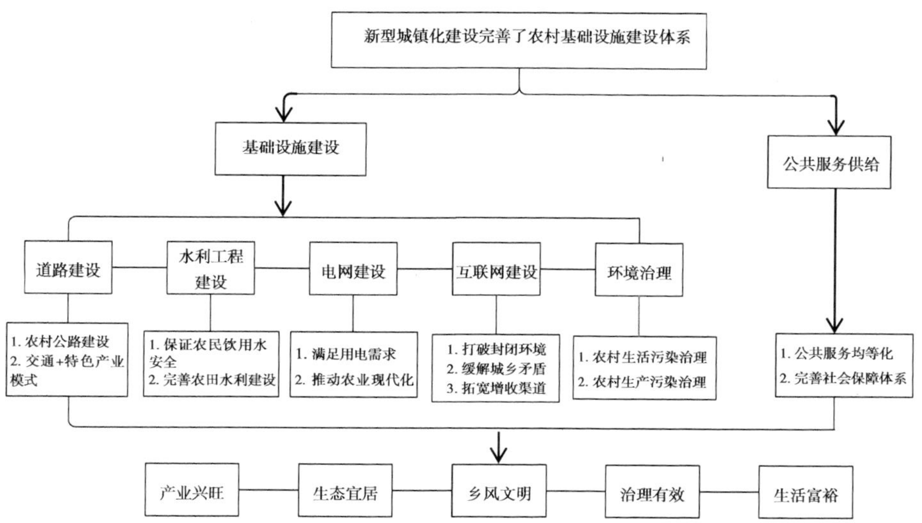

图 4-5　基础设施关系图

第三节　基础支撑

农业农村农民的发展离不开农村城镇化,而完善基础设施建设和公共服务供给是乡村振兴战略的前提和基础,具体包括农田、水利等农业生产基础设施,道路、电路等生活基础设施,以及医疗、教育等社会保障等公共服务供给。

一、确保乡村交通先行

农村公路是乡村振兴战略的基石。全面奔小康,关键在农村;农村奔小康,基础在交通。谚语“要想富,先修路”、“公路通,百业兴”充分体现了农村公路在农村经济社会发展和农民生产生活中的重要作用。(1)是实现农村城镇化的基础。农村城镇化建设并不是简单的“人上楼”,还包括社会城镇化,即城镇公共基础设施建设。而道路通畅作为公共基础设施建设的重要内容之一,对农村生产和生活都有着重要作用。从生产上来说,道路通畅保障农村与外界的联系,有利于农业现代化及产业多元化发展,为实现2020年全面脱贫奠定基础;从生活上来说,道路通畅为人们生活提供了便利,极大改善农民的生活环境。(2)是实现产业融合发展的基础。农村道路建设关系到农村产业兴旺、农民致富及农业发展,是农村经济发展的必要条件之一。农村公路的建设,犹如打通了乡村振兴的发展脉络,有利于“工业反哺农业”促进农业工业化及现代化的发展,提高农业劳动效率;有利于非农项目引进及食品加工等制造业的发展,促进农村产业结构的优化升级。同时以交通为引线,围绕当地特色,因地制宜采用农村交通+旅游、农村交通+康养、农村交通+健身、农村交通+特色产业等模式,促进农村特色产业融合发展。(3)是社会主义市场经济的必然要求。农村公路建设是农村经济发展的基础性、先导性设施,是农村经济发展的必然要求。加快农村公路建设,改善农村交通情况,有利于农民更好地适应市场需求,从需求侧加强农产品的生产及加工,提高农产品质量,满足人们对美好事物的需求，缓和社会主要矛盾，促进我国社会主义市场经济健康可持续发展。

党的十八大到 2017 年底，为解决农民出行难问题，全国新建公路达 127.5 万公里，极大的改善农民的生活条件，加强农民与外界的联系，农村交通基础设施建设既要注重数量，为农村提供便利的出行条件，也要注重道路质量与维护，使得更多农民享受交通便利带来的好处。现阶段，农村道路出现交通基础设施建设质量不高，道路破损严重等现象，造成道路利用效率低下，维修费用过高等问题。因此，农村公路建设不仅要从实用性出发，注重“条条道路通到村”的数量建设，也要注重农村道路“质”的提高。在推进农村公路向家门口延伸，打通“最后一公里”，保障乡村发展畅通的同时，也要加强农村道路质量建设，加强道路维修监管，构筑乡村发展之路。

二、保障水利工程建设

水资源作为人类生活及生产必不可少的要素，水利工程建设是乡村振兴战略中的基础性工程建设，是影响乡村振兴的短板之一。

(1)农村饮用水保障工程建设方面。水资源作为农村基础的生产生活资料，乡村振兴及农村城镇化的发展离不开水利工程建设，解决农民生活用水及用水安全问题，是农民生产生活的最低保障，是乡村振兴战略需要解决的最主要、最紧迫的民生基础设施建设问题。近年来，农村饮用水保障工程建设以取得了很大的突破，但受地理条件等外界因素影响，尤其是在西部地区，保障农村饮用水安全还存在许多挑战。具体而言，由于水资源在空间和时间上分布不均衡，造成西部地区，尤其是西北地区用水困难。乡村振兴应当以农民为中心，推动农村水利工程建设，切实解决农民安全用水等民生问题。从实际出发，合理安排，使得家家通上自来水的同时，保障用水安全，维护农民生存的基本权利。

(2)生产性水利工程建设方面。农田水利工程建设是农业发展的基础，农田水利工程的建设满足农作物生长的需求，提高农作物产量，提高农业的生产效率。加强农田水利工程的建设，加强和完善农田水利条件，使之与农村生产相匹配，促进农业现代化的发展。加强生产水利工程建设，一方面要保障水资源的合理配置，促进南水北调工程的顺利开展，以保障水资源在时间和空间上的优化配置，同时也要做好蓄水工作，确保农村生产用水充足；另一方面，也要提高农业生产用水的效率，运用现代化的灌溉、排土等方式，提高农业用水效率，减少水资源浪费的同时，提高了农业现代化的发展。同时，强化政府扶持，注重加强顶层制度建设，加强农村供水设施产权制度、农村水利设施建设管理机制等多方面的改革，引入社会资本，拓宽融资渠道。

三、完善农村电网建设

农村电网改造升级是补齐基础设施短板的重要内容，是全面建成小康社会、服务“三农”的重要保障。随着农村城镇化步伐的加快和科学技术的发展，先进的现代机械设备、家用电器、通信设施等日趋普及，农村生活生产用电需求越来越大、要求越来越高，用电难成了很多地区发展的“拦路虎”，尤其是西部地区电力不足成为制约其发展的重要因素之一。(1)从电力供给方面来看。虽然我国大部分实现了村村通电，但农村供电可靠性和供电质量不高、电压不稳定、供电能力不足、服务水平不高，原有的低压线路已无法满足农村日益增长的用电需求，造成农村电力供给不足以满足需求的矛盾；(2)从电力需求方面来看。农村工业化也离不开电网工程的建设，农业的种植与初加工生产采取工业化模式，如自动灌溉及排水技术、农业大棚的建设等。农业生产用电也占农村用电的大部分，供电质量不高、电压不稳既不利于农业生产率提高，也存在很大的安全隐患。

政府必须发挥主观能动性，加强制度等顶层设计，加快推进农村电网及电网改造工程建设，制定农村用电通电标准，解决农村通电、电压过低、重载荷等问题，全面提升农村用电质量，从实际出发，合理规划、步步推进，切实解决农村生产生活用电等民生问题。拓宽电网建设等工程的资金来源,以政府为主导引入社会资本,促进电力非公资本在我国公共基础建设中的作用,加强农村电网建设及电网改造工程,完善电力配套设施建设,特别是偏远山区等欠发达地区的电网改造工程,在保证家家通电的同时,提升供电保障能力,保障农民用电安全。

四、加强互联网在农村覆盖率

互联网是实现农村与外界联系的软件设施建设,但在欠发达地区和偏远山区网络互联互通依然是制约农村发展的关键,如有线宽带网络、移动通信网络无法到达农村等。(1)农村互联网及通讯工程建设是解决贫困问题的必然要求。全面脱贫应从提高人的素质和能力上入手,互联网及通讯基础工程建设,打破了农村封闭的生活模式,加强农村与发达地区的联系,从精神层面和意识形态上提高村民的思想,有利于我国精准扶贫战略的实施。(2)是解决城乡矛盾必然趋势。牺牲农业资本积累为发展工业及优先发展东部沿海地区的政策,造成我国东西部经济发展不平衡及农村与城市发展不平衡不充分的矛盾。互联网及通讯工程建设完善农村基础设施,有利于缩小农村差距,缓解城乡矛盾,也会吸引大量的企业入驻,改善农村的产业结构,同时吸引劳动力从工业部门向农业部门回流。(3)是提高农民收入必然要求。随着科学技术的发展,大数据和"互联网+"的时代已经到来,我国涌现出一大批电商小企业,促进了我国物联网的发展。随着农产品加工和电商的发展,农民通过互联网实现产品的销售,让农民及乡镇企业足不出户实现发家致富。

以村村通"信息高速公路"为目标,完善农村互联网建设,提升农村网络服务质量,实现农村与世界的互联互通。加强农村互联网建设,在要完善农村"光纤入户"等互联网工程建设等同时,还要加强农民对互联网知识和使用等培训,加强农民对互联网的认知及使用,推动互联网技术与乡村振兴的融合,让农产品通过互联网走出乡村。

五、改善优化美化环境

“绿水青山就是金山银山”，而生态宜居则是乡村振兴战略重要的亮点，在促进农村产业兴旺的同时也要侧重生态环境的保护。要实现环境宜居首先要解决环境污染问题，农村环境污染主要包括生活垃圾和污水、农业面源污染以及企业产生的污染等。在过去的很多年，提到环境保护和污染防治往往是侧重于城市和工业部门，对农业和农村污染防治投入的力量和资金都很有限，但随着我国工业化的发展，农业污染也不容小觑。据统计，我国农业生产过程中产生的污染主要来自以下几方面：（1）化肥过度使用。目前我国化肥的有效利用率仅在30%—40%，大部分养分流失进入环境，造成土壤、地表水、地下水等立体污染；（2）农药的大量使用，而农药的利用率低；（3）规模化畜禽养殖造成的污染严重；（4）农膜的大量使用形成了“白色污染”。同时，由于农业污染具有隐藏性、长期性和分散性的特点，因此农业污染的治理非常繁琐。

加大环境的保护力度，做到以下几点：（1）防止农村环境污染。农村环境保护应当以预防为主，产业兴旺基础上也要保护农村环境，促进农村经济可持续发展。在促进农业发展、农民增收前提下，实行预防为主、源头减排，通过规模化经营，实现农业发展和环境保护“双赢”。（2）多措并举开展农村环境保护。做好顶层设计，建立长效绿色发展机制，以资金投入引导农村产业向绿色可持续发展产业转变。推行绿色生产方式，减少对生态环境造成巨大破坏的化学农药及化肥的使用，大力推广测土配方施肥，开展有机肥替代化肥试点，加速生物农药、绿色饲料推广运用。全面加强畜禽养殖污染的管理与整治，引导农民建立标准化的养殖场，建设一批农牧结合、种养平衡、生态循环的现代农业示范园区。积极开展畜禽粪便还田、秸秆综合利用、农膜回收处理等试点。（3）创新生产与管理模式。减少产品生产对环境造成的污染，从加工生产源头出发到产品生产环节至最后的产品包装及出库，加强各环节的监管，以先进的方法对生产废弃物进行处理，防止生产废弃物未经处理排入土地、河流等自然环境。加强农产品及农产品加工品的追踪,建立环境保护考核机制,以绿色 GDP 作为领导班子考核的重要指标,杜绝为经济发展而牺牲环境的行为。

六、加强公共服务供给

乡村振兴和新型农村城镇化既需要加强水、电、路、网方面的基础设施建设,也推进医疗、文化教育等方面公共服务的供给。而消除城乡二元结构,缩小城乡差距,一方面体现农民收入水平提升上,另一方面也体现社会保障等公共服务供给上,因此要完善农村基础设施建设,保障农村用水、用电及道路通畅等方面的基础设施建设,也应当加强公共服务供给,加农村社会保障、农村医疗卫生、农村教育等民生领域公共服务。(1)制定合理的公共服务保障机制。在目前城乡居民养老保障和医疗保险统一并轨基础上,不断提高城乡统筹水平,从根本上缩小城乡居民养老、医疗、教育差距;(2)推行新型农村保险制度。保障农民生存的基本权利,让农民“老有所养、病有所医”,缩减农民与市民社会保障上的差距;(3)推行农村实行九年义务教育。人力资本作为经济发展的主要动力,人力资本的提升才会促进社会的发展,尤其是在深度贫困地区,让适龄儿童接受教育,缩减农民与市民教育水平上的差距。

因此,不仅需要在硬件设施方面加强基础设施建设,还有从软设施上加强供给,为乡村发展提供健全的社会保障体系。

第四节　多元主体

乡村振兴及农村城镇化建设实现离不开多元主体的共同参与。首先,政府作为乡村振兴战略的倡导者和主导者,应当加强顶层设计,从整体上引导乡村发展;其次,村集体作为乡村治理的基本单元,根据乡村实际情况引导乡村走集体经济之路;第三,企业作为市场的重要主体之一,应当以先进技术、产业管理模式及人才来引领农村经济发展；第四，社会组织作为社会治理中的第三方，以经济发展理论及发展经验参与到乡村治理中；最后，农民作为乡村振兴的直接获益者，应当发挥主观能动性积极参与到农村城镇化及乡村振兴中，改善自身生活水平。

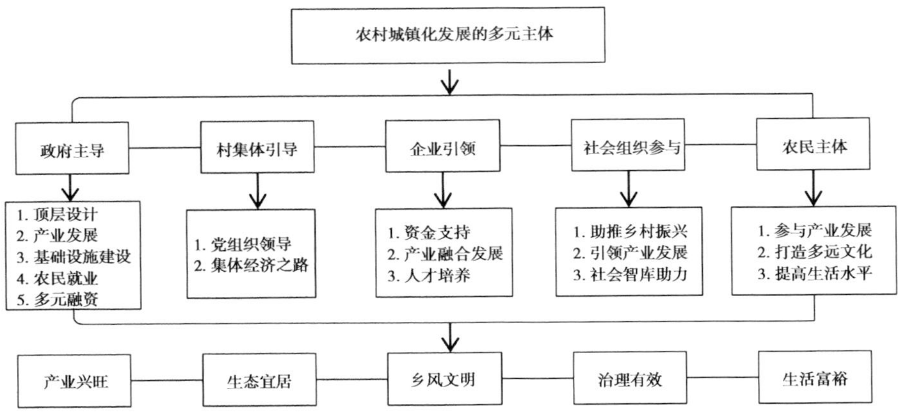

图 4-6　多元主体关系图

一、政府作为乡村振兴战略的主导者

非均衡发展战略造成中西部发展不均衡和城乡发展之间的矛盾，使得大量劳动力涌入东部地区及城市，同时也造成东部地区及城市公共资源紧张等问题。政府作为乡村振兴战略的主导者，应当做好战略发展的顶层设计、完善公共设施建设、引领产业发展等，具体如下：(1)做好乡村振兴的顶层设计。明确政策的科学内涵及前进方向，保证乡村及中下城镇的发展。完善土地等制度，主要表现在完善设施农用地政策及农村土地复合利用方面，有利于农业生产效率及水平的提高，有利于农村产业多元化的发展，为中小城镇带动乡村发展奠定基础。但设施农用地具有布局分散、使用周期短、类型界定模糊等特点，也应当加强对该地的监管，防止侵占永久性的基本农田。(2)政府引导乡村产业发展。产业发展作为乡村城镇化实施的经济基础，是中小城镇发展中重要的一环节。中小城镇基础设施薄弱、人才少等，难以形成当地的产业，无法从基础上解决农村城镇化的问题。政府根据要素禀赋及特点，制定科学产业规划，以市场为导向，生产优质产品；发挥中小城镇的辐射作用，带动农村产业多元化发展。(3)加强基础设施建设。政府应当发挥其作用，加强中小城镇公共基础设施建设，按城市发展规划，加强水、电、交通及互联网的建设，完善小城基本功能，提高城镇综合承载能力，为当地产业的发展奠定物质基础。加强农村生活基础设施建设及农业生产设施的建设，减少与城市的差距，为产业的发展带来劳动力。(4)加强培训并指导农民就业。人力资本作为一种资本，对工作及收入有着重要的影响，人力资本的提高有利于经济高质量发展。吸引外来人才促进乡镇产业发展，加强农民工培训平台的建设，培养农民工的职业技能、职业素养及敬业精神，增强其职业规划，提高农民融入城市的能力。(5)建立多元融资方式。资金短缺是限制乡镇产业发展的重要原因，国企乡镇产业的发展大多依靠自有资金及政府建设项目资金，资金来源渠道单一。政府应当引导企业改变融资观念，拓宽融资渠道，建立政府、企业、银行、个人的多元化投机机制，吸收社会闲散资金，完善资金来源渠道。

二、村集体作为乡村振兴的引导者

“城镇化”或“农村城镇化”是指县及县以下农村乡镇在现代经济发展的基础上，农业富余人口在本土乡镇集中、集聚的过程，是指在原有城乡二元结构的基础上，在农村地区发展以乡镇为载体的一批小城镇。这种新生的小城镇在产业布局、经济发展、体制创新、村庄改造、人口集聚等方面是一个整体，形成农业和非农产业、小城镇和农村社区之间的相互依赖、相互支撑的格局，为最终突破城乡二元结构和体制奠定基础。村集体经济的实施是乡村振兴和农村城镇化的重要支撑。在政治上，有利于提高基层党组织的领导能力，加强党组织的服务能力，促进乡村振兴。农村基层组织作为我国社会组织的基层单元，承担着基层建设与发展的重要责任，但目前部分基层党组织服务功能弱化，在群众中缺乏组织力与领导力，影响党在农村的引领发展作用，因此应当大力发展村集体经济，凝聚党心民心，带动人民脱贫致富；在经济上，我国实行小农经济，农业农村发展基础薄弱，专业化程度低，因此应当走集体经济之路，发展农业生产规模化、市场化，农村发展现代化等，补齐脱贫攻坚最后一块短板。

因此，村集体即作为政策执行者，又为农村经济发展引领者，应当发挥其职能与作用。(1)统一管理。对原有资产资源资金进行全面清产核资，有效整理。以集体“三资”为主体，对无劳动能力的农民、外出打工农民土地进行统一规划、统一耕种、统一收储、统一购销，发展适度规模经营；(2)统一用工。组织农村剩余闲散劳动力，加强其职业技能培训，促进农村劳动力由农业部门向工业部门转移；(3)统一筹资。农村股份经济合作社作为一个特殊的独立法人，拓宽资金来源，运用民间投资、社会资本等非公资本，增强集体经济发展动力，推动集体经济多元发展。村集体作为我国行政管理的最基本的单元，村集体经济的发展有利于聚集全村之力，在政治、经济、文化上促进乡村振兴发展，同时也为农村城镇化建设奠定基础。

三、企业作为乡村振兴的引领者

城镇化建设吸引大量企业投资，带来大量的资金、技术及先进的生产力，促进城镇经济的发展。(1)企业为乡村发展带来资金。乡村产业发展离不开资金的支持，但小农经济造成经济基础薄弱，无法进行大规模农业投资。农业生产时间长、市场与天气等不确定因素，加大了农业的投资风险。农民自有资本不足以支撑现代农业发展，需要企业引导工商资本投资于农业，解决农业发展资金短缺的问题。而企业为农民提供担保，丰富了农业资金来源，为农业规模化生产奠定基础；(2)企业引领农村三产融合发展。企业的进驻为农业的发展带来先进的技术，提高农业生产效率及产品质量，加快农业现代化进程。企业的进入，有利于打通产业链中上下游关系，引导农民与上下游企业形成相关利益机制，促进产业融合的发展；(3)企业培养大量的乡村技术人员。由于城乡发展不均衡及城乡二元结构问题，大部分农村劳动力由农村流向城市，村庄空心化、农户空巢化、农民老龄化问题不断加剧，因此乡村振兴中，如何留住年轻劳动力、留住人才成为乡村发展的关键。企业一方面加大人才引进，招聘大量大学生加入乡镇产业中；另一方面，吸收从农村释放出的劳动力，同时培养其职业技能、职业素养及敬业精神，引导农民身份的转变。促进农村空心化、农民老龄化问题的解决，也为农村产业融合发展提供劳动力支持。

而企业作为产业链上的主要参与者，企业的进驻为农村发展带来的资金、技术及先进的生产力，增加农民收入，提高农业生产效率，丰富农村产业发展形式。因此，企业在农村振兴中扮演着参与者、组织者、培训者及引导者的角色，乡村振兴离不开企业的参与。

四、社会组织为乡村振兴的参与者

调动一切可以调动的社会力量，激发社会组织的活力，参与到社会治理中来。社会组织作为社会治理中的第三方，在承担公共决策服务与经济发展中扮演着重要的角色。(1)社会组织助推乡村振兴发展。社会组织督促政府加大乡村建设的培育发展与规范管理，改善农村现有经济发展环境，鼓励农民积极创业。拓宽资金来源，引导非公资本及社会闲散资本的投入，为乡村承接中小城镇发展奠定经济基础；(2)社会组织引领产业兴旺。协助农村进行资源整合，根据其自身比较优势与要素禀赋，结合产业链上下游企业促进农村三产融合发展。在大众创新、万众创新背景下，鼓励村民运用“互联网+”平台进行创业，带动农村经济的发展；(3)社会智库引领乡村发展。社会组织范围十分广阔，包括企事业单位、社会团体等，社会智库作为社会组织中重要组成部分，运用专业知识理论体系，结合农村区域发展现状，为政府等决策部门提供相关政策。因此，社会组织发挥其角色与职能，提高乡村产业承接能力，完善乡村振兴发展机制。

五、农民为乡村振兴的主体者

在乡村振兴战略中，农民作为主要参与者，占主体地位。乡村振兴战略是解决“三农”问题的总抓手，农民作为最终的受益者，农民生活水平的提高及收入的增加是衡量乡村振兴战略的标准之一；农民生长在农村，生活在农村，是乡村振兴战略的主要参与者与建设者。（1）促进农村三产融合发展。产业兴旺是乡村振兴的基础，农村经济的发展离不开农民的付出与努力。农民作为乡村振兴的主体，发挥主观能动性，提高农业现代化水平。同时，发挥乡村比较优势整合资源，优化乡村产业组织、产业结构、产业布局及产业关联，提高农村产品竞争力。运用“互联网+”技术，运用信息、科技等提高农村产业水平，加大发展模式及治理模式创新，促进产业结构升级，使得农村产业多元化发展。（2）引领乡村乡风文明。随着农村城镇化的发展，生活水平的提高，人民需求不再仅限于物质需求，还包括精神需求、文化需求等。农民最能理解农耕文化的精髓，传承与弘扬农耕文化，将其植入到乡村发展中，打造具有农耕文化特色的小镇，如农业型特色小镇、历史型特色小镇等，促进乡村文化自信、乡风文明。（3）带动农村实现生活富裕。生活富裕是实行乡村振兴战略的目标，也是乡村振兴战略的考核指标之一。农村城镇化的发展，带动了中小城镇产业的振兴，增加了农民的收入，丰富的农民经济来源渠道。为农民创造了更多的就业机会，吸引了中小城镇周边剩余的农村劳动力，促进了农业劳动力的转移。依托创新创业平台，促进外出务工人员返乡创业。（4）打造乡村生态宜居的生活环境。农村城镇化丰富了农村产业发展结构，但随之而来的是环境问题，如农耕地被占用、农产品加工废水处理、原材料垃圾处理等，农民作为农村主体，加强农村生活垃圾及工业垃圾处理，促进乡村生活、生产的有序循环。立足于绿色生态，积极探索农业文化、农业旅游、农业信息等发展模式，发展绿色创新产业。

第五节　发展形态

区域经济发展是自然禀赋、区位条件、经济状况、产业结构、人力资本及文化习俗等各因素相互作用的过程，其中自然禀赋、区位条件等因素是自然形成的条件，经济状况、产业结构、人力资本等在经济发展中形成经济基础，而人口包括村民、社会团体、政府在经济发展中发挥主体作用，发展形态变化主要体现在人口、产业、土地三要素。(1)要素结构变化引发乡镇发展变化，农村发展三大要素结构也发生变化。在人口结构方面，劳动力由第一产业向二三产业流动，由农村向城市转移。在产业结构上，第一产业在国民经济中的比重日益下降，二三产业比重日益上升。在土地方面，农村农耕地向住宅地转变，土地荒废现象严重。经济发展要素的变化影响区域发展环境的变化，从而为城乡经济发展带来新的契机。(2)三大要素之间相辅相成又相互制约。在人口方面，人口数量及质量的改变为产业发展提供智力支持，同时通过发挥主观能动性，优化土地使用方式及途径，释放土地潜力。加强土地的使用效率，提高

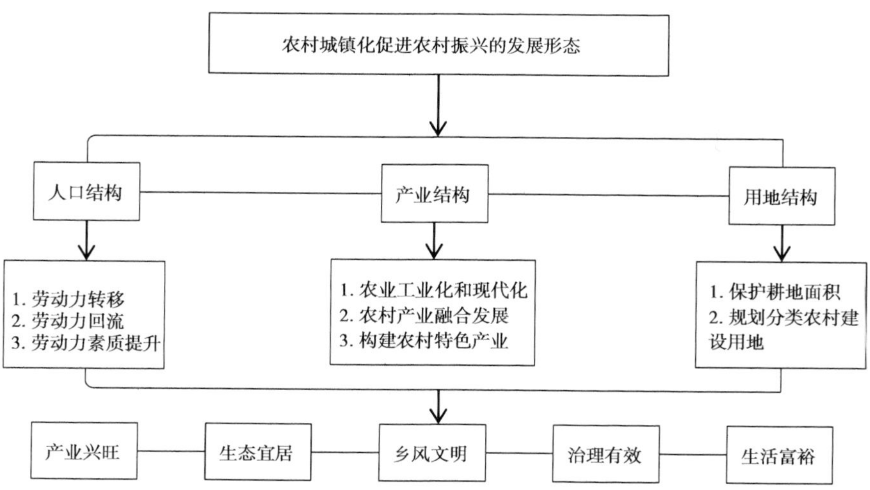

图 4-7　发展形态关系图

土地流转和经营,有利于农业规模经济,为农业现代化和农村三产融合提供空间。土地合理规划及城镇化建设,改善人们的生活环境,间接地促进产业的发展。产业为区域发展提供经济基础,拓宽了人们就业渠道,提高了人们的收入水平,为人们生活提供物质保障,也提高了土地利用效率。

一、人口结构

人口结构应与产业结构相匹配。我国有着5000年悠久的农耕文明,新中国成立初期,我国以农业为主,一产劳动力占绝大部分。工业化的加快发展,与之相应的工人数量在逐步增加,但农业劳动力数量还是占绝大多数。近年来,我国加快工业化和现代化进程,大力发展工业和服务业,促进了劳动力从农业部门向非农业部门的转移,劳动力形成以工业为主、服务次之、农业人口占比最少的局面,符合我国经济发展的方向。但我国优先发展东部城市不均衡发展战略,造成了劳动力大幅度转移及劳动力人口结构的变化。吸引了大量劳动力由农村向城市转移、由农业部门向非农部门转移,造成农村劳动力老龄化、土地荒废、留守儿童、空巢老人等社会问题;劳动力过度地向城市转移,加大不同地区人口密度差异,造成城市公共资源紧张、住房紧张等问题,使社会矛盾激化。

为促进乡村发展,提出"新型城镇化",通过产业结构转变,强调通过扩张城市转移农村人口。重视中小城镇发展,把县及县以下小城镇作为重点,鼓励农村劳动力就地就业,吸引外出务工劳动力返乡就业,另一方面吸收农村剩余劳动力由农业部门向非农部门转移,提高人们生活水平。农村城镇化实施以来,中小城镇加强基础设施建设,强化招商引资,一定程度上促进中小城镇的发展,引起部分劳动力回流,引导劳动力逐渐向二、三产业转移,劳动力结构变化促进了乡村发展。农村城镇化的产业发展加快了现代化步伐,中小城镇辐射作用又促进农业现代化发展,使得农业规模化发展,提升了土地使用效率。同时,农村现代化建设,释放出大量劳动力加入二、三产业,拓宽农民收入来源;园区建立吸引大量企业入驻,企业作为产业链中的主导者,从管理、技术、资金等方面促进农业发展,为乡村振兴奠定基础。

虽然劳动力结构变化推动了乡村振兴的进程,但与发达国家相比,我国乡村人口及第一产业人口比重还处于较高水平。据统计,2017 年我国乡村人口占比高达 43%,第一产业就业占比 27%。因此,应当坚定不移推动农村城镇化建设,加快乡村人口向城市人口的转变,加强农村现代化,促进劳动力向二、三产业转移。同时,从劳动力转移质量上来看,我国由村向城市转移的劳动力具有“精英移民”特征,进城劳动力在年龄、学历、性别等方面明显优于农村留守劳动力。因此,必须在降低农村劳动力占比的同时,提高劳动力质量。重视农民技能培养,建立农民培训平台,着力加强其职业技能、职业道德等培养,加快农民身份的转变;引导在城务工农村劳动力返乡工作,加强大学生人才引进项目,将先进技术、生产方式及经验模式引入农村,为产业融合奠定基础。

二、产业结构

经济发展对产业结构变动有着重要的影响,而产业结构调整与优化也会影响经济发展,在农村城镇化中,也要注重产业结构和农村发展之间的相互影响。(1)农村城镇化推动农村产业化进程。农业作为国民经济基础及农村发展的经济基础,随着经济的发展、国民收入的提高,人民注重产品质量的提高,而中小城镇汲取大中城市的精华,加强农业生产的转型升级,提高了农产品的质量,促进农业规模化、专业化生产,为农村产业多元化奠定基础。同时,农村城镇化为农业发展带去先进技术、资金及人才支持,有利于农村利用其当地要素禀赋及资源优势实现三产融合发展,也有利于改善农民生活环境及生活条件。(2)农村产业结构优化是农村城镇化的保障。农业产业优化升级有利于农业生产规模化、专业化,形成农村主导产业,发挥规模经济,推动农业工业化与现代化,加快农村城镇化进程。同时,农业产业结构优化升级,有利于农业生产效率及土地利用率的提高,释放出大量剩余劳动,引导农业劳动者向工业转化,为城镇化发展提供职业化人才。

但农村城镇化推进存在许多产业发展问题。(1)农业企业竞争力不强。民营企业规模不大、竞争力弱,不利于农村主导产业的发展。农村第三产业份额较低,服务行业还存在着许多空白;(2)基础设施建设水平低。农村城镇化并不是只是使“农民上楼”,而是要以产业为支撑,促进乡村振兴。但农村城镇基础设施建设较弱,阻碍农村规模经济的发展,阻碍了农村产业优化与升级。为促进农村产业结构优化调整,应做到:(1)调整中小城镇产业结构。根据当地资源优势与要素禀赋,以市场为指导,推动农村三产融合发展;(2)构建特色优势产业。构建农业特色优势产业,培养当地主导产业,提高该产业农产品质量,发挥品牌效应,促进农业特色产业体系建立;(3)加强农业工业化及现代化进程。农村工业化及现代化的深化有利于提高农业生产效率,释放出大量剩余劳动力,有利于促进农村劳动力向非农转移。

三、用地结构

土地作为生产生活的基础要素,具有重构城乡空间结构、保证粮食食品安全、统筹城乡发展及改善人民生活环境等作用,是乡村振兴和农村城镇化的基础。从生产上来看,加强土地的使用效率,提高土地流转和经营,有利于发展农业规模经济的发展,为农业现代化发展和三产融合提供空间;从生活上来说,土地合理规划及城镇化建设改善人们生活环境,间接地促进产业发展,有利于推动农村城镇化建设进程。传统意义上的土地整治一般是指保护耕地范围,防止工业侵占耕地面积;提高耕地质量,优化耕地及人们宅基地布局,大部分强调耕地面积的保护。当前,土地优化及整治不仅表现在居住环境和公共服务等物质层面的提升,更体现于提高土地使用效率,促进乡村健康持续发展。(1)激活土地利用价值。以土地结构整合为切入点,加强与现代农业、体验农业、观光农业等多元农业的有机融合,转变土地利用方式,促进人口向非农部门流动,实现“人口—土地—产业”三要素协调;(2)加强土地整治力度。

根据土地类型、数量及质量，对土地进行重新分配，优化土地使用方式，既保护农业耕地面积，也有利于村容村貌的治理。

用地结构的优化分为两部分，农用地结构整合及农业建设用地结构整合。农用地作为农业及农村发展的基础，主要是对其生产方式及效率进行优化，改善农业和生产条件，提高耕地质量，增加有效耕种面积，保障粮食安全，同时促进以农产品为链接纽带的产业链发展，提高人民的收入水平和就业选择，优化乡村产业发展结构，促进农业劳动力转型；农用建设用地在于完善农业生产基础设施建设，促进农产品生产效率的提高，引导人口聚集、产业集中，实现城市资本与农村土地资源的良性互动。农村城镇化离不开土地要素的参与，从农用地上来看，分为良田改造型、产业引导型、规模集约型、以水定地型、生态保护型、景观文化型土地等类型。(1)良田改造型土地。其目的在于改善保护耕作条件，提高耕地质量，增加耕地面积，确保粮食安全。这是农用地的基本价值体现，应当以工业化引领农业现代化和产业化的发展，促进农业规模化经营。(2)产业引领型土地。将土地与现代化农业有机结合，形成规模效益，促进农村产业化、规模化及集约化发展。(3)以水定地型用地。遵循水等自然资源对农业生产活动影响，推动节水农业发展，完善农业水利灌溉等设施。(4)生态保护型用地。根据当地自然资源推动农村发展，维护产业与生态环境之间协调关系，实现“天更蓝，水更绿，山更青”等生态宜居目标。(5)景观文化型用地。提高农田景观文化功能及观光休闲功能，提高农田观赏价值，实现农田生产粮食等基本属性，促进当地旅游业等发展。

农村城镇化要处理好农业与其他产业之间关系，即有效解决农用田和农村建设用地之间的矛盾，对农村建设用地进行分类及规划，促进土地使用效率。(1)迁村并点型。依托中心村集聚效应，完善基础设施建设和公共服务供给，促进农村发展，改善农民生活，实现以农产品为中心的产业链发展，促进农村城镇化建设。(2)集约发展型。增强传统村庄内生能力，促进农业产业化、集约化、规模化，有序引导劳动力向非农部门转移。(3)城镇社区型。改善距离中心城市较近、区位较好村庄人居环境，综合城镇整体规划，加强农村产业承接力，推动农村产业多元化发展。(4)景观田园型。根据当地要素禀赋及资源，发展特色小镇，如历史文化名村、传统部落等，促进农村旅游服务业多元发展。

第六节　环境优化

不可否认，农村城镇化提高了农业工业化及现代化水平，促进农村产业多元化发展，改善了农民的生活条件，但同时也带来严重的环境污染等问题。工矿业和城市生活污染向农业转移排放，农产品产地环境质量下降；化肥、农药长期不合理且过量使用，畜禽粪便、农作物秸秆和农田残膜等农业废弃物不合理处置，造成农业面源污染日益严重。“绿水青山就是金山银山”、“天更蓝，水更绿，山更青”，在实现“产业兴旺”的同时，也要实现“生态宜居”可持续发展目标。因此，如何协调中小城镇与环境优化两者关系，如何在保护环境情况下促进经济增长，是亟需解决的问题。

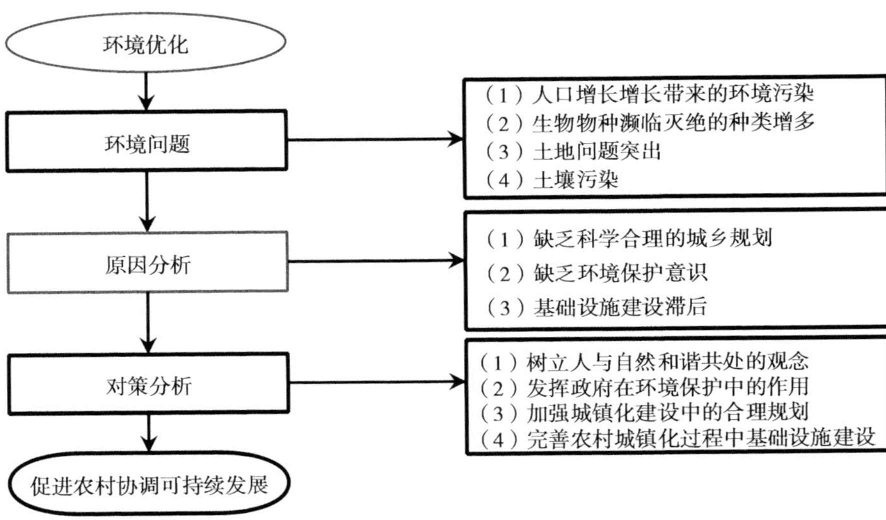

图 4-8　环境优化关系图

一、环境问题的表现

经济与环境效应两者相互影响,是相辅相成关系。经济效益往往收效快,效果明显,而环境效益具有隐藏性、长期性和分散性特性,存在一定的滞后性,忽视环境效应而注重经济效益会造成经济的片面和不可持续发展,甚至会阻碍经济的发展。(1)人口增长带来环境污染。人口聚集加重中小城镇水、电、煤等自然资源等消耗,增加了生活垃圾、废气、废水等废弃物排放;人口增长加大了地区的承载力度,造成该地区资源匮乏,对环境造成破坏。(2)生物物种濒临灭绝种类增多。自然环境是人与动物赖以生存的栖息地,也是人类生产及生活的动能来源。由于思想意识浅薄,开发缺乏规划,砍伐树木、占用耕地等现象屡见不鲜,造成自然环境的破坏,危及原有物种的生活环境,使得城镇周边物种多样性受到威胁。(3)土地污染问题突出。缺乏合理的土地利用规划及城镇发展规划,大量的农田被占宅基地建设及产业生产占用,造成土地资源的浪费,也使得我国人地矛盾突出。化肥的过度使用,造成土壤、地表水、地下水等立体污染,规模化畜禽养殖造成的污染严重。(4)企业污染影响生态环境。乡镇企业粗放型生产方式与经营特点,造成当地资源的浪费与枯竭,工业排放的废水、废气及废渣也严重影响农村的生态环境,不利于农村健康可持续发展。

二、问题及原因分析

农村城镇化虽取得一定的经济效应,但也造成环境治理难题,影响了人们的生产与生活,不利于中小城镇健康可持续发展。(1)城乡规划执行偏误。为减少城乡差距,缓解社会矛盾,我国实行“工业反哺农业”、“城市支持农村”的战略,但城镇化建设布局散乱、区位功能定位不明确,造成土地资源浪费,引发农用地与农村建设用地矛盾;(2)缺乏环境保护意识。政府为完成城镇化指标,更多注重经济效益,仍然使用传统的粗放型发展方式促进当地经济增长;重开发、轻保护,忽视社会效应和环境效应。重眼前利益,忽视长远利益,大肆开发资源、兴建厂房,造成土地等自然资源的过度开发及浪费;(3)基础设施建设滞后。城镇环保基础设施建设与经济发展不匹配,造成生活垃圾和废水处理能力不强,工业废弃物排放处置水平低等,不利于农民的生产与生活;(4)城镇环境监管能力弱。环境监管是保护环境的重要手段,加强环境监管有利于减少生活及生产废弃物乱排放问题,也有利于加强人们环保意识。工业和生活乱排乱放处罚标准低,缺乏健全环境保护机制,无法实现有效的统一监管。

三、环境优化的对策

农民、政府、企业等作为农村城镇化建设等主要参与者,都有着促进农村经济发展和保护环境等社会责任,应当发挥参与者主体的主观能动性,积极参与到中小城镇环境治理中来,促进中小城镇健康可持续发展。(1)加强环境保护意识。党的十九大报告把"坚持人与自然和谐共生"作为新时代坚持和发展中国特色社会主义的基本方略之一,既要创造更多物质财富和精神财富,也要提供更多优质生态产品以满足人民日益增长的优美生态环境需要。因此,加强农村城镇化要促进农村经济增长满足人们的物质需求,也要加强生态环境保护满足人民日益增长的优美生态环境需要。"生态宜居"作为乡村振兴战略的目标之一,进一步阐述了农村经济发展与环境保护的关系。(2)发挥政府环保中的作用。完善农村城镇化过程中的管理机制,将环境收益纳入城镇化考核标准中。加强监督,以法律法规来规范企业行为。对企业加强监督,出台相关法律法规,约束企业行为,以法律形式保护农村与生态环境的可持续发展。(3)科学制定城镇化规划。统筹多方力量,充分调动一切可以调动的力量,科学规划、整体协调、有步骤、有计划、有重点的推动农村城镇化与环境的协调发展。坚持"城镇要建设,规划要先行"方针,根据其地理位置、功能及土地质量等因素合理分配农用地及建设用地。因地制宜,发展绿色经济,提高产品质量，树立品牌效应，引导农村绿色经济持续发展。(4)完善基础设施建设。完善配套的基础设施有利于提高产业的生产效率，促进农村产业多元化发展，也承载着环境保护功能。农村城镇化通过集聚效应将人和企业聚集在一起生产生活，有利于农村治理，但也产生了大量生活、生产垃圾。因此，政府财政投入的前提下，引导非公资本进入，拓宽基础设施资金来源，完善城镇化中的基础设施建设。

第五章　西部地区农村城镇化促进乡村振兴的效应分析

“乡村振兴”将乡村建设提到战略高度，以“创新、协调、绿色、开放、共享”新发展理念为导向，以“产业兴旺、生态宜居、乡风文明、治理有效、生活富裕”为总要求，促进“农村优先发展，实现城乡融合发展”。自 2014 年以来，我国开启新型城镇化综合试点的探索，至 2017 年，全国共有 403 个特色小镇，2020 年全国新型城镇数量达 1000 个。中小城镇作为城市和农村的链接点，以其辐射功能带动农村发展，缩减城乡差距，缓和社会收入分配矛盾。“乡村振兴”战略下，农村城镇化被赋予更丰富的内涵，“以人为本”，注重保护农民利益，与农业现代化相辅相成；不是简单的城市人口比例增加和规模扩张，更强调人口城镇化的同时也蕴含着经济城镇化、公共基础设施建设和公共服务供给等，以及人居环境改善等，实现城乡融合和可持续发展。因此，农村城镇化应与乡村振兴结合，本部分主要研究农村城镇化推进对乡村振兴在产业发展、文化兴盛、生活富裕、生态宜居等方面的影响效应。

第一节　乡村振兴战略的背景、内涵及路径

一、乡村振兴战略的背景

乡村振兴战略是在基于我国国情、深刻认识城乡关系及农村现代化水平

上提出的，对我国经济现代化及实现“两个百年”伟大目标有着重大的意义。（1）乡村振兴是实现中华民族伟大复兴的必然要求。我国是一个有着悠久渊源历史的农耕文明的国家，农业是我国国民经济的基础。农业通过剪刀差、税收和高储蓄低消费等方式为工业化提供原始积累，1952—1990 年农业为工业化资金等积累达 11594 亿元；随着市场经济体制的建立，以征用方式从农村获取土地资源成为原始积累的另一种形式；政府先后推出农村劳动力流动及“低工资”政策。这些以农业原始积累来促进工业发展的策略，是城乡发展差异的来源，应重视农村振兴的发展，以农村城镇化作为促进乡村振兴的必要手段之一，促进农村经济、文化等协调发展，实现中华民族伟大复兴。（2）乡村振兴是建设社会主义现代化国家的必然要求。产业的发展会促进劳动力产业间的流动，劳动力会从农业部门向非农业部门流动，达到促进经济增长的目的。随着二三产业的发展及劳动力流动，2017 年农业劳动力占比为 27%，但与发达国家农业劳动力占比 3%以下的水平相比，还是处于较高的状态，说明我国农村劳动力数量较为庞大，农业生产效率有较大的提升空间，农业工业化和现代化的发展水平低。因此，以农村城镇化带动三产融合发展，促进劳动力由农业部门向非农部门转移，提高生产效率，加强农村在经济、文化、生态及社会等各方面的治理。（3）乡村振兴战略是新时期乡村发展的新任务。乡村振兴战略相对于社会主义新农村建设有着更高的要求，各地应当立足地方实际情况，以乡村振兴战略为指导，补齐“三农”短板，促进经济健康和谐发展。

二、乡村振兴战略的内涵

乡村振兴以“产业兴旺”为重点，“生态宜居”为关键，“乡风文明”为保障，“治理有效”为基础，“生活富裕”为根本，其目的在于坚持农业农村优先发展，坚持农民主体地位，坚持城乡融合发展，坚持人与自然和谐共生，坚持因地制宜、循序渐进，促进乡村全面振兴。

（一）产业兴旺为重点

产业作为乡村振兴的重点，与社会主义新农村建设的“生产发展”不同，从根本上进一步阐释产业是驱动经济发展动力。以“工业反哺农业”提高农业生产效率，促进农业工业化及现代化的发展；农业发展符合趋势，以农产品为中心，以企业为业态支撑，丰富农村产业发展方式；经济新常态的背景下，我国主要社会矛盾发生变化，由产品数量不足向产品质量不足转变，以高质、安全、健康的农产品来满足人们对美好生活的需求。产业兴旺带动农村经济发展，不仅仅是要在数量上促进农村经济增长，且应当以农村供给侧改革为指导，以创新驱动为动力，加强产业质量的发展；根据当地要素资源禀赋，发挥比较优势，建立特色产业、龙头产业，保持农村经济发展活力旺盛。

（二）生态宜居为关键

生态宜居是乡村振兴的重点，坚持人与自然和谐共生，走乡村绿色发展之路。乡村振兴把“生态宜居”作为乡村振兴的目标之一，进一步阐述了经济发展与环境保护之间的关系，即农村经济应当与环境保护和谐共生，经济的发展即要满足人们的物质和文化需求，也要满足人们对美好生活环境的需求。加强农村建设的合理规划，减少盲目“大、全”等乡村建设；合理规划土地等资源要素，根据其地理位置及质量，减少乡村振兴中的资源浪费现象，为生态宜居提供保障；加强水、电、互联网、道路等基础设施建设，改善人居环境，减少村落聚集发展带来的废弃物对环境的破坏，增加处理生产垃圾等废弃物的能力。

（三）乡风文明为保障

乡风文明建设是乡村振兴建设中的重要内容之一，也是推动乡村振兴发展的重要力量。加强乡风文明建设，不仅要保留当地传统文化，发挥文化对农村发展的引领作用，同时也要尊重农民的主体地位，提升农民素质和乡风文明水平。精神富裕是生活富裕的基础，只有精神富裕才能从根本上解决农民收入、农村发展、农业现代化的问题，而乡风文明建设作为一种意识形态建设，是乡村建设的精神动力。乡风文明建设有利于提高农民思想水平，改变落后观念，帮助农民树立正确的人生观、价值观及世界观，有利于农民从农业部门向非农部门流动，促进农村产业多元化发展，也有利于拓宽农民的收入渠道，实现共同富裕目标。

（四）治理有效为基础

乡村有效治理作为我国治理能力的体现，也是国家有效治理及社会主义现代化建设的基石。与新农村建设中的“管理民主”不同，乡村有效治理主要在于“治”，更加体现多方面社会力量的参与。加强乡村基层自治组织建设，通过健全农村管理机制和法律法规，确保党在乡村振兴中的作用，为农村振兴的实施提供了坚强有力的保障；需要群众的参与，农民作为我国公民，具有参与与监督乡村治理的责任，农民参与到治理中，有利于根据当地实际情况制定符合实际的治理对策与方法。因此，在推进乡村治理中，应当整合各个村落的力量，鼓励公民参与到乡村治理中来，形成自治、德治与法治相结合的乡村治理机制。

（五）生活富裕为根本

生活富裕作为乡村振兴的根本，让农民共享经济发展带来的成果，从“生活宽裕”到“生活富裕”的转变，进一步提高农民生活水平。乡村振兴根本目的是实现农民在“就业、收入、社会保障和教育”等方面的提升，加强对农民职业技能的培训，为农民就业创造有利条件；建立农民增收的长效机制，让农民有稳定的收入来源；“大众创新、万众创业”的背景下，在资金、技术、政策等方面鼓励农民积极创业，创造稳定收入来源；完善社会养老保险等社会保障服务，让农村病有所医，老有所养；加强城乡义务教育一体化改革，提高农村儿童的受教育率,从根本上解决乡村贫困问题。

三、乡村振兴战略的实现路径

(一) 巩固和完善农村基本经营制度,走共同富裕之路

农村发展离不开国家顶层设计的引导,乡村振兴战略实施必须巩固和完善农村基本经济制度。坚持农村土地集体所有是坚持农村基本经营制度的基础,只有坚持土地集体所有制,才能谈论我国统分结合的双侧管理制度,才能调动农民生产的积极性,促进农业生产效率的提高。巩固和完善农村基本经营制度,就要巩固农民承包经营权,以技术、资本、政策等引导农民与现代化接轨,促进农村现代化发展。土地承包关系将农民家庭联产经营与集体经营有机结合,是我国稳定土地承包关系的基本制度。

(二) 深化农业供给侧结构性改革,走质量兴农之路

实行农业供给侧结构性改革,从供给侧入手,结合需求侧,改革农业生产体系、经营体系及产业体系,提高农产品供给质量,增加农民收入及提高农产品的有效供给。乡村振兴战略以促进城乡融合发展,其中产业兴旺作为建设的重点,应当产业发展体制改革和机制创新,以市场需求为导向,提高农产品质量,运用品牌效应,促进农村产业绿色可持续发展。因此,只有继续深化农业供给侧结构性改革,走质量兴农之路才能促进农村产业兴旺。

(三) 坚持人与自然和谐共生,走乡村绿色发展之路

乡村振兴把"生态宜居"作为乡村振兴的目标之一,进一步阐述了经济发展与环境保护之间的关系。推进农业绿色发展,统筹推进山水林田湖草系统治理,促进生态平衡发展;全面加强农业污染治理与防范,提高农业用水效率,落实"退耕还林、退耕还草"政策,形成资源节约和环境保护的生产及生活格

局;注重人与自然和谐共生意识形态的培养,加强农村绿色发展的宣传力度,促进农村走绿色发展之路;根据当地的资源、人文特征,促进当地自然风光及文化旅游业的发展,将生态优势转化为经济优势。

(四)传承发展提升农耕文明,走乡村文化兴盛之路

文化是一个国家、一个民族的灵魂,要坚定文化自信,推动社会主义文化繁荣兴盛。实现乡村文化振兴首先要有坚定的乡村文化自信,乡村文化是传统文化的生命家园,有着深厚的文化底蕴,只要村民对自己的文化有坚定的信心,对自己的乡村文化有自豪感,通过乡村文化来提升和满足村民生活质量及精神需求;进一步加强农村思想道德建设,宣传教育村民要积极主动参与乡村文化共建、共管、共享,提高村民文化自觉意识与创新意识,培育文明乡风、良好家风、淳朴民风;加强农村公共文化服务体系建设,挖掘、传承和发展农村优秀传统文化;利用本土文化资源,以弘扬传统美德和社会主义核心价值观为抓手,打造一个有着村民自己“乡村魂”的特色文化品牌,通过旅游这个载体传播出去。

(五)创新乡村治理体系,走乡村善治之路

乡村治理是乡村振兴和农村城镇化的重要环节,有利于农村城镇化的顺利推进,有利于农村社会的长治久安,促进社会和谐发展。党的十九大报告提出,要加强农村基层基础工作,健全自治、法治、德治相结合的乡村治理体系。加强基层党组织的建设,巩固党对乡村振兴战略中的领导地位;发挥党员的先锋模范作用,创新乡村治理模式,加强基层治理人员管理水平,增强农民的获得感、安全感、幸福感;加强农民自治,让农民参与到乡村的决策和治理中来,实现“民事民议、民事民办、民事民管”,形成农民自治的和谐局面。加强乡村自治,以信法守法为准绳,让基础治理有法可依;以崇德向善为基础强化德治调节;以科学治理为支撑,用好现代技术,实现基层治理有方。

第二节 农村城镇化助推乡村振兴的机制机理

农村城镇化作为连接城市和农村的中间环节，是城乡地域系统中重要的组成部分，对于实现城乡融合、农业现代化等都有着积极的作用。乡村振兴与农村城镇化建设并不矛盾，两者相辅相成。

一、农村城镇化推动乡村产业兴旺

（一）有利于促进乡村产业的发展

2017年，我国城乡居民人均收入差距还有2.7∶1的倍差，如果把公共服务差距考虑进去，城乡收入差距比表现出来的差距更大；从农业和非农产业劳动生产率的差距看，非农产业劳动生产率是农业劳动生产率的4倍多，决定了农业劳动力还会继续向劳动生产率更高和收入水平更高的非农产业和城镇转移；2017年，我国农业劳动人口占全部劳动人口的比重高达27.7%，而发达国家一般低于3%。我国农村户均8.9亩地，目前达到50亩以上的农户，全国只有350万，达到100亩的适度规模还有相当的农户要转型。根据克拉克定理，经济的发展不仅需要产业的转型升级，还需要劳动力由第一产业向二三产业转移，而劳动力的转移也是衡量城镇化发展的重要标志。分散的村落不适宜规模生产，农业现代化带来大规模的农村土地整理，而土地整理改变原来土地和村落分散分布状况，为农村大量增添公共基础设施提供了条件，也为城镇化发展腾出土地空间。农业转移人口市民化使那些符合条件并具有意愿的农业转移人口获得城镇户籍并享受与城镇居民同等的公共服务，那些不愿意在大城市落户的农业转移人口，也可以在小城镇获得均等化的基本公共服务。

（二）有利于增强农业龙头企业实力

乡村振兴的核心是产业振兴，农村城镇化将产业发展与城镇建设有机结合起来，促进城乡产业融合发展，有力推动乡村产业发展，实现大中小城市和乡村产业资源要素的流动和融合。从农民收入构成看，我国农民收入的60%以上属于非农产业的工资性收入，主要来源于城镇地区的非农产业就业，因此要提高农民收入须靠非农产业来拓展增收渠道，同时农业现代化所需要的科技服务和支撑，也主要来源于城镇地区的科技产业。农业企业是现代农业产业体系中最具活力和创新力的主体，2017年全国农业生产企业达35万，其中13万龙头企业年销售额达9.7万亿元，满足国内三分之一农产品需求，也辐射带动1.27亿农户发展。农业企业作为农村产业兴旺的重要推动力量，促进农村三产融合，提高农民收入水平，促进区域经济蓬勃发展；农村企业的发展吸引大量资金聚集及人才回流，解决农村空心化问题，有利于加强农村基础设施建设及公共服务完善。

（三）有利于接受城市群辐射带动作用

以城市群为主体构建大中小城市和小城镇协调发展的城镇格局，有利于促进区域协调发展。城市群内部通过现代基础设施网络的引领和支撑，形成大中小城市和小城镇合理分工、相互支撑、协调发展的城镇格局，这是由城市群的规模经济和范围经济效应决定的，不同城镇的协调发展有利于区域的协调发展。当前，农村城镇化遵循新型城镇化要求，不仅要坚持人的城镇化，还要打造经济城镇化、社会城镇化及环境城镇化，建设高质量发展的农村城镇化，更好发挥新型城镇化对乡村振兴和区域协调的促进作用。

二、农村城镇化引领乡村乡风文明

文化作为乡村振兴中的精神文明建设，文化的兴盛发展有利于乡村振兴建设的顺利实施，是乡村振兴战略中重要内容之一。（1）加强农村文化基础设施建设。我国消费需求发生变化，已经不再满足于物质需求，而要求精神文化方面的消费。根据2016年麦肯锡预测，2010年到2020年中国非生活必需品消费将保持13.4%年平均增长率，高于生活必需品和半必需品，其中休闲和文化服务、休闲文化用品占比从2010年的9%提高到12%。在农村文化基础设施建设中，引导人们以人民需求为导向，建立农村文化基地；三产融合发展，提高农村发展水平，为加强文化器材等文化基础设施的建设奠定基础；建设离不开资金等要素的使用，农村城镇化建设吸引大量企业入驻，拓宽文化投资的资金来源。(2)加快农村特色文化的兴盛。中国是一个有着五千多年悠久历史的文明古国，在历史的长河中形成了丰富多彩的文化，每一个文化彰显着一个地区的生产水平及生活方式。农村城镇化及乡村振兴离不开农村特色文化的传承与发展，而农村城镇化吸引大量劳动者从事文化行业，促使人们深度挖掘当地传统文化及风俗习惯，促进传统文化产业的发展，满足人们对精神文化的需求；社会主义核心价值观作为乡村文化的重要组成部分，是乡村振兴及农村城镇化的重要内容，应当加强社会核心价值观的宣传，引导人们崇德向善、明礼知耻。(3)城镇辐射作用振兴农村文化。乡村文化作为一笔宝贵的精神文化，要发挥中小城镇的辐射带动作用，促进农村文化的传播。农村城镇化集聚发展，可以根据自身历史文化特征发展旅游产业，加强文化小镇、历史小镇等特色旅游小镇建设，发挥中小城镇在资金、技术等方面的带动作用。农村特色文化小镇建立促进当地劳动力就业，提高农民收入；有利于农村文化价值的形成，提升农民文化自信，促进乡村和谐发展。

三、农村城镇化带动乡村生活富裕

(1)提高农业生产效率。农村城镇化是建立在农业规模化、现代化的基础之上的，注重农业生产效率的提升。加强农村生产与生活的公共基础设施建立，尤其是在农田水利方面的基础设施建设，改善农业的生产条件，促进农村生产效率的提升；以先进工业技术，加大对农业生产扶持，促进农业规模化、产业化和现代化，提高农民收入水平。(2)拓宽农民收入来源。农村城镇化提供大量就业机会，也极大促进农村劳动力向非农产业的流动，提高农民的收入水平。当前，我国农民收入60%以上为非农产业的工资性收入，主要来源于城镇地区的非农产业就业。农村城镇化作为城市与乡村的中间环节，城镇化的发展有利于指导农村以市场化需求为主，生产符合人们需求的产品；加快农村生产及生活等基础设施建设，在大众创新万众创业等背景下，促使人们积极加入创业的潮流中，也丰富农民收入渠道。（3）加强社保制度建立。社会保障是提升人们生活水平的重要内容之一，农村城镇化推动农村基础设施建设及公共服务供给。完善社会养老保险，让农村病有所医，老有所养。加强城乡义务教育一体化改革，保障农村儿童也享有受义务教育的权利，提高农村儿童受教育率，有利于提高整体国民素质，从根本上解决乡村贫困问题。因此，农村城镇化促进农村劳动力的流动，拓宽农民的收入来源，保障农民依法享有的社会保障及受教育的权利，从根本上解决农民贫困的问题，提升农村生活水平。

四、农村城镇化拉动生态宜居

一是改善农村生活自然环境。环境保护和污染防治往往侧重于城市和工业部门，对农业和农村污染防治投入力量和资金有限，但随着我国工业化的发展，农业污染不容小觑。我国农业生产过程中产生的污染主要来自以下几方面：（1）化肥的过度使用。目前我国化肥的有效利用率仅在30%—40%，大部分养分流失进入环境，造成土壤、地表水、地下水等立体污染。（2）规模化畜禽养殖造成的污染严重，农膜的大量使用形成了“白色污染”。同时，由于农业污染具有隐藏性、长期性和分散性的特点，农业污染对农村生态环境产生极大影响。农村城镇化借鉴城市先进技术来指导农业生产，运用先进技术生产无污染的农用品，减少对环境的污染；借鉴成功的管理经验，促进农村循环经济的发展，减少农村可化解废弃物对生态环境的污染；有利于将农民聚集起来生活，缩小了生产、生活废弃物对生态环境影响的面积。二是促进农村合理规划。盲目追求“高、大、新、全”，进行建筑用地扩张，造成土地资源的浪费，使得土地资源紧张，进一步激化人地矛盾。农村城镇化以优化资源配置为原则，坚持“城镇要建设，规划要先行”的方针，根据土地位置、土地质量、数量等因素合理规划与分配土地，引导农村合理规划布局农村建设用地，减少农用地被占用的现象。根据村庄特点、文化特点、风俗习惯及地形地貌，打造文化历史小镇、旅游小镇等能发挥地域特色的小镇建设，发挥村庄人文历史价值及艺术价值，也促进农村与自然的可持续发展。三是加强农村基础设施建设。基础设施建设也承载着环境保护功能，通过集聚效应将人和企业聚集在一起生产生活，有利于农村的治理及发展，但同时也产生了大量生活、生产垃圾等废弃物需要处理。城镇化过程中加强农村基础设施建设，促进乡村产业发展；提高人们生活环境及质量，促进农村绿色可持续发展；引导 PPP 项目发展，引领非公资本的进入，拓宽基础设施建设的资金来源。农村合理规划来缓解人地冲突，促进资源等优化配置。

五、农村城镇化推动乡村治理有效

乡村作为我国治理的基础行政单元，乡村基础治理是否有效决定着国家治理的整体水平。农村城镇化建设需要乡村走集体经济之路，以集体经济带动区域经济发展。(1)加强基层党组织建设，巩固党对乡村振兴战略中的领导地位。发挥党员的先锋模范作用，创新基层社会治理，不断提升基层治理社会化、法治化、智能化、专业化水平，人民群众的获得感、幸福感、安全感进一步增强；(2)突出群众主体地位，实现多方协商共治。发动和依靠群众，让群众参与决策和治理的全过程，实现民事民议、民事民办、民事民管；(3)以智慧治理为支撑，用好现代技术，实现基层治理有方。综合运用、协同发力，实现基层社会的自我管理、自我教育、自我服务、自我监督，使基层既充满活力又和谐有序，从而形成共建共治共享的社会治理格局。

第三节　农村城镇化推动乡村振兴的模型及实证

农村城镇化是推动乡村振兴的主要动力，对乡村的产业兴旺、乡风文明、生活富裕及生态宜居等方面产生重要的影响。为验证农村城镇化对乡村的影响效应，使用1997—2017年份数据，建立模型进行回归分析，运用协整分析测量农村城镇化对乡村振兴的影响。

一、数据及其来源

（一）农村城镇化及乡村振兴指数的构建

农村城镇化核心是人的城镇化，而非高楼的建立及人口大规模的"上楼"，城镇化发展必须具备以下特征：(1)以人为核心。农村城镇化不仅要实现人口由农村到乡镇的转移，同时也保证农民生产技能由农业向非农部门的转移，加强农民职业技能培训，提高农民在城镇中的就业率。因此，人口城镇化中采用城镇人口占比、第三产业人员占比及城镇失业率等指标来测量。(2)经济城镇化。经济城镇化是农村城镇化的基础，经济城镇化为人们提供了劳动的机会，促进了农民由农业部门向非农部门的转变，也为农村发展带来资金及技术支持，有利于促进农业规模化、现代化的发展。经济发展带来生产总值的增长及个人收入水平的提高，从国家和个人两方面收集数据，以衡量我国农村城镇化中的经济发展情况，具体来说，使用固定资产投资额及第三产业增加值来衡量农村城镇化发展对经济发展的贡献，使用人均GDP及城镇居民人均可支配收入来衡量收入水平。(3)城镇基础设施建设水平。基础设施是居民进行生产和生活的基本要素，基础设施建设应当与农村城镇化发展水平相匹配，才能有利于城镇化高质量发展。基础设施建设是衡量居民生活环境的重要指标,因此使用用水普及率、燃气普及率及人均拥有的道路面积对城镇水平进行测量。(4)城镇公共服务供给。城镇化发展注重社会养老、医疗、救助等公共服务供给,以保障人类最基本生存权利,因此使用城镇医疗保险基金支出、城镇居民最低生活保障人数来衡量农村城镇化水平。(5)城镇资源环境。将生态宜居作为衡量农村城镇化发展的标志,环境的提升有利于身体健康,符合城镇化"以人为本"的初衷,促进农村城镇社会、经济、生态协调发展,将建成区绿化覆盖率作为衡量乡村生态宜居的指标。

(二) 乡村振兴各指标的构建

从产业兴旺、乡风文明、生活富裕、生态宜居、治理有效等5方面测量农村城镇化对乡村发展的影响。(1)乡村产业兴旺。产业兴旺是乡村振兴的重点,农业作为农村赖以生存及国民经济基础产业,产业振兴要提高农业生产效率,促进农业生产规模化、现代化发展,因此选取农用机械总动力、有效灌溉面积等来衡量农业现代化水平。产业振兴也要促进农村三产融合,选取一产对GDP贡献率及农村居民消费水平来衡量产业发展。(2)乡村乡风文明。文化作为一种意识形态,是农民的精神食粮。随着经济的发展,收入的增加,农民生活水平提高,农民消费需求也发生变化,增强了对文化等方面的精神需求。乡村振兴不仅满足人们的物质需求,还需满足人们的精神需求,因此选取农村居民家庭平均每人文教娱乐消费支出为衡量指标。(3)乡村生活富裕。乡村振兴的目标是提高农民生活水平,缓解由于收入分配不均带来的矛盾,促使城乡居民共享经济发展成果。由于农业生态效率的提升带来的收入的增加,农村产业多元化带来的人们收入的增长,因此使用农民可支配收入、农民国内旅游支出、乡村就业人数、个体乡村就业人员数为指标从收入、支出、就业三个方面对生活水平进行测量。(4)乡村生态宜居。农村基础设施建设是反映乡村生活的重要指标,因此使用农村固定资产投资额来进行衡量。(5)乡村治理有效。乡村基础治理决定国家治理整体水平,乡村振兴需集中全社会力量,改善社会风气，使用地方财政开支、农村固定资产投资额等指标衡量。

（三）指标选取原则

指标的选取主要遵循以下原则：（1）科学性原则。科学性原则是保障评价指标体系结果准确的重要准则。评价指标体系能否准确地反映现实状况，需要科学性作为基础。评价指标体系的构建要以科学性为前提，尽可能准确地反映区域经济水平的客观情况。（2）全面性原则。根据发展情况，从人口、经济、基础设施建设、公共服务供给、环境优化等多方面多角度进行指标体系建立，加强指标对现实城镇化的反应能力。（3）可操作性原则。根据实际情况，各指标的经济含义要尽量明确，口径要尽可能一致，核算方法要统一且便于计算，减少测量误差，使得评价指标体系具有可操作性和准确性。

（四）数据来源

使用1997—2017年全国数据进行回归分析，数据主要来源于中经网数据库及历年《中国统计年鉴》等，具体如下：

1. 农村城镇化指标数据来源

表5-1　农村城镇化指标数据来源

指标	变量	单位	数据来源	
人口转移	城镇人口占比	%	中经网数据库	X1
	第三产业就业人员占比	%	中经网数据库	X2
	城镇登记失业率	%	中经网数据库	X3
经济发展	人均GDP	元	中经网数据库	X4
	第三产业增加值	亿元	中经网数据库	X5
	固定资产投资额	亿元	中经网数据库	X6
	城镇居民人可支配收入	元	中经网数据库	X7

续表

指标	变量	单位	数据来源	
基础设施	用水普及率	%	中经网数据库	X8
	燃气普及率	%	中经网数据库	X9
	人均拥有道路面积	平方米	《中国统计年鉴》	X10
公共服务	城镇医疗保险基金支出	亿元	中经网数据库	X11
	城镇居民最低生活保障人数	万人	中经网数据库	X12
资源环境	建成区绿化覆盖率	%	《中国统计年鉴》	X13
土地利用	国家耕地占用税	亿元	国家统计局	X14
	地方财政土地增值税	亿元	国家统计局	X15

2. 乡村振兴指标数据来源

表 5-2　乡村振兴指标数据来源

指标	变量	单位	数据来源
产业兴旺	农用机械总动力	万千瓦	《中国统计年鉴》
	有效灌溉面积	千公顷	中经网数据库
	农业对 GDP 对贡献率	%	中经网数据库
	农村居民消费水平	元	《中国统计年鉴》
乡风文明	农村居民家庭平均每人文教娱乐消费支出	元	《中国统计年鉴》
生活富裕	乡村就业人数	万人	《中国统计年鉴》
	个体乡村就业人数	万人	《中国统计年鉴》
	农村居民人均纯收入	元	中经网数据库
	农村居民国内旅游人均花费	元	《中国统计年鉴》
生态宜居	农村医疗救助支出	万元	《中国统计年鉴》
	农村婴儿死亡率	%	《中国统计年鉴》
治理有效	地方财政开支	亿元	《中国统计年鉴》
	农村固定资产投资额	亿元	《中国统计年鉴》

二、主成分因子分析法

目前广泛使用的绩效评价方法主要分为两种，分别是主观评价法和客观评价法。主观评价法主要有德尔菲法、综合指数法，这些方法都通过专家为各个指标打分或赋值，计算出评价结果，其评价结果带有一定的主观成分。客观分析法有主成分分析法、因子分析法、DEA 方法及随机前沿分析方法等，它们多是以数学、运筹学、统计学理论为基础。本部分采用因子分析法进行研究。

因子分析法作为一种多维分析法，是用来分析众多因子共性的方法。在实际研究过程中，很多因素都会对事物产生影响，并且多个影响因素之间可能存在信息的重叠现象，若盲目删除一些影响因素可能会导致重要信息的丢失，影响分析结果的准确性。因子分析法把包含各种信息所有指标进行多因子载荷旋转，把多个指标简化成少数几个公共因子（或称之为主因子），同时保留原指标的绝大部分信息，各公共因子包含的内容不重复（金在温等，2016）。① 因子分析法的具体步骤是：

（一）数据标准化

各个指标的数据存在不同的量纲，要消除不同量纲对数据评估的影响，在收集完数据后，对数据进行无量纲化处理。计算公式为：

$$X'_{ij} = (X_{ij} - \bar{X_j}) \div S_j \tag{5.1}$$

X'_{ij} 是标准化后的数据，X_{ij} 是原始数据，$\bar{X_j}$ 是第 j 列的平均数，S_j 是标准差。

① ［美］金在温（Jae-On Kim），［美］查尔斯 · W.米勒（Charles W.Mueller）：《因子分析：统计方法与应用问题》，辽宁大学出版社 2016 年版。

（二）变量的共同度

变量的共同度表示各变量所包含的信息能被提取的公因子表示的程度。共同度计算公式为：

$$h_i^2 = \sum_{j=1}^{k} a_{ij}^2 \quad (5.2)$$

a_{ij}代表因子负荷（载荷），它是第 i 个变量在第 j 个主因子上的负荷，也可以称之为第 i 个变量在第 j 个主因子上的权值。$h_i{}^2$代表的是因子载荷矩阵中第 i 行元素的平方和，反映了对总方差的解释能力。变量共同度越接近 1，说明提取的因子越能更好地反映原有变量的信息。

（三）求相关矩阵 R 的特征值和特征向量

特征值是指每个变量在某一公共因子上的因子负荷的平方总和，又可叫作特征根。在公共因子提取的过程中，特征值最大的公共因子会最先被提取，最后提取特征值最小的公共因子。

由特征方程$|R-\lambda|=0$，可以得出相关矩阵 R 的特征向量、矩阵 A 以及特征值，并得出 $F=A'X$，F 是公共因子矩阵。

（四）建立因子模型，估计有关参数

将 A、F 分解为两部分，

$$A = \begin{bmatrix} A_1 & A_2 \\ & \\ pm & p(p-m) \end{bmatrix} \quad m<p \quad (5.3)$$

$$F = \begin{bmatrix} F_1 & F_2 \\ & \\ pm & p(p-m) \end{bmatrix} \quad m<p \quad (5.4)$$

因子模型为 $X=AF=A_1F_1+A_2F_2=A_1F_1+\varepsilon$。X 是 p 个指标构成的列向量，$A_1$是因子载荷矩阵，$F_1$是 m 个因子组成的不能观测向量，ε 为特殊因子。因子

模型可具体写成：

$$\begin{cases} X_1 = \alpha_{11}f_1 + \alpha_{12}f_2 + \alpha_{13}f_3 + \ldots + \alpha_{1m}f_m + \alpha_1\varepsilon_1 \\ X_2 = \alpha_{21}f_1 + \alpha_{22}f_2 + \alpha_{23}f_3 + \ldots + \alpha_{2m}f_m + \alpha_2\varepsilon_2 \\ X_3 = \alpha_{31}f_1 + \alpha_{32}f_2 + \alpha_{33}f_3 + \ldots + \alpha_{3m}f_m + \alpha_3\varepsilon_3 \\ \cdots \\ X_p = \alpha_{p1}f_1 + \alpha_{p2}f_2 + \alpha_{p3}f_3 + \ldots + \alpha_{pm}f_m + \alpha_p\varepsilon_p \end{cases} \tag{5.5}$$

上式中，$f_1, f_2, \cdots, f_m$是公共因子，为代表某个层面信息的不能观测的潜在变量。α_{ij}是因子载荷系数，是第 i 个指标在第 j 个因子上的负荷。ε_p为特殊因子，实际建模中可忽略。

（五）确定因子贡献率及累计贡献率

每个公共因子对原始数据的解释能力，可以用该因子所解释的总方差来衡量，通常称为该因子的贡献率，它等于和该因子有关的因子负荷的平方和。因子贡献率的计算公式为：

$$S_j = \sum_{i=1}^{p} a_{ij}^2 \tag{5.6}$$

因子变量 F_j的方差贡献体现了同一因子 Fj 对原始所有变量总方差的解释能力，S_j/p 表示了第 j 个因子解释原所有变量总方差的比例。累计方差贡献率代表的是对应的一些主因子累计代表初始指标的信息量，可用下列公式计算：

$$a_1 = S_1^2/\mathrm{p} = \lambda_1 / \sum_{i=1}^{p} \lambda_i \tag{5.7}$$

$$a_2 = (S_1^2 + S_2^2)/\mathrm{p} = (\lambda_1 + \lambda_2) / \sum_{i=1}^{p} \lambda_i \tag{5.8}$$

$$a_k = \sum_{i=1}^{k} S_i^2/p = \sum_{i=1}^{k} \lambda_i / \sum_{i=1}^{p} \lambda_i \tag{5.9}$$

（六）因子载荷矩阵变换

因子载荷的计算公式为：

$$A=\begin{pmatrix} a_{11} & a_{12} & \cdots & a_{1p} \\ a_{21} & a_{22} & \cdots & a_{2p} \\ \cdots & \cdots & \cdots & \cdots \\ a_{p1} & a_{p2} & \cdots & a_{pp} \end{pmatrix}=\begin{pmatrix} u_{11}\sqrt{\lambda_1} & u_{21}\sqrt{\lambda_2} & \cdots & u_{p1}\sqrt{\lambda_p} \\ u_{12}\sqrt{\lambda_1} & u_{22}\sqrt{\lambda_2} & \cdots & u_{p2}\sqrt{\lambda_p} \\ \cdots & \cdots & \cdots & \cdots \\ u_{1p}\sqrt{\lambda_1} & u_{2p}\sqrt{\lambda_2} & \cdots & u_{pp}\sqrt{\lambda_p} \end{pmatrix} \quad (5.10)$$

$$A=\begin{pmatrix} a_{11} & a_{12} & \cdots & a_{1k} \\ a_{21} & a_{22} & \cdots & a_{2k} \\ \cdots & \cdots & \cdots & \cdots \\ a_{p1} & a_{p2} & \cdots & a_{pk} \end{pmatrix}=\begin{pmatrix} u_{11}\sqrt{\lambda_1} & u_{21}\sqrt{\lambda_2} & \cdots & u_{k1}\sqrt{\lambda_k} \\ u_{12}\sqrt{\lambda_1} & u_{22}\sqrt{\lambda_2} & \cdots & u_{k2}\sqrt{\lambda_k} \\ \cdots & \cdots & \cdots & \cdots \\ u_{1p}\sqrt{\lambda_1} & u_{2p}\sqrt{\lambda_2} & \cdots & u_{kp}\sqrt{\lambda_k} \end{pmatrix} \quad (5.11)$$

得到因子载荷矩阵之后，公共因子在许多变量上可能都有较高的载荷，使得公共因子的实际含义比较模糊，所以需通过旋转使每个因子的含义清晰化。旋转主要采用正交旋转和斜交旋转这两种方法。最常用的方法是最大方差正交旋转法。进行因子旋转，就是要使因子载荷矩阵中因子载荷的平方值向 0 和 1 两个方向分化，使大的载荷更大，小的载荷更小。因子旋转过程中，如果因子对应轴相互正交，则称为正交旋转；如果因子对应轴相互间不是正交的，则称为斜交旋转。

（七）构造综合评价模型

计算总得分值旋转因子载荷矩阵后，得出新的因子载荷矩阵 A_1和因子得分系数矩阵 B。综合评价模型为：

$$\text{Score}=\sum_{j=1}^{m} d_j f_j=\sum_{j=1}^{m}\sum_{j=1}^{m} d_j\, b_{ij}\, x_i \quad (5.12)$$

其中 d_j 是因子贡献率，f_j 是因子得分，b_{ij} 是因子得分系数，是通过旋转后的因子载荷矩阵求逆矩阵得出的，x_i是已经标准化的指标值。

三、指标构建及量化过程

（一）农村城镇化主成分因子分析

1. 数据标准化及因子分析可行性

（1）数据标准化。在因子分析前，需要对数据进行标准化，以消除数据之间的量纲，使数据具有可比性。将原始数据与其所在列的平均数相减，相减后的结果除以该列的标准差，即得到标准化后的数据。运用公式（5.1）对原始数据进行标准化，得到具有可比性的数据。

（2）因子分析可行性分析。若因子分析得出相关系数矩阵大部分相关系数较高（大于 0.3），说明变量之间有较强的线性关系，可以采用因子分析法。表 5-3 所示，公因子方差表根据原有变量相关系数矩阵，选取特征根值大于 1 的特征根的因子分析初始解得出的分析结果。公因子方差表第一列是因子分析初始解下的共同度，变量的共同度均为 1，表明原有变量的所有方差都可被解释。第二列代表的是在按指定提取条件提取特征值时的变量共同度，变量共同度高（如大于 0.7）说明该指标的绝大部分信息可被因子解释，因子提取的总体效果理想，比较适合进行因子分析。

利用 SPSS 对数据进行因子分析，根据得出的相关系数矩阵可知，超过 70%的相关系数的值大于 0.3，说明变量之间有较强的线性关系，可以采用因子分析法。由表 5-3 可知，所有变量的共同度均在 0.7 以上，表明选取的 13 项指标之间存在着高度的信息重叠。这既证明了数据之间的高度相关性，也表明了资料数据的较高可信度，这就确保了因子分析法的可行性。

表 5-3　公因子方差表

	初始值	数值
X1	1.000	0.989
X2	1.000	0.992
X3	1.000	0.957
X4	1.000	0.970
X5	1.000	0.953
X6	1.000	0.955
X7	1.000	0.978
X8	1.000	0.990
X9	1.000	0.987
X10	1.000	0.968
X11	1.000	0.738
X12	1.000	0.731
X13	1.000	0.982
X14	1.000	0.875
X15	1.000	0.901

2. 确定因子数量

因子变量的方差贡献率是衡量因子重要程度的指标，是该因子刻画的方差占原有变量总方差的比例。特征根是指每个变量在某一公共因子上的因子负荷的平方总和，如果特征根小于 1，则表明该公共因子不能很好地对因子进行解释。在特征根大于 1 的前提下，选择前六个成分作为主因子，发现其累计方法贡献率达到 93%，可以说明这些因子较好地反映了原变量的绝大部分信息，可以充分反映各地区发展模式绩效水平。根据公式（5.6）到（5.9）得出各主因子的特征根及方差贡献率如表 5-4 所示。

表 5-4　总方差解释能力

项目	总计	特征值%	累计%	载荷平方的提取和			载荷平方的旋转和		
				总计	方差%	累计%	总计	方差%	累计%
1	8.493	65.334	65.334	8.493	65.334	65.334	6.630	51.002	51.002
2	3.597	27.668	93.002	3.597	27.668	93.002	5.460	42.000	93.0023
3	0.520	3.999	97.001						
4	0.298	2.289	99.29						
5	0.054	0.414	99.704						
6	0.031	0.242	99.946						
7	0.004	0.034	99.980						
8	0.001	0.009	99.989						
9	0.001	0.004	99.993						
10	0.000	0.003	99.996						
11	0.000	0.001	99.997						
12	0.000	0.001	99.998						
13	0.000	0.001	99.999						
14	0.000	0.001	100.00						
15	0.000	0.000	100.00						

3. 因子载荷矩阵

因子载荷 a_{ij}表示第 i 个变量在第 j 个公共因子上的载荷，反映了变量与因子的相关程度。因子载荷越大，说明第 i 个变量与第 j 个公共因子的关系越密切，该公共因子对变量的重要程度越高。根据公式(5.10)和(5.11)得出旋转前的因子载荷矩阵，如表 5-5 所示。

表 5-5　旋转前的因子载荷矩阵

变量名称	成分	
	1	2
城镇人口占比	0.959	-0.261
第三产业就业人员占比	0.923	-0.375

续表

变量名称	成分	
	1	2
城镇登记失业率	0.812	-0.546
人均 GDP	0.839	0.517
第三产业增加值	0.782	0.584
固定资产投资额	0.736	0.643
城镇居民人可支配收入	0.866	0.477
用水普及率	0.72	-0.686
燃气普及率	0.805	-0.582
人均拥有道路面积	0.98	-0.094
城镇医疗保险基金支出	0.447	0.733
城镇居民最低生活保障人数	0.517	0.603
建成区绿化覆盖率	0.928	-0.346

4. 因子载荷矩阵旋转

由于未旋转前因子在许多变量上都有较高的载荷，使得主因子的实际含义不好界定，所以需通过旋转使每个因子的含义清晰化。为了便于解释主因子，用正交旋转法对因子载荷矩阵进行旋转。正交旋转时，坐标轴在旋转过程中始终保持垂直，新生成的因子保持不相关性。旋转后的因子载荷矩阵如表5-6所示。

表 5-6　旋转前的因子载荷矩阵

变量名称	成分	
	1	2
城镇人口占比	0.916	0.387
第三产业就业人员占比	0.958	0.274
城镇登记失业率	0.976	0.071
人均 GDP	0.341	0.924

续表

变量名称	成分	
	1	2
第三产业增加值	0. 255	0. 942
固定资产投资额	0. 182	0. 96
城镇居民人可支配收入	0. 387	0. 91
用水普及率	0. 99	-0. 096
燃气普及率	0. 993	0. 038
人均拥有道路面积	0. 829	0. 53
城镇医疗保险基金支出	-0. 1	0. 853
城镇居民最低生活保障人数	0. 035	0. 794
建成区绿化覆盖率	0. 944	0. 3

5. 主要因子

根据表 5-4 中的因子方差贡献率，结合表 5-6 中旋转后的因子载荷，选取载荷大于 0. 6 的变量并为主要因子。第一主因子，从表 5-4 可以看出第一主因子方差贡献率为 51%，是最重要的影响因子。根据表 5-6 可知，第一个因子中载荷较大的变量是：城镇人口占比、第三产业就业人员占比、城镇登记失业率、燃气普及率、用水普及率、人均拥有道路面积、建成区绿化覆盖率；第二主因子，表 5-4 显示第二主因子的方差贡献率为 42%，是比较重要影响因素。从表 5-6 看出第二个因子中载荷较大的变量是人均 GDP、第三产业增加值、固定资产投资额、城镇居民人可支配收入、城镇医疗保险基金支出、城镇居民最低生活保障人数。

6. 计算因子得分

各主因子确定后，便可以计算各主因子在每个变量上的具体数值，这些数值就是因子的得分。因子得分矩阵如表 5-7 所示。

表 5-7 因子得分矩阵

变量名称	成分	
	1	2
城镇人口占比	0. 134	0. 013
第三产业就业人员占比	0. 15	-0. 015
城镇登记失业率	0. 169	-0. 061
人均 GDP	-0. 011	0. 174
第三产业增加值	-0. 028	0. 185
固定资产投资额	-0. 042	0. 194
城镇居民人可支配收入	-0. 002	0. 167
用水普及率	0. 184	-0. 098
燃气普及率	0. 174	-0. 069
人均拥有道路面积	0. 107	0. 051
城镇医疗保险基金支出	-0. 084	0. 193
城镇居民最低生活保障人数	-0. 056	0. 17
建成区绿化覆盖率	0. 145	-0. 008

7. 主成分因子标准化计算

根据表 5-7 各因子得分及数据标准化值，将各因子得分乘以相对应的数据标准化值得到主成分因子的标准值，如表 5-8 所示：

表 5-8 农村城镇化主因子标准化值

时间	主成分因子 1	主成分因子 2
1997	-1. 7924676	-0. 802548
1998	4. 89285383	-2. 2123438
1999	5. 89776164	-1. 1896986
2000	6. 75716158	0. 00548055
2001	0. 56876912	1. 42542323

续表

时间	主成分因子 1	主成分因子 2
2002	−0. 0736226	0. 51996526
2003	−0. 4754327	−0. 7134715
2004	5. 85708441	−2. 0880055
2005	6. 60874093	−1. 1105067
2006	6. 96985308	0. 2817141
2007	0. 82469707	1. 73441041
2008	0. 27829022	0. 89241095
2009	0. 05157623	−0. 3684325
2010	6. 15888391	−1. 5935422
2011	6. 75992931	−0. 5290946
2012	7. 01792273	0. 95009623
2013	0. 95776044	2. 42021168
2014	0. 43577197	1. 56013084
2015	0. 21286749	0. 27893461
2016	6. 29141611	−0. 9853475
2017	7. 11062709	−0. 5728197

（二）乡村振兴主成分因子分析

1. 数据标准化及因子分析可行性

（1）数据标准化。在因子分析前，需要对数据进行标准化，以消除数据之间的量纲，使数据具有可比性。将原始数据与其所在列的平均数相减，相减后的结果除以该列的标准差，即得到标准化后的数据。运用公式（5. 1）对原始数据进行标准化，得到具有可比性的数据。

（2）因子分析可行性分析。利用 SPSS 对数据进行因子分析，根据得出的相关系数矩阵可知，超过 70%的相关系数的值大于 0. 3，说明变量之间有较强的线性关系,可以采用因子分析法。表 5-9 是根据公式(5.2)得出的公因子方差表。由表 5-9 可知,产业振兴、生活富裕等变量的共同度均在 0.7 以上,表明选取指标之间存在着高度的信息重叠。这既证明了数据之间的高度相关性,也表明了资料数据的较高可信度,这就确保了因子分析法的可行性。

表 5-9(a) 产业兴旺公因子方差

	初始值	数值
X1	1.000	0.598
X2	1.000	0.907
X3	1.000	0.210
X4	1.000	0.830

表 5-9(b) 生活富裕公因子方差

	Initial	Extraction
X1	1.000	0.884
X2	1.000	0.251
X3	1.000	0.71
X4	1.000	0.924

2. 确定因子数量

因子变量的方差贡献率是衡量因子重要程度的指标,是该因子刻画的方差占原有变量总方差的比例。特征根是指每个变量在某一公共因子上的因子负荷的平方总和,如果特征根小于 1,则表明该公共因子不能很好地对因子进行解释。在特征根大于 1 的前提下,选择前六个成分作为主因子,发现其累计方法贡献率达到 63.63%、66.71%,可以说明这些因子较好地反映了原变量的绝大部分信息,可以充分反映各地区发展模式绩效水平。根据公式(5.6)到(5.9)得出各主因子的特征根及方差贡献率如表 5-10 所示。

表 5-10(a)　产业兴旺总方差解释

成分	提取载荷平方和		
	总计	方差百分比	累积%
1	2.545	63.629	63.629

表 5-10(b)　生活富裕总方差解释

成分	初始特征值			提取载荷平方和		
	总计	方差百分比	累积 %	总计	方差百分比	累积 %
1	2.669	66.713	66.713	2.669	66.713	66.713
2	0.937	23.436	90.149			
3	0.331	8.285	98.434			
4	0.063	1.566	100.000			

3. 因子载荷矩阵

因子载荷 a_{ij}表示第 i 个变量在第 j 个公共因子上的载荷,反映了变量与因子的相关程度。因子载荷越大,说明第 i 个变量与第 j 个公共因子的关系越密切,该公共因子对变量的重要程度越高。根据公式(5.10)和(5.11)得出旋转前的因子载荷矩阵,如表 5-11 所示。

表 5-11(a)　产业兴旺因子载荷矩阵

变量名称	成分
	1
农用机械总动力	0.773
有效灌溉面积	0.952
农业对 GDP 对贡献率	-0.459
农村居民消费水平	0.911

表 5-11(b)　生活富裕因子载荷矩阵

变量名称	成分
	1
乡村就业人数	-0.94
个体乡村就业人数	0.501
农村居民人均纯收入	0.781
农村居民国内旅游人均花费	0.961

4. 主要因子

根据表 5-10 中的因子方差贡献率,结合表 5-11(a)中因子载荷,选取载荷大于 0.6 的变量并为主要因子。

产业兴旺主因子,从表 5-10(a)可以看出第一主因子方差贡献率为 63.63%,是最重要的影响因子。根据表 5-11(a)可知,第一个因子中载荷较大的变量是:农用机械总动力、有效灌溉面积、农村居民消费水平。

生活富裕主因子,从表 5-10(b)可以看出第一主因子方差贡献率为 66.71%,是最重要的影响因子。根据表 5-11(b)可知,第一个因子中载荷较大的变量是:乡村就业人数、农村居民人均纯收入、农村居民国内旅游人均花费。

5. 计算因子得分

各主因子确定后,便可以计算各主因子在每个变量上的具体数值,这些数值就是因子的得分。因子得分矩阵如表 5-12 所示。

表 5-12(a)　产业兴旺因子得分矩阵

变量名称	成分
	1
农用机械总动力	0.304
有效灌溉面积	0.374

续表

变量名称	成分
	1
农业对 GDP 对贡献率	-0. 18
农村居民消费水平	0. 358

表 5-12(b)　生活富裕因子得分矩阵

变量名称	成分
	1
乡村就业人数	-0. 352
个体乡村就业人数	0. 188
农村居民人均纯收入	0. 293
农村居民国内旅游人均花费	0. 36

6. 主成分因子标准化计算

根据表 5-12 各因子得分及数据标准化值，将各因子得分乘以相对应的数据标准化值得到主成分因子的标准值，如表 5-13 所示：

表 5-13(a)　产业兴旺主成分因子的标准值

时间	主成分因子
1997	-1. 632192594
1998	-1. 619596728
1999	-1. 250414651
2000	-0. 510627963
2001	-0. 90062649
2002	-0. 762058337
2003	-0. 580475219
2004	-1. 131430945
2005	-0. 710912167

续表

时间	主成分因子
2006	-0. 402690792
2007	0. 03096494
2008	-0. 082095479
2009	1. 577175486
2010	0. 552852243
2011	2. 067127614
2012	0. 822592344
2013	1. 146905324
2014	1. 325760657
2015	1. 59987456
2016	1. 666172346
2017	1. 746970915

表 5-13(b)　生活富裕主成分因子的标准值

时间	主成分因子
1997	-0. 94395
1998	-0. 84406
1999	-0. 7034069
2000	-0. 7951181
2001	-0. 9079123
2002	-0. 9319945
2003	-0. 935248
2004	-0. 9365563
2005	-0. 8019892
2006	-0. 6393082
2007	-0. 5064531
2008	-0. 3714987
2009	-0. 0613567
2010	0. 21640186

续表

时间	主成分因子
2011	0. 47981215
2012	1. 17684881
2013	1. 46024778
2014	1. 81010237
2015	2. 11788583
2016	1. 18164682
2017	1. 18164682

四、协整分析①

（一）协整回归分析步骤

（1）考察自变量和因变量之间是否存在协整关系。使用 EG-ADF 方法对协整关系进行考察，当协整秩大于 2 时，该方法存在较大误差，因此采取趋势图的方法考察变量之间的协整关系。

（2）检验协整秩。一般来说，由于存在随机游走项，造成系统为非平稳序列。然而如果在两边同时乘以非零向量就可以消去随机趋势项，因此要检验

① 宏观经济学和金融经济学中的实证研究，很大程度上是以时间序列作为基础的，将经济变量的时间序列视为随机过程现在已经成为了一种标准。任何时间序列数据都可以看作由一个随机过程产生的，看作是一个基本的随机过程的现实（Realization），这个随机过程所代表的概率结构，就是时间序列的概率结构，通过对时间序列数据的分析来得到具有经济学含义的分析及预测。时间序列的使用是以经济变量平稳这一假设条件为基础，但现实当中大多数经济变量的时间序列常常是非平稳的，且并不具有恒定的期望值，并且呈现明显的趋势性和周期性。若时间序列是非平稳的会带来伪回归的问题，因此时间序列的使用需要进行平稳性检验并解决数据不平稳的问题，一般使用单位根的方法，对变量进行一阶差分而得到平稳时间序列。但是一阶差分后的变量的经济含义与原序列并不相同，而有时我们仍然希望使用原序列进行回归。如果多个单位根变量之间由于某种经济力量而存在“长期均衡关系”，则有可能进行协整回归，其基本思想是，如果多个单位根序列拥有“共同随机趋势”则可以对这些变量作线性组合而消去此随机趋势，从而得到平稳的时间序列来分析经济变量。——笔者注

是否存在协整秩 h。如果 h=0,则不存在协整关系;如果=1 则存在一个协整关系;如果 h>1 则存在多个协整关系。同时检验该系统所对应的 VAR representation 的滞后阶数。

(3)估计协整关系。确定协整秩 h 后,可在给定的 rank=h 的条件下,运用极大似然估计(MLE)估计该系统的向量误差修正模型(VECM),得到协整方程,显示自变量对因变量的解释程度及显著性。

(4)诊断性检验。估计 VECM 模型后,应对模型的假设进行诊断性检验,包括残差自相关性及模型的平稳性进行检验。使用 LM 检验对残差自相关进行检验;对模型平稳性进行检验,如果所有特征都在单位圆内则为平稳过程,否则为不平稳模型。

(二) 实证分析

1. 数据

由于使用的是时间序列及其具有随机趋势,因此使用协整分析来研究农村城镇化对乡村产业兴旺、乡风文明、生活富裕、生态宜居、治理有效的影响效应。农村城镇化数量通过主因子分析,得到代表农村城镇化发展的主因子 city1 和主因子 city2;乡村产业兴旺通过主因子分析,得到衡量产业发展的主成分因子 ind;乡风文明使用农村居民家庭平均每人文教娱乐消费支出 cost 来进行衡量;生活富裕通过主因子分析,得到衡量农民生活水平的主成分因子 life;生态宜居使用农村固定资产投资额 home 来进行测量,同时由于农村固定资产投资额 home 具有时间趋势,因此对此取对数,得到 lnhome;治理有效使用地方财政支出 governance 来进行衡量,同时由于地方财政支出具有时间趋势,因此用 lngov 表示。

2. 考察自变量和因变量之间是否存在协整关系

使用趋势图分析来检验自变量与因变量之间是否存在协整关系。具有如下:

(1)图 5-1(a)是自变量农村城镇化的主因子 city1 和主因子 city2 与因变量农村产业兴旺 ind 的时间趋势图,从图中可以看出,农村城镇化的主因子 city1 和主因子 city2 与因变量农村产业振兴 ind 的正向变动,存在长期的均衡关系,例如在 2000 年、2004 年及 2010 年三个变量都有着向上增长的趋势,且三个变量似乎都存在时间趋势。

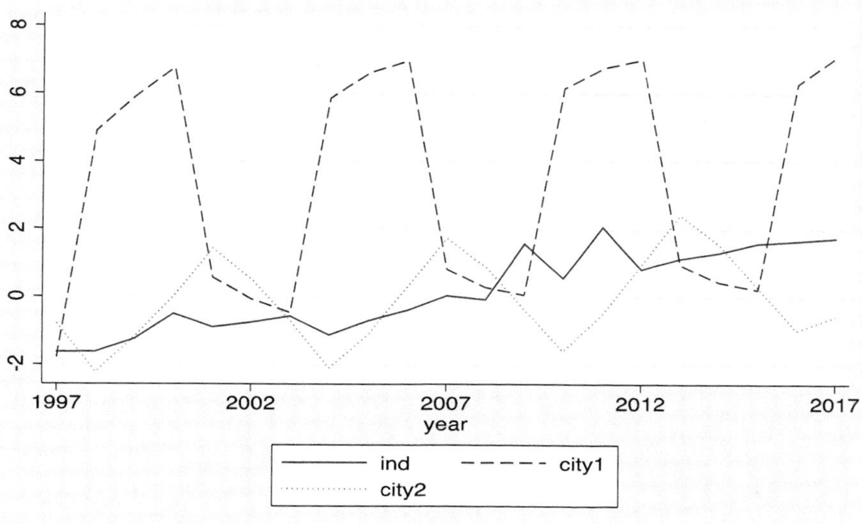

图 5-1(a)　农村产业兴旺时间趋势图

(2)图 5-1(b)是自变量农村城镇化的主因子 city1 和主因子 city2 与因变量农村居民家庭平均每人文教娱乐消费支出 cost 的时间趋势图,从图中可以看出,农村城镇化的主因子 city1 和主因子 city2 与农村居民家庭平均每人文教娱乐消费支出 cost 的正向变动,存在长期的均衡关系。

(3)农村生活富裕。图 5-1(c)是自变量农村城镇化的主因子 city1 和主因子 city2 与因变量农村生活富裕 life 的时间趋势图,从图中可以看出,农村城镇化主因子 city2 与因变量农村城生活富裕 life 正向变动,存在长期的均衡关系,例如在 2000 年、2007 年及 2014 年增长达到了顶峰,变量的变化趋势相同,且三个变量似乎都存在时间趋势。

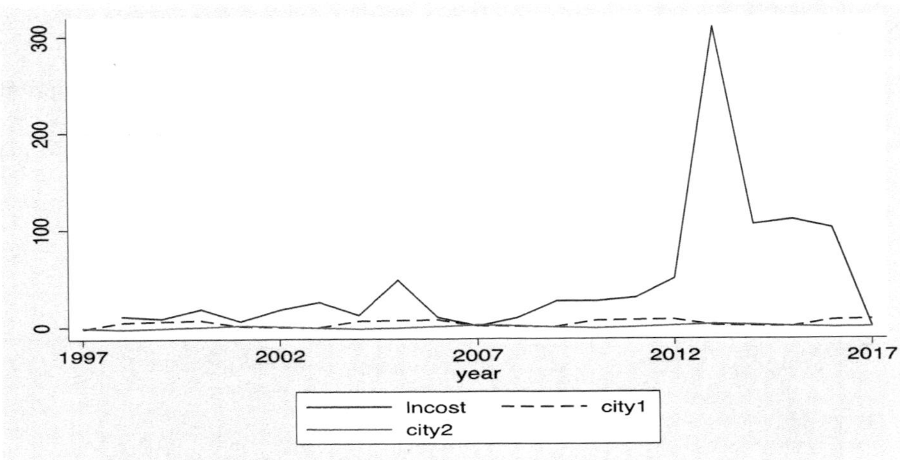

图 5-1(b)　农村乡风文明时间趋势图

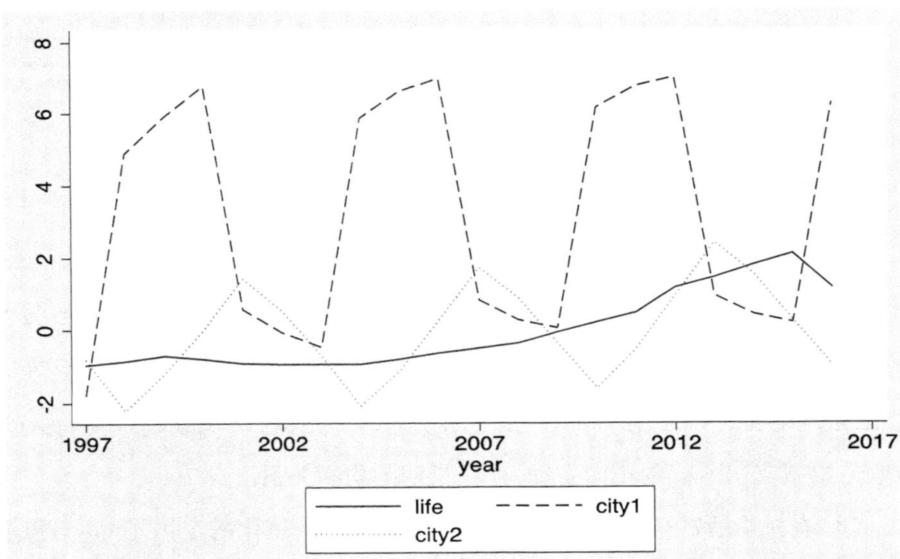

图 5-1(c)　农村生活富裕时间趋势图

(4)农村生态宜居。图 5-1(d)是自变量农村城镇化的主因子 city1 和主因子 city2 与因变量农村生态宜居 lnhome 的时间趋势图,从图中可以看出,农村城镇化主因子 city1、city2 与因变量农村生态宜居 lnhome 有着共同的增长趋势，存在长期的均衡关系。

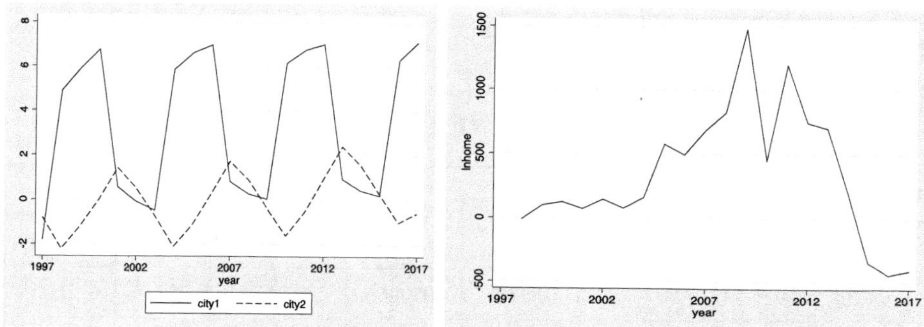

图 5-1（d）　农村生态宜居时间趋势图

（5）乡村治理有效。图 5-1（e）是自变量农村城镇化的主因子 city 和主因子 city2 与因变量乡村有效治理的时间趋势图，从图中可以看出，农村城镇化主因子 city1 与因变量乡村有效治理 lngov 正向变动，存在长期均衡关系，如 1999 年、2005 年及 2010 年增长达到了顶峰，变量的变化趋势相同，且三个变量都存在时间趋势。

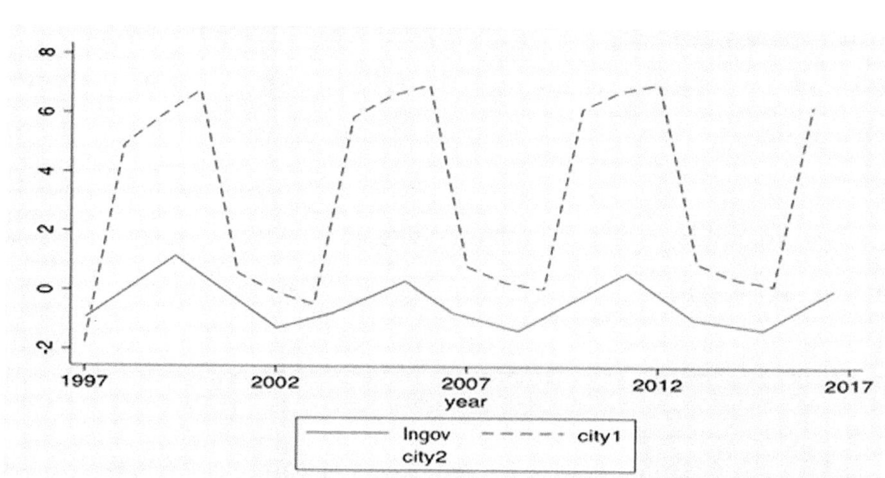

图 5-1（e）　乡村治理有效时间趋势图

3. 检验协整秩

首先,要检验该系统对应的 VAR 表示法的滞后阶数。

(1)农村产业兴旺。根据表 5-14(a):包含可以看出,应该选择滞后四阶来进行协整秩的检验。

表 5-14(a) 农村产业兴旺滞后阶数

lag	LL	LR	df	p	FPE	AIC	HQIC	SBIC
0	-93.0792				16.2845	11.3034	11.3181	11.4505
1	-36.2179	113.72	9	0.000	.059966	5.6727	5.73116	6.26085
2	-7.17283	58.09	9	0.000	.006452	3.31445	3.41676	4.34371
3	17.0269	48.399	9	0.000	.001554	1.52625	1.6724	2.99662
4	86,6786	139.3*	9	0.000	3.2e-06*	-5.6092*	-5.41924*	-3.6977*

(2)乡风文明。根据表 5-14(b)包含可以看出,应该选择滞后四阶来进行协整秩的检验。

表 5-14(b) 农村乡风文明滞后阶数

lag	LL	LR	df	p	FPE	AIC	HQIC	SBIC
0	-272.944				1.7e+09	32.5816	32.6011	32.7777
1	-179.872	186.14	9	0.000	205757	23.5144	23.6118	24.4946
2	-129.558	100.63	9	0.000	5459.87	19.4774	19.6528	21.2418
3	-68.7608	121.59	9	0.000	121.221*	14.2072	14.4605	16.7558
4	1782.84	3703.2*	9	0.000		-201.75*	-201.415*	-198.41*

(3)农村生活富裕。根据表 5-14(c)包含可以看出,应该选择滞后四阶来进行协整秩的检验。

表 5-14(c)　农村生活富裕滞后阶数

lag	LL	LR	df	p	FPE	AIC	HQIC	SBIC
0	-86. 9008				15. 2481	11. 2376	11. 245	11. 3825
1	-3. 14458	167. 51	9	0. 000	.001377	1. 89307	1. 92274	2. 47251
2	34. 7366	75. 762	9	0. 000	.000044	-1. 71707	-1. 66515	-. 703052
3	60. 485	51. 497	9	0. 000	8. 5e-06	-3. 81063	-3. 73645	-2. 36203
4	145. 431	169. 89*	9	0. 000	2. 3e-09*	-13. 304*	-13. 2074*	-11. 42*

(4)农村生态宜居。根据表 5-14(d)包含可以看出,应该选择滞后四阶来进行协整秩的检验。

表 5-14(d)　农村生态宜居滞后阶数

Lag	LL	LR	df	p	FPE	AIC	HQIC	SBIC
0	-187. 418				4. 4e+06	23. 8022	23. 8097	23. 9471
1	-140. 138	94. 56	9	0. 000	37649. 5	19. 0172	19. 0469	19. 5967
2	-113. 636	53. 003	9	0. 000	4942. 82	16. 8295	16. 8814	17. 8435
3	-76. 5023	74. 268	9	0. 000	232. 332	13. 3128	13. 387	14. 7614
4	2. 63939	158. 28*	9	0. 000	.130354*	4. 54508*	4. 64151*	6. 42826*

(5)乡村治理有效。根据表 5-14(e)可以看出,选择滞后四阶来进行协整秩的检验。

表 5-14(e)　乡村治理有效滞后阶数

Lag	LL	LR	df	p	FPE	AIC	HQIC	SBIC
0	-115. 937				10. 2513	11. 2374	11. 2476	17. 45
1	-109. 881	112. 55	9	0. 000	5. 9635	6. 9348	9. 6598	8. 6509
2	-96. 335	46. 77	9	0. 000	3. 7726	3. 2293	5. 4509	3. 1134
3	-75. 431	78. 31	9	0. 000	1. 9734	1. 2265	2. 109	0. 9476
4	25. 368	147. 22	9	0. 000	0. 0014*	0. 0056*	0. 0017*	0. 0052*

4. 确定协整秩,即共有多少个线性无关的协整向量。

(1)农村产业兴旺。根据表5-15(a)得到,包含常数项与时间趋势的协整秩表明,只有两个线性无关的协整向量。而且最大特征值也表明可以在5%的水平上拒绝“协整秩为0”的原假设。

表5-15(a) 农村产业兴旺协整秩检验

Maximum rank	parms	LL	eigenvalue	trace statistic	5% Critical value
0	33	45.60229	.	138.4855	34.55
1	38	89.36	0.994	50.96	18.17
2	41	110.50	0.916	2.68*	3.74
3	42	114.84	0.400		

(2)农村乡风文明。根据表5-15(b)得到,包含常数项与时间趋势的协整秩表明,只有一个线性无关的协整向量。而且最大特征值也表明可以在5%的水平上拒绝“协整秩为0”的原假设。

表5-15(b) 农村乡风文明协整秩检验

Maximum rank	parms	LL	eigenvalue	trace statistic	5% Critical value
0	33	45.60229	0.99977	203.8529	34.55
1	38	27.73427	0.89257	13.4823*	18.17
2	41	46.69676	0.74986	23.5573	3.74
3	42	58.475416	0.99977		

(3)农村生活富裕。根据表5-15(c)得到,包含常数项与时间趋势的协整秩表明,只有一个线性无关的协整向量。而且最大特征值也表明可以在5%的水平上拒绝“协整秩为0”的原假设。

表 5-15(c)　农村生活富裕协整秩检验

Maximum rank	parms	LL	eigenvalue	trace statistic	5% Critical value
0	15	24. 453077	.	120. 5749	23. 78
1	20	35. 834391	0. 99877	12. 1391 *	16. 87
2	23	41. 903952	0. 49054	8. 3172	3. 74
3	24	46. 062562	0. 37002		

(4)农村生态宜居。根据表 5-15(d)得到,包含常数项与时间趋势的协整秩表明,只有两个线性无关的协整向量。而且最大特征值也表明可以在 5%的水平上拒绝“协整秩为 0”的原假设。

表 5-15(d)　农村生态宜居协整秩检验

Maximum rank	parms	LL	eigenvalue	trace statistic	5% Critical value
0	33	57. 617992		378. 7593	34. 55
1	38	107. 68692	1	12. 1494 *	18. 17
2	41	123. 42426	0. 86015	8. 6748	3. 74
3	42	131. 76164	0. 64731		

(5)乡村治理有效。根据表 5-15(e)得到,包含常数项与时间趋势的协整秩表明,只有两个线性无关的协整向量,且最大特征值也表明可以在 5%的水平上拒绝“协整秩为 0”的原假设。

表 5-15(e)　乡村治理有效协整秩检验

Maximum rank	parms	LL	eigenvalue	trace statistic	5% Critical value
0	33	33.68901		215.3597	29.88
1	25	85.11535	1	14.3629*	17.53
2	18	102.99231	0.86015	5.3921	4.36
3	17	127.84164	0.64731		

5. 估计协整关系

确定协整秩 h 后，可在给定的 rank = h 的条件下，运用极大似然估计(MLE)估计该系统的向量误差修正模型(VECM)，得到协整方程，显示自变量对因变量的解释程度及显著性。

(1)农村产业兴旺。从表 5-16(a)可以看出变量 city1 和变量 city2 在 1%水平上对 ind 都有显著的影响，但其影响方向不同。具体来水，city1 对产业发展有着反向的显著影响，当农村城镇化主因子 1 变动 1 单位时，农村产业发展会反向变动 5.76 个单位；city2 对农村产业发展有着正向的显著影响，当农村城镇化主因子 2 变动 1 单位时，农村产业发展会正向变动 4.61 个单位。

(2)乡风文明。从表 5-16(b)可以看出变量 city1 和变量 city2 在 1%水平上对 cost 都有显著的影响，但其影响方向不同。具体来水，city1 对产业发展有着反向的显著影响，当农村城镇化主因子 1 变动 1 单位时，农村文化会反向变动 64.62 个单位；city2 对农村文化发展有着正向的显著影响，当农村城镇化主因子 2 变动 1 单位时，农村产业发展会正向变动 99.59 个单位。

(3)生活富裕。从表 5-16(c)可以看出变量 city1 和变量 city2 在 1%水平上对 life 都有显著的影响，但其影响方向不同。具体来水，city1 对农村生活水平的提高有着反向的显著影响，当农村城镇化主因子 1 变动 1 单位时，农村生活水平会反向变动 2. 77 个单位；city2 对农村生活水平的提高有着正向的显著影响，当农村城镇化主因子 2 变动 1 单位时，农村产业发展会正向变动 2. 88 个单位。

（4）生态宜居。从表 5-16（d）可以看出变量 city1 在 1%水平上对 lnhome 有显著的积极影响，农村城镇化主因子 1 对农村生态宜居水平的影响弹性为 1110. 92%；但是 city2 对农村生态宜居水平没有显著的影响。

（5）治理有效。从表 5-16（e）可以看出变量 city1 在 1%水平上对 lngov 有显著的积极影响，农村城镇化主因子 1 对乡村治理有效的影响弹性为 3. 965011%，但 city2 对乡村治理有效水平影响不显著。

表 5-16（a）　农村产业兴旺回归结果

Beta	Coef.	Std.Err.	z	P>|z|	[95% Conf.Interval]	
_cel						
Ind	1	.	.	.	.	.
city1	5. 76	0. 53	10. 81	0. 000	4. 71	6. 80
city2	−4. 61	0. 25	−18. 41	0. 275	−5. 101	−4. 12
_cons	−18. 59					

表 5-16（b）　农村乡风文明回归结果

Beta	Coef.	Std.Err.	z	P>|z|	[95% Conf.Interval]	
_cel						
lncost	1	.	.	.	.	.
city1	63. 62	1. 76	36. 81	0. 000	64. 18	68. 06
city2	−99. 60	0. 70	−148. 83	0. 000	−100. 91	−98. 29
_cons	−233. 46					

表 5-16(c)　农村生活富裕回归结果

Beta	Coef.	Std.Err.	z	P>|z|	[95% Conf.Interval]	
_cel						
Life	1	.	.	.	.	.
city1	2. 77	0. 03	100. 78	0. 000	2. 71	2. 82
city2	−2. 89	0. 03	−87. 22	0. 000	−2. 95	−2. 82
_cons	−8. 98					

表 5-16(d)　农村生态宜居回归结果

Beta	Coef.	Std.Err.	z	P>|z|	[95% Conf.Interval]	
_cel						
lnhome	1	.	.	.	.	.
city1	−1110. 92	72. 24	−15. 38	0. 000	−1252. 51	−969. 33
city2	−62. 27	49. 46	−1. 26	0. 000	−159. 22	34. 67
_cons	3145. 55					

表 5-16(e)　乡村治理有效回归结果

Beta	Coef.	Std.Err.	z	P>|z|	[95% Conf.Interval]	
_cel						
Lngov	1	.	.	.	.	.
city1	3. 965011	0. 227431	97. 25	0. 000	2. 843156	2. 754382
city2	−1. 493427	0. 315407	−2. 59	0. 275	−6. 967821	−6. 390201
_cons	−6. 372938					

6. 诊断性检验

估计 VECM 模型后，应对模型的假设进行诊断性检验，包括残差自相关性及模型的平稳性检验。

(1)农村产业兴旺。首先使用 LM 检验对残差自相关进行检验,得到表 5-16(a-1),表明对于一阶自相关和二阶自相关其相应的 p 值为 0.219 和 0.343,都大于 0.1,因此可以接受不存在自相关的原假设。其次,对模型平稳性进行检验,得到 5-16(a-2)系统稳定性判别表和 5-2(a)系统稳定性判别图,表明所有特征都在单位圆内,所以该模型为平稳模型。

表 5-16(a-1)　农村产业兴旺残差自相关检验

lag	chi2	df	Prob > chi2
1	11.90	9	0.22
2	10.10	9	0.34

表 5-16(a-2)　农村产业兴旺系统稳定性表

Eigenvalue		Modulus
-4.262		4.262
1		1
1		1
-.997		.997
.496	+.859i	.992
.496	-.859i	.992
.798		.798
.368	+.621i	.722
.368	-.621i	.722
-.316	+.532i	.618
-..316	-5.317	.618
-.458		.457

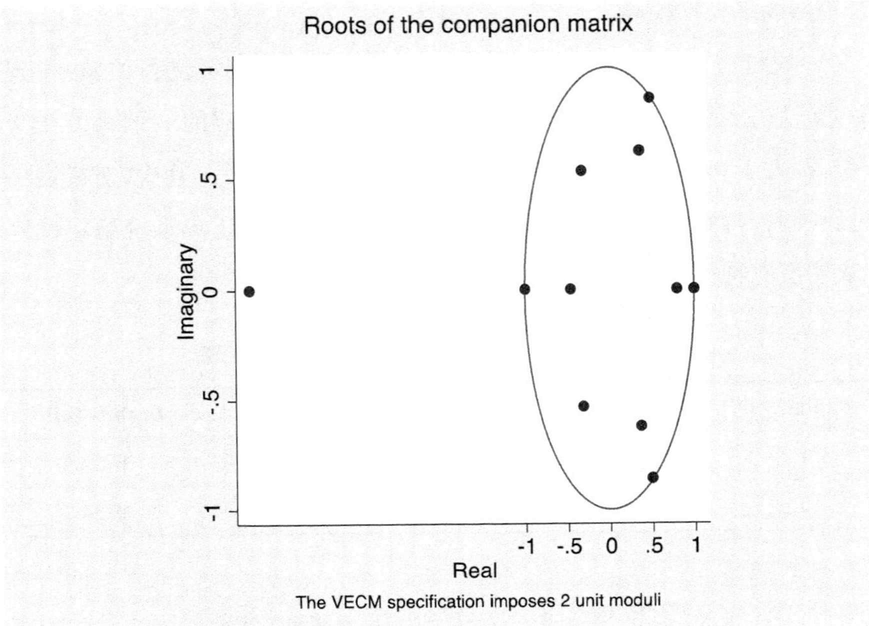

图 5-2(a)　农村产业兴旺系统稳定性判别图

(2)农村乡风文明。首先使用 LM 检验对残差自相关进行检验,得到表 5-16(b-1),表明对于一阶自相关和二阶自相关其相应的 p 值为 0.39 和 0.143,都大于 0.1,因此可以接受不存在自相关的原假设。其次,对模型平稳性进行检验,得到 5-16(b-2)系统稳定性判别表和 5-2(b)系统稳定性判别图,表明所有特征都在单位圆内,所以该模型为平稳模型。

表 5-16(b-1)　农村乡风文明残差自相关检验

lag	chi2	df	Prob > chi2
1	9.53	9	0.39
2	13.46	9	0.14

表 5-16(b-2)　农村乡风文明系统稳定性表

Eigenvalue		Modulus
1. 062	+0. 546	1. 194
1. 062	−0. 546	1. 194
−1. 037		1. 037
1		1
1		1
.492	+.863*i*	.993
.492	−. 853*i*	.993
−. 378	+.896*i*	.972
−. 378	−. 896*i*	.972
−. 953		.953
.218	+.696*i*	.730
.218	+.696*i*	.730

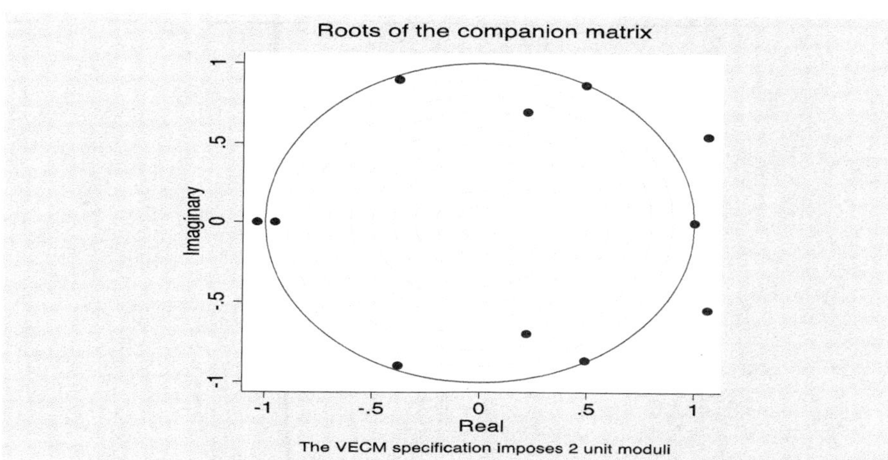

图 5-2(b)　农村乡风文明系统稳定性判别图

(3)农村生活富裕。首先使用 LM 检验对残差自相关进行检验,得到表 5-16(c-1),表明对于一阶自相关和二阶自相关其相应的 p 值为 0. 18 和 0. 58,都大于 0. 1,因此可以接受不存在自相关的原假设。其次,对模型平稳性进行检验,得到 5-16(c-2)系统稳定性判别表和 5-2(c)系统稳定性判别图,表明所有特征都在单位圆内,所以该模型为平稳模型。

表 5-16(c-1) 农村生活富裕残差自相关检验

lag	chi2	df	Prob > chi2
1	12. 60	9	0. 18
2	7. 51	9	0. 58

表 5-16(c-2) 农村生活富裕系统稳定性表

Eigenvalue		Modulus
−1. 047		1. 047
1		1
1		1
.491	+.836*i*	.969
.491	−. 836*i*	.969
.319		.319

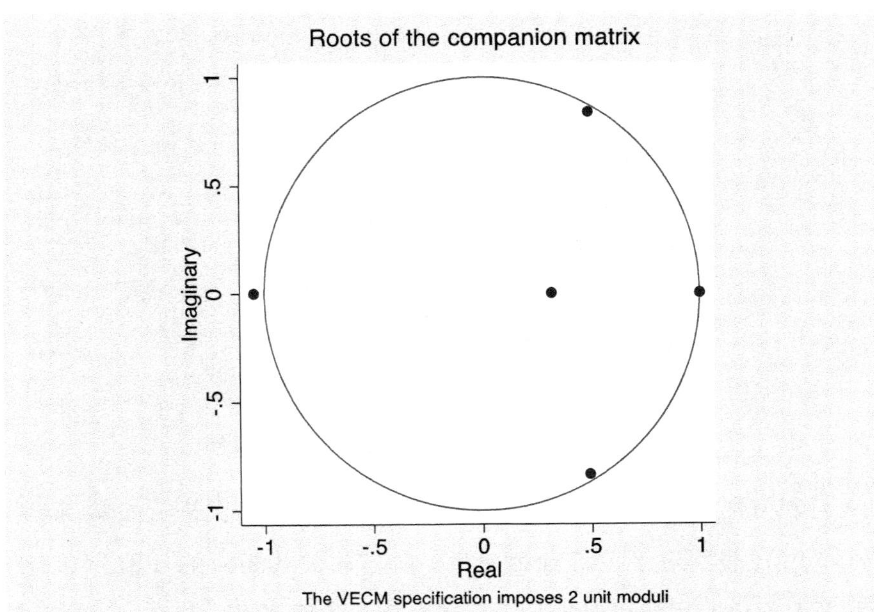

图 5-2(c) 农村生活富裕系统稳定性判别图

(4)农村生态宜居。首先使用 LM 检验对残差自相关进行检验,得到表 5-16(d-1),表明对于一阶自相关和二阶自相关其相应的 p 值为 0.13 和 0.16,都大于 0.1,因此可以接受不存在自相关的原假设。其次,对模型平稳性进行检验,得到 5-16(d-2)系统稳定性判别表和 5-2(d)系统稳定性判别图,表明所有特征都在单位圆内,所以该模型为平稳模型。

表 5-16(d-1)　农村生态宜居残差自相关检验

lag	chi2	df	Prob > chi2
1	13.90	9	0.13
2	13.12	9	0.16

表 5-16(d-2)　农村生态宜居系统稳定性表

Eigenvalue		Modulus
1		1
1		1
.535	+.824*i*	.982
.535	-.824*i*	.982
-.925		.925
-.481		.481

(5)乡村治理有效。首先,使用 LM 检验对残差自相关进行检验,得到表 5-16(e-1),表明对于一阶自相关和二阶自相关其相应的 p 值为 0.14 和 0.16,都大于 0.1,因此可以接受不存在自相关的原假设;然后,对模型平稳性进行检验,得到 5-16(e-2)系统稳定性判别表和 5-2(e)系统稳定性判别图,表明所有特征都在单位圆内,所以该模型为平稳模型。

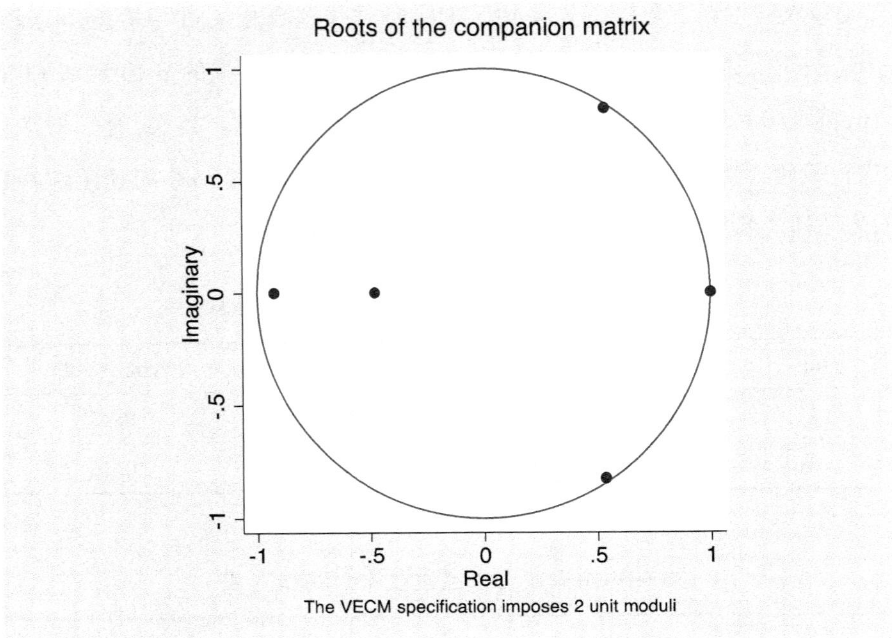

图 5-2(d)　农村生态宜居系统稳定性判别图

表 5-16(e-1)　乡村治理有效残差自相关检验

lag	chi2	df	Prob > chi2
1	12. 5192	9	0. 13679
2	12. 0134	9	0. 16305

表 5-16(e-2)　乡村治理有效系统稳定性表

Eigenvalue		Modulus
1		
1		
.5583218 +	.7319785*i*	.962371
.5583218−	.7319785*i*	.962371
−. 9031157		.935612
−. 4553899		.471156

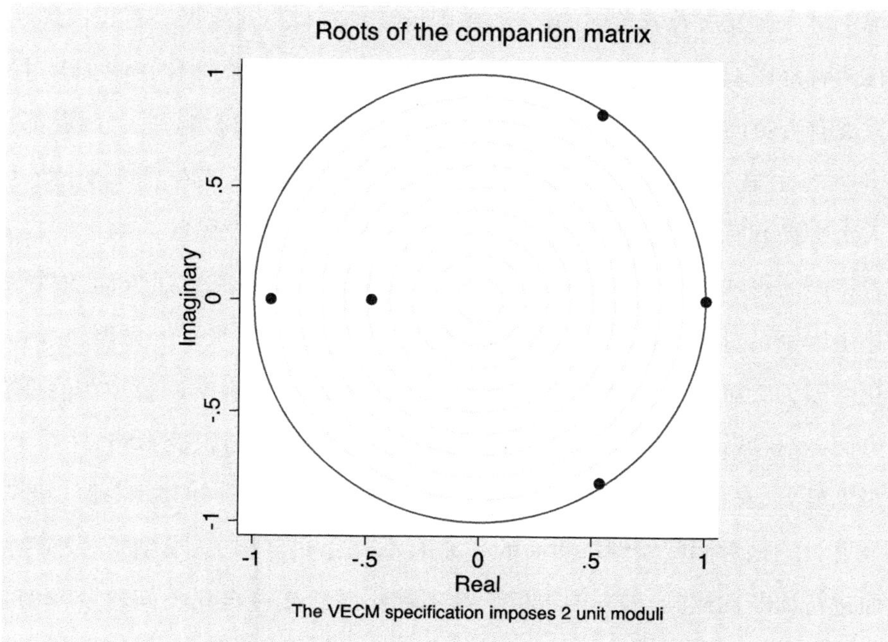

图 5-2(e)　乡村治理有效系统稳定性判别图

五、结论

为衡量农村城镇化对乡村振兴的影响。一是应用主成分因子分析法，对农村城镇化进行测量，得到一个标准化的主成分因子值；二是分析农村城镇化主成分因子值对产业兴旺、乡风文明、生活富裕、生态宜居、治理有效的影响效果。由于使用 1997—2017 年份的全国城镇数据及农村数据，且该数据具有相同的随机变动趋势，具有长期均衡关系，因此采用协整分析对变量数据进行测量，以保证回归结果的有效性及可靠性。(1)对自变量和因变量的时间趋势进行考察，发现农村城镇化和乡村振兴 5 方面都存在着相似变动趋势；(2)为检验是否具有协整关系，通过检验协整秩得到四组自变量和因变量都存在协整秩，因此存在协整关系；(3)运用极大似然估计(MLE)方法对 VECM 模型进行估计得到农村城镇化对乡村振兴的影响。在产业兴旺方面，农村城镇化主因子 1 对产业发展有着负向的影响，主因子 2 对农村产业发展有着正向影响，并且两者都在 1%的水平上显著。在乡风文明方面，农村城镇化主因子 1 对文化发展有着负向的影响，主因子 2 对文化发展有着正向的影响，并且两者都在 1%的水平上显著。在生活富裕方面，农村城镇化主因子 1 对生活水平及农民收入水平提升有着负向的影响，主因子 2 对生活水平及农民收入水平的提升有着正向的影响，并且两者都在 1%的水平上显著。在生态宜居方面，农村城镇化主因子 1 对生态宜居具有显著的积极影响，并在 1%水平上显著，农村城镇化主因子 2 对农村生态宜居有着正向的影响，但是影响不显著。在治理有效方面，农村城镇化主因子 1 对乡村治理有效有着显著的积极影响，并在 1%水平上显著，农村城镇化主因子 2 对乡村治理有效有着正向的影响，但是影响不显著。三是对回归模型从滞后的残差有没有存在自相关、模型是否平稳两方面进行诊断性检验，得到四组模型都不存在滞后残差自相关问题及模型是平稳的结论，因此加强了模型回归的可靠性。

通过运用主因子成分分析法、协整分析及极大似然估计（MLE），得到了农村城镇化对乡村振兴有着积极的推动作用，但影响水平及影响方向存在差异。

（1）从农村产业兴旺方面来看，农村城镇化对产业发展有着显著的积极的影响，但是农村城镇化中的两个主成分因子的影响方向不同。

主成分因子 1 对产业发展有着负向的显著影响。主成分因子 1 包含了城镇人口占总人口比例、第三产业就业人员比重、城镇登记失业率、燃气普及率、用水普及率、人均拥有道路面积等信息。随着经济的发展，劳动力总是由农业部门向非农业部门移动，资源总是会从农村部门向效率使用高的城市部门转移。因此城镇人口占总人口比例、第三产业就业人员比重、燃气普及率、用水普及率、人均拥有道路面积等变量增长说明农村城镇化水平的提高，促进农村产业的发展，尤其是城镇人口占总人口变量及第三产业就业人员比重变量的增长，但是实际情况并非如此。我国是一个有着悠久农耕历史的国家，农业在我国经济中发挥了重要的作用,农业无法快速实现规模化经营,加强劳动力由农业部分向工业部门流动会造成农村土地荒化,严重影响我国粮食安全及农村经济的发展。农民素质不高,不具备工业化生产的职业技能,在城镇化的过程中,会造成大量农民失业,使得城镇化失业率上升,影响了农民的收入水平。

主成分因子 2 对产业兴旺有着显著的正向影响。主成分因子 2 包含了人均 GDP、第三产业增加值、固定资产投资额、城镇居民可支配收入、城镇医疗保险支出、城镇最低保障人数等信息,从这些信息来看,反映的都是保障人们基本生活的基础设施建设和公共服务供给。人均 GDP 及第三产业增加值的提升说明城镇化发展良好,企业入驻带动当地产业发展,增加农民收入,而中小城镇作为城乡地域上的中间环节,有利于发挥辐射带动作用,促进周边农村产业的发展;城镇基础设施的完善及公共服务供给提升进一步促进城镇建设,进一步吸引厂商入驻,收入水平及生活保障提升有利于促进消费,带动农村旅游发展。

(2)从农村乡风文明方面来看,农村城镇化的发展对农村乡风文明有着显著的积极影响,但是农村城镇化中的两个主成分因子的影响方向不同。

第一,主成分因子 1 对文化发展有着负向的显著影响。文化的兴盛要加强农村传统文化的发展,也要加强农民文化自信,以文化资源转化为经济资源,促进农村文化和经济双重发展。农村城镇化吸引农村劳动力向城镇转移,造成城镇人口占比的增加、第三产业人口的增加,但由于农村劳动力素质的低下,造成城镇登记失业率上升的局面,也造成农民收入水平的下降,影响农民在文教娱乐等方面的消费。农村作为传统文化的发源地,农村劳动力流转造成传统文化的遗失,不利于农村产业多元化发展。

第二,主成分因子 2 对文化发展有着显著的正向影响。随着城镇基础设施建设的完善及城镇公共服务供给能力的提升,农村城镇化高质量发展,促进城镇服务业、文化的发展,而农村作为我国传统文化的发源地,满足了城镇发展的文化需求,带动了农村传统文化产业的兴盛。随着人均 GDP 增长等人均收入水平的提升,农村具有丰富的自然资源及人文资源,促进农村历史小镇、旅游小镇等特色小镇的建设,将文化资源转化为经济资源进一步促进农村文化的振兴。

(3)从生活富裕上看,农村城镇化的发展对农村生活富裕有着显著的积极的影响,但是农村城镇化中的两个主成分因子的影响方向不同。

第一,主成分因子1对生活水平提升有着显著的负向影响。随着农村城镇化加大城镇人口占总人口的比重、第三产业就业人员比重,促进劳动力由农村向城市的流动,但会对农村造成不利的影响。城镇化以较低成本促进劳动力大量由农村部门向生产效率高的非农业部门转移,我国人口基数大、经济发展不均衡造成农村劳动力的素质较低,不具备从事工业化生产的能力,会提高农民在农村城镇化过程中的失业率,影响人们的生活质量;大量劳动力由农业部门向非农部门转移,会造成农村土地荒废、留守儿童及空巢老人的现象,不利于农村发展及城乡资源的优化配置,从而影响了农民收入水平。

第二,主成分因子2对生活水平的提高有着积极显著的正向影响。农民生活水平提高不仅表现在收入水平上,还表现在生活质量的提升。主成分因子2中大多是反映农村城镇化基础设施建设和公共服务供给等指标。农村城镇化并不是单纯的“人上楼”而是发挥集聚效应,将农民聚集在一起生产生活,集中资源优势促进农村的发展,提高人们生活环境及生活质量。因此,农村城镇化中基础设施的建设极大的改善农民的生活环境,为人们的生活提供了便利。社会保障等社会公共服务供给增加保障人民生活的基本权利,让人民共享经济发展成果。

(4)从生态宜居上看,农村城镇化的发展对农村生活环境的改善有着显著的积极影响,但是农村城镇化中的两个主成分因子的影响程度有所不同。

第一,农村城镇化主因子1对农村生态宜居具有显著的正向影响。农村城镇化加强了农村基础设施建设,承接部分社会职责,解决农民生活、生产产生的垃圾等废弃物的处理,减少农用垃圾对生态环境的破坏,为农民提供良好居住环境。另一方面,农村生态宜居,不仅包括自然环境宜居,且包括社会环境的宜居，城镇化中燃气普及率、用水普及率及人均拥有道路面积等提升改善人民生活条件，为生产及生活提供极大的便利，从而提高农民的生活水平，实现生态宜居。

第二，农村城镇化主因子 2 对农村生态宜居影响不显著。农村城镇化增加农民就业的机会，推动第三产业发展，提高农民收入水平，但农村城镇化不一定会促进乡村生态宜居。从生态保护的角度上来看，县、中心镇、重点镇及中心村作为承接产业转移的重要载体，承接由城市转来的落后的产能，这些产能具有消耗大、污染重的特点，因此不利于农村生态环境的保护。从宜居角度来看，农村生态宜居不单单是环境上的宜居，还包括社会风气的治理，农民收入水平的提升，极大的解决农民温饱问题，但窜出黄赌毒、邪教等不正之风，严重影响社会风气，不利于和谐文明社会的建立。因此，为促进农村生态宜居，不仅仅要加快农村经济发展，还应当注重绿色协调可持续发展；不仅仅改善农民物质生活条件，还应当加强思想及价值观教育，提高农民受教育水平，树立正确人生观、价值观、世界观，只有这样才能打造可持续发展的生态宜居场所。

（5）从治理有效上看，农村城镇化的发展对乡村治理有效有着显著的积极影响，但是农村城镇化中的两个主成分因子的影响程度有所不同。

第一，农村城镇化主因子 1 对乡村治理有效有着显著的积极影响。农村城镇化建设加大农村基础建设及公共服务供给，极大改善农民生活条件的同时，也发挥集聚效应，将农民聚集在一起，组建新的社区，建立党群服务中心和社区服务中心，为农村有效治理提供条件。同时，乡村治理也强调农民自治，开展“村居好人”“道德标兵”“文明家庭”等评比活动，规范农民行为。因此，农村城镇化基础设施建设有利于乡村治理有效。

第二，农村城镇化主因子 2 对乡村治理有效的影响效果不显著。主因子 2 主要反映农民经济水平，与生态宜居相似，农村经济水平提高对乡村治理有效影响不显著。农村城镇化改善人民的生活条件，从物质上解决了农民的生存问题，但农村平均受教育水平低下，容易受到黄赌毒、邪教等不正之风影响，及农民“上楼”聚集在一起，盲目跟风后形成不良风气对社会造成不利问题，不利于农村城镇化有效治理。

第四节　西部地区农村城镇化推动乡村振兴的实证

运用西部地区陕西、四川、云南、贵州、广西、甘肃、青海、宁夏、西藏、新疆、内蒙古、重庆市等12个省、自治区和直辖市的数据及前部分使用的主成分因子分析法及回归进行测度，验证农村城镇化在乡村振兴中的积极作用。

一、描述性统计

表5-17　描述性统计

变量	样本量	均值	标准差	最小值	最大值
产业指标	120	1.170713	3.927389	−1.88756	14.68319
生活指标	120	−.0207442	0.9874104	−1.771217	2.499934
生态指标	120	−.0953351	1.027198	−2.06847	2.268382
文化指标	120	−.0451762	1.003849	−1.615959	1.666514
治理指标	120	1.035427	1.357034	−1.334626	1.519272
城镇化主因子1	120	0.1103712	0.9308398	−4.032431	1.522183
城镇化主因子2	120	0.134386	1.191201	−1.748793	6.168209

二、回归结果

表5-18　农村城镇化主因子1

	2008	2009	2010	2011	2012	2013	2014	2015	2016	2017
新疆	−1.74	−0.85	−0.14	−0.05	0.25	0.60	1.03	1.52	0.75	0.62
宁夏	−1.15	−0.86	−0.78	−0.13	0.08	0.31	0.41	1.13	1.02	1.04

续表

	2008	2009	2010	2011	2012	2013	2014	2015	2016	2017
青海	−1. 39	−1. 13	−0. 50	0. 22	0. 61	0. 70	0. 56	0. 83	0. 89	1. 04
甘肃	−1. 15	−0. 95	−0. 54	0. 17	0. 92	0. 90	0. 81	0. 87	0. 37	−0. 09
陕西	−1. 34	−1. 23	−0. 43	0. 32	0. 35	0. 51	0. 58	0. 69	0. 86	1. 13
西藏	−3. 99	−4. 03	−0. 95	0. 33	0. 28	0. 96	1. 40	0. 84	0. 80	0. 76
贵州	−1. 31	−0. 93	−0. 44	0. 12	0. 45	0. 47	0. 48	0. 68	0. 83	1. 03
云南	−1. 56	−1. 12	−0. 42	0. 17	0. 39	0. 65	0. 67	1. 00	0. 92	0. 99
四川	−1. 17	−0. 51	−0. 30	0. 22	0. 29	0. 24	0. 38	0. 50	0. 79	1. 14
重庆	−0. 94	−0. 50	−0. 38	0. 26	0. 11	0. 10	0. 15	0. 30	0. 84	1. 38
广西	−1. 23	−0. 82	−0. 19	−0. 10	0. 18	0. 62	0. 54	0. 38	0. 81	1. 20
内蒙古	−1. 26	−0. 77	−0. 21	0. 22	0. 60	1. 04	0. 60	0. 63	0. 52	0. 45

表 5-18　农村城镇化主因子 2

	2008	2009	2010	2011	2012	2013	2014	2015	2016	2017
新疆	0. 65	−0. 08	−0. 76	−0. 60	−0. 56	−0. 42	−0. 36	−0. 64	0. 61	1. 53
宁夏	−0. 23	−0. 18	−0. 23	−0. 84	−0. 09	0. 25	0. 33	0. 17	0. 95	1. 54
青海	0. 03	0. 03	−0. 23	−0. 53	−1. 37	−0. 51	−0. 36	−0. 09	0. 76	1. 56
甘肃	−0. 80	−0. 61	−0. 60	−0. 91	−1. 05	−0. 35	0. 29	0. 86	1. 73	2. 60
陕西	−0. 38	−0. 01	−0. 91	−0. 69	−0. 31	0. 14	0. 53	0. 49	0. 82	1. 03
西藏	6. 00	6. 17	0. 42	−1. 75	−1. 40	−1. 27	−0. 74	−0. 16	0. 64	1. 57
贵州	−0. 57	−0. 57	−0. 88	−1. 09	−0. 81	−0. 28	0. 66	1. 05	1. 48	1. 87
云南	0. 61	0. 30	−0. 53	−1. 48	−0. 92	−0. 29	−0. 25	0. 08	0. 72	1. 16
四川	−0. 78	−0. 99	−0. 74	−0. 81	−0. 50	−0. 11	0. 55	1. 03	1. 39	1. 70
重庆	−1. 16	−1. 43	−0. 63	−0. 65	0. 03	0. 59	1. 00	1. 28	1. 18	1. 09
广西	−0. 50	−0. 60	−1. 06	−0. 44	−0. 29	−0. 48	0. 39	1. 37	1. 41	1. 49
内蒙古	−0. 86	−0. 90	−0. 89	−0. 69	−0. 51	−0. 18	0. 57	1. 11	1. 46	1. 76

表 5-19　西部地区农村城镇化对乡村振兴回归结果

变量	产业兴旺	生活富裕	生态宜居	乡风文明	治理有效
主因子 1	-0.626**	0.733***	0.867***	-0.847***	0.635***
	(0.391)	(0.0639)	(0.0622)	(0.0339)	(0.0362)
主因子 2	-0.185	0.379***	0.268***	0.554***	-0.124
	(0.305)	(0.0499)	(0.0486)	(0.0265)	(0.0298)
常数项	1.265	-0.153	-0.227	-0.213	-0.236
	(0.363)	(0.0594)	(0.0579)	(0.0316)	(0.0304)
观测值	120	120	120	120	120
R^2	0.723	0.752	0.637	0.887	0.860

注：***，**，* 分别代表在 1%，5%及 10%的水平上显著，括号内为变量的标准差。

三、结果分析

使用 2008—2017 年份西部 12 省、自治区及直辖市的数据对模型进行异质性分析，衡量农村城镇化对乡村发展的影响。首先应用主成分因子分析法，对西部地区的农村城镇化、农村产业振兴、农村生活富裕等进行测量，得到一个标准化的主成分因子值；其次应用农村城镇化主成分因子值对农村发展从产业兴旺、乡风文明、生活富裕、生态宜居、治理有效等方面进行回归分析，回归结果显示农村城镇化对乡村振兴有着显著的影响，但其影响程度及影响方向存在差异，具体如下：在农村产业兴旺方面，农村城镇化主因子 1 对农村产业有着显著的负向影响，并在 5%的水平上显著，主因子 2 对产业有着正向的影响，但影响并不显著；在生活富裕方面，农村城镇化主因子 1 和主因子 2 对乡村生活水平及农民收入水平的提升有着正向的影响，并且两者都在 1%对水平上显著；在生态宜居方面，农村城镇化主因子 1 和主因子 2 对农村生态宜居具有显著的积极影响，并在 1%水平上显著；在乡风文明方面，农村城镇化主因子 1 和主因子 2 对乡村文化发展有着正向对影响，且两者都在 1%对水平上显著；在乡村治理有效方面，农村城镇化主因子1对乡村治理有效有着积极影响，并在1%的水平上显著，农村城镇化主因子2对乡村治理有效有着负向影响，但影响不显著。

通过运用主成分因子分析法及极大似然估计（MLE），得到了西部地区农村城镇化对乡村振兴有着积极的推动作用，但影响水平及影响方向存在差异，具体如下：

（1）从农村产业兴旺方面来看，农村城镇化对农村产业有着显著的负向影响，但是农村城镇化中的两个主成分因子的影响程度不同。主成分因子1对乡村产业有着负向的显著影响，这与全国样本中得到的结论一致。西部地区由于地理位置及不均衡发展政策造成西部地区经济发展较为落后，具体表现为第一产业生产效率较低，以小农经济为主，第二产业发展缓慢，大多为粗放型的生产方式，第三产业发展方式单一。西部地区工业化程度不高，无法以“工业反哺农业”，促进农业现代化的发展；二三产业发展程度不高，无法真正地实现三产融合。同时，农村城镇化造成大量的建设成本及搬迁成本等，加重地方财政开支。因此，从实际出发，以技术、资金、政策等引导农村逐步向规模化及现代化靠拢，实现农村经济的持续发展；农民素质不高，不具备工业化生产的职业技能，城镇化造成大量农民失业，使城镇化失业率上升，影响农民的收入水平，应加强农民职业技能培养及基本素质的提升。

（2）从生活富裕上看，西部地区农村城镇化对乡村生活富裕有着显著的积极影响。第一，主成分因子1对生活水平提升有着显著的正向影响，与全国样本的回归结果相反，这是由于西部地区落后经济发展现状决定的。与中部和东部乃至全国经济发展水平相比，西部工业化进程缓慢，二、三产较为落后，但随着西部大开发战略及产业多元化趋势，西部成为东部产业转移的承接地，一定程度上促进西部产业结构的完善及工业化发展。当第二产业所付出的工资略高于第一产业时，会促使劳动力由第一产业向第二产业转移，而农村城镇化的推进，加大城镇人口占总人口比重、加大第三产业就业人员比重，促进劳动力由农村向城市的流动，提高农民的工资收入。同时，农村城镇化拓宽农民收入渠道，对改善农民生活有着显著的积极的正向影响；第二，主成分因子 2 对乡村生活水平的提高有着显著的正向影响，这与全国样本回归结果一致。农民生活水平的提高不仅表现在收入水平上，还表现在生活质量上。主成分因子 2 中大多是反映农村城镇化基础设施建设和公共服务供给的指标。农村城镇化并不是单纯的“人上楼”而是发挥集聚效应，将农民聚集在一起生产生活，集中资源优势促进农村发展，提高人们生活环境及生活质量。因此，农村城镇化基础设施建设极大改善农民生活环境，社会保障等社会公共服务供给增加保障人民生活基本权利，让人民共享经济发展成果。

(3)从生态宜居上看，农村城镇化对乡村生活环境改善有着显著积极影响，与全国样本回归结果相似。一方面，农村城镇化促进农村集聚效应的发展，有利于提高人口、环境的质量。农村城镇化承接了部分社会职责，解决了生活生产垃圾等废弃物处理，有利于减少对生态环境的破坏。同时，农村城镇化引导农村合理规划土地等不可再生资源，减少了资源的浪费；另一方面，生态宜居不仅包括自然环境的宜居，且包括社会环境的宜居。燃气普及率、用水普及率及人均拥有道路面积等提升在很大程度上改善人民生活条件，为生产生活提供了极大的便利，提高了农民生活水平。

(4)从农村乡风文明方面来看，农村城镇化对农村乡风文明有着显著的积极影响，但是农村城镇化中的两个主成分因子的影响方向不同，这与全国样本回归的结果一致。第一，主成分因子 1 对文化发展有着负向的显著影响。由于农村劳动力素质的低下，造成城镇登记失业率上升的局面，同时也造成农民收入水平的下降，影响农民在文教娱乐等方面的消费；农村作为传统文化的发源地，农村劳动力的流转造成传统文化遗失，不利于农村产业多元化发展，阻碍了文化产业发展；第二，主成分因子 2 对文化发展有着显著的正向影响。随着城镇基础设施完善及城镇公共服务供给能力的提升，有利于提高农村城镇化高质量发展，促进了城镇服务业、文化的发展，而农村作为我国传统文化的发源地，满足了城镇发展的文化需求，带动农村传统文化产业的兴盛。同时，随着人均收入水平的提升，物质需求转换为对物质和精神的双重需求，农村具有丰富的自然资源及人文资源，促进农村历史小镇、旅游小镇等特色小镇的建设，将文化资源转化为经济资源进一步促进乡村振兴。

（5）从乡村治理有效方面来看，农村城镇化对乡村治理有效有着显著影响，但农村城镇化中两个主成分因子影响方向及影响程度不同，这与全国样本回归的结果一致。农村城镇化主因子 1 对乡村治理有效有着显著的积极影响，并在 1%的水平上显著，农村城镇化变动一个标准差，有效治理变动弹性为 63. 5%。农村城镇化主因子 1 是反映农村基础设施建设、人口城镇化建设程度的一个指标。农村城镇化水平反映了聚集水平，尤其是在西部地区，社区建立对治理有效有着较大效应；第二，农村城镇化主因子 2 对乡村治理有效有着负向影响，但影响不显著。主因子 2 是反映农村城镇化经济水平的一个指标，从回归结果来看，农村经济发展不利于乡村治理有效，这与西部地区现状相符，原因在于农村城镇化拓宽农民收入来源，增加了就业机会，但西部地区农民受教育水平及综合素质较低，农村城镇化使农民容易受到外界黄赌毒、邪教等不正之风的影响，对乡村有效治理造成阻碍，但该影响较小，应当加强农民思想道德教育，树立正确价值观。

综上所述，西部地区由于其经济发展现状及地理区位等特征影响，造成回归结果与全国样本在生活富裕及乡风文明等方面上存在些许差异，但从整体来看，农村城镇化还是推动乡村振兴的积极力量，因此应积极发挥农村城镇化对乡村振兴的积极作用，提高农业生产效率，促进农村三产融合；提高农民基本素质，加强农民的自信心；加强农村基础设施建设和公共服务供给，保障人民最基本的生活权利；保护农村生态环境，促进农村绿色经济发展；发挥基层作用，充分调动社会积极性，促进乡村社会和谐共生。

第六章　西部地区乡村振兴背景下农村城镇化的治理结构

城乡融合发展与新型村镇建设是相辅相成、互为支撑,城乡融合是新型村镇建设的终极目标,也是新型村镇建设的理论指导和重要任务,而新型村镇建设是城乡融合发展的实现路径和重要载体。创新治理的空间结构、动力机制及其民族文化生态,创造结构合理、功能高效和生态优化的"空间利益共同体"。

第一节　农村城镇化治理生成逻辑:权利、资本、生活、公众

农村城镇化治理问题伴随着农村发展而逐渐生成和演化,权利、资本、生活、公众是治理的基本逻辑。

一、西部农村城镇化治理问题的表现

新中国成立以来,国家十分重视西部地区的发展,为西部地区提供重要政策条件,当前农村城镇化突出的治理问题主要包括:农民权利得不到很好保障,资本下乡不到位以及资本下乡导致农民"被上楼",农民的生活水平没有

实质性的提高,公众参与度不高等。

(一) 农村城镇化过程中资本投放及约束问题

城镇化建设取得较大的成果离不开资本的支持,资本支持方面也存在诸多问题,如资本下乡供给不到位及资本下乡乱作为,主要原因是资金供给受限和资金供需结构失衡。

资金供给受限主要表现为3方面:(1)资金供给渠道单一。政府财政支出拓展到政府财政支出、国内贷款、外资以及自筹等多种方式,其中占有主导地位的资金投入方式包括地方政府和中央政府组成的政府资金,而目前西部农村城镇化资金供给来源渠道虽有所扩展,但主要资金依然来源于国有资本。在基础设施建设过程中,我国政府承担了超过一半的份额;(2)地方政府资金落实不到位。在现有财政和税收体制下,中央在政府资金存量和资金调配上具有绝对优势,而地方则相对较为困窘。政府资金的拨付往往是中央政府承担一部分,地方政府承担一部分,可以保证中央的整体方向把控力也可以调动地方政府积极性,但中央资金需要通过层层审批,通过预算和决算体系后才可以拨付,所需时间长。西部地区受制于区域经济水平,地方政府财政收入有限,进而导致资金不到位;(3)资金效益不高。财政资金在城镇化建设中发挥的作用难以突出显现,信贷资金主要以中短期、小额为主,难以适应城镇化建设中资金占用时间长、占用量大的需求,而社会资金流通性强且逐利性倾向明显。

资金结构供需结构失衡表现为3方面:(1)从资金流向来看,西部地区大中城市地位进一步加强,资金流入显著上升,而小城市发展缓慢甚至是停滞不前,急需强化扶持和专业引导;(2)现行融资模式问题诸多。现阶段,西部地区融资模式包括以政府为主体的依靠土地财政融资模式,可再利用土地减少、土地收益下降的情况下,该融资模式难以为继,而以私人与政府相互合作为主体模式,往往乱作为,易滋生腐败。这两种融资模式难以将资金配置到土地收益低以及政府管理水平低的西部农村地区；(3)金融体系难以保障资金有效匹配。当前，西部地区尚未建立良好金融体系，机制不灵活，资金供需匹配度不高，相关法律配套不完善，一旦发生金融风险和市场风险，难以有效应对。

（二） 城镇化过程中居民生活保障问题

居民生活保障问题，事关城镇化的成败。根据生存发展需求，划分为生理需要、安全需要、社交需要、尊重需要、自我实现需要等。(1)居民生理归纳为衣、食、住、行、医疗等。农村城镇化进程中更多的是农民自己解决自身基本生活需求，农民生活保障及相关公共服务难以保障。回迁房出现质量问题、社区基础设施缺失、小区绿化面积不足，新入住居民面临购物难、出行难、就医难、就学难问题。(2)安全需要方面。建设管理混乱，大量装载建筑材料车辆在人口密集区横冲直撞，带来安全隐患。项目开工意味着大量外来务工人员的流入，对工人管理不到位为社会治安埋下隐患。(3)农民社交需求指农民与社会其他个体交往互动，融入社会的需求，如亲情、友情、爱情等。原有村落聚居形式孕育农民浓厚乡风乡情，基于血缘关系、邻里关系构建自身社交网络，并通过传统“串门”、“聊家常”等对社会关系进行维护，甚至爱情婚姻也逐步发展出来。临时迁移居住地或回迁安置于其他地区，都会改变其原有社交环境。(4)自我实现需要是居民生活的重要方面，包括基本权利保证、自我认同、外在认同，自我实现主要涉及居民个人的自身发展。传统农村社会中，农民的尊重需要多通过其他村民对其的认可和赞扬实现，自我实现多是通过“发家致富”等改善物质条件带来自我价值实现感。农民原有获得尊重需要和自我实现的路径发生改变，城镇化进程中心理获得感降低。

（四） 城镇化过程中的公众参与问题

城镇化涉及社会各个方面，应该促进公众参与实现合作治理，城镇化共建，成果共享。十九大报告指出“人民平等参与、平等发展权利需得到充分保障”,强调公众参与打造“共建共治共享”社会治理格局,但西部农村城镇化过程中,公众关注度不高。(1)政府主导的规划设计,极易造成过度干预。缺乏对民间诉求和生活需求的关注,过分依赖从上到下规划和强制性要求,而缺乏由下到上的演进。(2)农村地区人口流失严重,农民参与意识不高。自然生活条件差、经济发展落后,大量的农村青壮年劳动力选择外出打工,客观上对家乡建设信息获取困难,务工人员主观参与意识也较差。同时留守人员多为老、弱、病、残、幼,文化素养不高。(3)缺乏多元有效的协商沟通机制。西部广大农村地区治理水平落后,地方政府管理模式以及行政管理思想固化,对民主协商机制创新不够,致使新民主协商渠道难以拓展,而固有协商渠道不通畅。(4)政策信息宣传不到位。政策宣传渠道缺乏,多通过“消息灵通”人员以小道消息的形式传播,信息传递往往出现失真和走偏。大量信息真空地带对公众参与形成门槛和壁垒。

二、西部农村城镇化治理的逻辑阐释

治理即为控制管理、整治,城镇化治理领域则是国家或政府的控制和管理。城镇化治理是在一个动态过程中的治理行为,治理过程中突出问题导向有利于实现治理的精准化。早在商代时期,四川、陕西以及蒙古等地就已经出现了城镇的雏形,在以后的数千年封建社会发展进程中,一些王朝都城得到长久的发展,如秦朝咸阳、汉唐长安等,在此阶段中,西部地区创造辉煌的农业社会城市文明。然而,近代以来我国西部的发展明显落后于东中部,农村城镇化过程中问题逐步显现,也成为治理中突出需要解决的问题。

(一)农民权利保障中治理措施及机制

农民权利保障表现为以土地为中心的经济权利,以村民自治为核心的民主权利,以保障公共服务为核心的公共服务均等化权利,以提升自身为核心的发展权利。

农民经济权利保障治理措施。(1)制度层面主要体现为法律法规制定和颁布,着重加强法律建设,完善现有法律体系,同时加快制定专门性法规,将农民的权益从法律角度加以明确。确立农村集体为农村土地所有权权利主体。土地所有权主体的虚化,应在宪法法理框架体系内尽快完善土地所有权的实体。建立专门性法律,国务院以及相关单位需要尽快起草制定相关条例、办法、规定等规范;(2)结合市场机制建立动态运行管控。构建高效公平农村土地流转市场价格机制,实时动态发布土地流转相关信息,为农民提供良好的信息获知平台,并建立由政府主导的公平合理的交易平台。改革现有农村土地流转增值利益分配机制,构建农村宅基地流转、退出机制。获得农村宅基地合理补偿退出后,农民可以获得进城落户的资金,同时可以充分发挥土地的价值,满足城镇化对土地的需求,实现资源的优化配置。

乡镇政府在实际农村民主选举中,减少对农村民主选举的直接干涉,采用向农村自治组织推荐候选人的方式,将有才能、有道德、爱农村、爱农民的乡村精英推荐到农村的自治组织中,同时地方县市级政府也要积极选派有潜力有能力的年轻干部到农村中、乡镇中进行挂职锻炼。鼓励乡村创办社团组织,实现城乡互动和自治,以“新乡贤”取代传统“乡绅”,实现权力与权利平衡与协调。

公共服务均等化治理问题。加快建成并完善城乡之间资源要素互换机制;合理配置城乡公共服务资源,重新布局农村公共服务管理和服务机构;建成城乡融合公共服务体制,创新公共服务供给体制;不断完善公共服务供给过程中的监督机制,依法合规实现公共服务切实惠及广大农民群众。

农民发展权利保障以及治理问题。建立综合的城市化进程综合治理体系,从法律和全社会意识层面确保农业专业人口平等发展的权利,赋予其平等的发展权利,在职业教育、医疗养老等各方面基于政策支持和经济辅助,建立起相应的社会支撑体系。

（二）农村城镇化中资本投放以及约束问题

(1)资金供给受限问题。保障国家以及省(区)政府对农村城镇化资金支持,加大政策以及财政帮扶力度,确保资金拨付到位。积极扩展渠道,引导社会资金进入,探索基础公共设施建设 PPP 模式、优化 BOT 模式,为社会资金提供稳定的资金回收预期,将社会资金投入预期由短期套利预期转变为长期效益预期。积极引进外资,积极利用“一带一路”为西部发展带来的机遇,积极向亚投行等国际组织申请资金贷款支持。依靠市场机制的力量提升财政资金效率,基础设施融资改革创新,探索除土地财政以外的融资模式;(2)资本乱作为问题。加强党纪国法的高压线意识,积极引导地方党政干部树立正确的政绩观和价值观,加强对地方官员的监督机制的制度供给力度。完善地方预算监管制度,优化预算使用结构和使用进度管理,实施城镇化规划上级备案和领导问责制度。落实规划第三方机构评审监督制度,确保规划的科学性、实用性。加强地方政府向服务型政府转型的力度,改善地方政府的工作作风。加强党纪国法教育,完善相关法律法规,规范社会资本,抑制权力寻租,坚决扫除农村地区的黑恶势力。

（三）居民生活保障问题的治理手段

农村居民问题没有得以保障,将大大降低农民的获得感。考虑到农民的基本生活保证问题,加强公共服务供给,严把回迁房质量关,以及回迁小区的基础公共设施建设。加强建设施工管理,将建设施工对周边居民的影响程度降到最低,加强施工人员管理,采用先进的管理方法,引入先进的建设单位。积极引导农民成立社会组织,提高文化、风俗、乡约认同感,为其社交提供新的平台。加强社会主义核心价值观宣传力度,倡导新乡风、乡俗,引导农民树立新价值观和人生观,提倡新的人际交往方式。

（四）公众参与问题的治理手段

公众参与需要注重参与广度、深度、效度及三者结合。广度意味着实际参与主体的广泛性，但参与人数单方面的增加并不能提高参与的效能，还需要注重参与的深度。深度指公众参与的质量，即体现为公众参与者的意志。效度指在公众参与所得收益及所产生的整体效益，分别为相关政府对公众参与者意见的回应度与公众参与者对政府行为的满意度。让公众参与进来，发挥群体的智慧。政府积极规划、引导和培育，政府和公众形成合力、形成共建共享新格局。从乡村治理的模式中汲取经验和智慧，结合西部地区的发展实际情况，重点解决城镇化过程中的农民权利保证、资本供需矛盾和乱作为、居民生活保障问题、公众参与问题，实现城镇化过程的综合治理。同时，无论是权利、资本，还是生活、公众等方面，都是一项系统而复杂的问题，每一项问题的解决都需要中央政府与地方政府相结合进行综合治理。

第二节　多元空间结构及其民族文化生态

西部地区属于我国的边缘，大部分省区市气候多为干旱半干旱温带大陆气候，地形以高原、山地为主，自然环境条件差、自然环境生态脆弱，经济水平及市场发育水平较低，交通区位条件差，思想观念落后，与东中部具有较大差距，同时西部地区多为少数民族聚居地，其民族文化也与东中部地区有较大差别。

一、西部地区多元的城镇化结构

西部地区城镇化速度加快，城镇化人口占比显著增加，水平和质量有了较大改善，城镇化空间扩展格局构架初步显现，一些具有带动性和辐射性的城市群已初步建立。西部地区地理形态以及经济发展水平域内差异较大，城镇化也呈现出多元化的差异特征，具体表现在省区和县域两维度差异。

（一）省、区维度上西部地区城镇化差异

西部地区农村城镇化省区维度上差异主要表现为3方面，即南北方向上、东西方向上及建设速度上的差异化。

（1）南北省、区之间呈现出多元化特征。内蒙古、宁夏、新疆、青海省四省区城镇化水平高于云南、贵州、西藏等南部省区。造成这一特征的原因，主要在于相比于北部地区，南部地区地形地貌结构更为复杂，农村生产生活更加分散，受制于此，城市的规模普遍偏小，经济发展对人口的集聚带动效应小。除此之外，省区之间的人口规模基数也是一个重要原因，南部各省区的人口规模要远大于北部地区，使得南部省区城镇化人口占比低于北部地区。

（2）东西省、区之间呈现多元化特征。位置偏东的省区其城镇化水平要高于西部地区，北部偏南省区城镇化水平较高。城镇化水平超50%的省区中，内蒙古、陕西省、宁夏、重庆市等四省区皆位于西部东侧。陕西省、重庆市等位于西部地区北部偏南位置。造成这一特征的重要原因在于经济发展水平，东侧省区经济发展水平要高于西侧，交通区位更加接近东中部地区，承接产业转移和接受经济辐射高于西侧。而重庆、四川、陕西等经济水平在西部中为最高。

（3）发展速度上也呈现出多元化趋势。西部城镇化增速划分为三梯队。第一梯队包括内蒙古、陕西、重庆、四川；第三梯队包括西藏、新疆；其他省区则位于第二梯队。西藏城镇化速度在西部中最低，自2005年至今，城镇化增速一直徘徊在0.33%左右，而“十三五”时期，新疆最低，年均增幅只有2%左右，还不及西藏。除经济速度外，还包括自然条件的限制，新疆、西藏等自然条件极为恶劣，担负生态环境保护重要职责，大规模城镇化建设难以实施，同时受政治因素和民族因素影响。最近一段时期，西藏、新疆主要工作在于维护民族团结、肃清民族分裂和恐怖主义势力，使经济建设和城镇化工作受到一定程度的影响。

（二）县域维度上的西部地区城镇化差异

西部县域城镇化差异可以从两方面进行刻画，即不同地域结构影响下形成的县域城镇化差异，和不同空间结构下形成的县域城镇化差异。

一是不同地域结构影响下的县域农村城镇化。西部地形地貌极为丰富，包括山地、草原、河流谷地、高原、盆地等。自然地域差异和社会经济地域分异的客观规律影响下，西部县域形成了适应高原山地的农牧业生产区、适应河流谷地地形的农耕经济区和城镇非农经济区等。县域城镇化水平整体偏低，局部地区略高于全国平均水平，高于全国平均水平县域主要分布在西北地区，集中于新疆天山北麓、内蒙古东中部地区。城镇化水平低于全国平均水平的县域在西部各个省区中皆有分布，又可以划分三个层次：第一个层次为城镇化水平占全国平均水平50%以上的县域，主要集中在关中盆地地区、新疆塔里木盆地北部区域、河西走廊沿线地带、内蒙古高原乌兰察布等，范围集中，但区域整体范围小；第二个层次为城镇化水平占全国平均水平25%—50%的县域，主要集中在地形地貌规模较大的四川盆地，黄土高原主要覆盖的省区为陕西、甘肃，云贵高原主要覆盖的广西、贵州大部分地区及云南中南部、西藏的少数地区；第三个层次为城镇化水平占全国平均水平不足20%的县域，这些县域在西部地区分布最广，主要集中分布在青藏、云贵和黄土高原的农牧区，团状分散，但局部集中。

二是西部不同空间结构的县域城镇化差异。县域差别特征概括为3方面，即发展中心东移化，发展速度不均衡化，发展形态沿重要城市和交通干线的“点—线”化。(1)发展中心东移化趋势明显。西部县域发展中心呈现出明显地向东部人口密集区转移的趋势，近年来呈显著扩大趋势；(2)发展速度不均衡化。由于省区整体经济发展水平影响，贵州省、新疆、宁夏、甘肃、青海、西藏等省区大部分地区经济增长缓慢，四川、重庆等大部分县域经济发展较快。同一省区内县域经济发展也呈现出不均衡的特征，川中、川东南县城镇化增速明显快于川北、川西县城镇化增速;(3)发展形态沿重要城市和交通干线"点—线"化。发展较快区域由西安、成都、重庆、昆明、南宁、兰州、包头、银川等重要省会城市,向外扩延变为沿重要城市和交通线组成的经济增长轴扩延,陇海—兰新、包兰—兰青、宝成—成昆—贵昆—南昆—成渝等铁路干线出现一批高城镇化增速县域,水平带状增长轴已基本形成。

二、西部农村城镇化中的民族文化生态问题

西部地区也是少数民族聚集地,其聚集地又相对集中于农牧地区村落中,城镇化的过程中要妥善处理好城镇化与民族文化之间的关系。

(一)协调城镇化与少数民族文化关系

少数民族文化是指中华民族文化之中除汉文化外的其他所有少数民族文化的总称,我国55个少数民族在历史长期的生产生活中积累的被本民族的所有成员广泛认可的物质文化和精神文化,而狭义的文化则单纯是指精神文化,主要包括民族语言、文字、法律、道德、科学、哲学、史学、医学、天文历算、宗教信仰、习俗惯制等。在我国,少数民族文化具有民族性、地域性、阶级性、环境适应性、相对稳定性和变迁性外,还具有形态多样性、分布立体性、全民认同性和传承神秘性。城镇化为少数民族地区实现现代化提供巨大推动力,为文化繁衍提供物质载体,而少数民族文化则是西部少数民族地区实现现代化的精神支柱,是城镇化过程中的灵魂。少数民族文化地区的城镇化要突出民族特色,即彰显中华民族的整体文化融合性,又要保持文化的多样性,尊重少数民族的文化传承,做好少数民族地区文化遗产保护与开发之间的协调。(1)将西部广大民族地区现代化建设与民族文化传承、保护、发展、利用以及维护民族统一相结合。西部民族地区现代化建设和城镇化不单表现于城镇的扩大、人口转移,还应表现在精神风貌的改变和提升。在保护民族文化过程中,也防止一些封建遗风陋俗阻碍城镇化和现代化步伐;(2)积极开发民族文化资源,

以文化产业推动城镇化建设。丰富民族文化资源为地区城镇化发展带来产业支撑，发展基于文化资源的旅游业、扶持新型服务业，增强产业支撑力。另维护民族间文化交流与民族团结，在交流中促团结，在团结中促繁荣。

（二）西部民族地区城镇化的路径选择

从城市空间角度，西部地区农村城镇化主要由小城镇战略、大城市带动、中小城市协同三种发展模式，农村城镇化应选择“多层并重、重点突破、协调发展”的发展思路。“多层并建”是指充分发挥不同规模、不同层次城市的带动作用，反映“增长极”聚集扩散效应和不平衡发展规律；“重点突破”是指在城镇化过程中，要有所突出，发挥比较利益差距城镇化动力机制的作用；“协调发展”，确保城镇化与工业化协调发展，物质文明建设与精神文明建设协调推进，文化资源开发与保护并举。从主导层面，西部城镇化模式分为政府主导型和市场主导型，随着经济社会不断变迁，发挥市场在城镇化中资源配置与调节功能、政府引导和高层设计功能，市场与政府合力，在多元主体参与下推进城镇化。另积极参与“一带一路”等国家战略，积极转变经济发展方式，注意资源开发问题、生态环境保护问题，构建少数民族地区城镇化生态圈；积极与周边地区、东中部地区的协调与互动，争取效益最大化；积极争取国家信贷及资金政策支持，充分利用扶持政策；大力发展教育，提升区域软实力；完善相关法律法规促进农民融入城市，提升社会治理水平。

第三节 “空间利益共同体”新政治生态构建

乡村发展及治理以乡村空间为载体，统筹好乡村空间与城市空间的战略关系。在空间治理中谋求发展，在多元化空间中构建起多元主体参与的利益共同体，构建空间新政治生态。广大西部地区农村发展落后，产业结构单一，自然生态环境恶劣，乡村现代化治理缺位，人民生活困窘，乡村振兴战略背景下建立“空间利益共同体”具有重要的意义。

一、乡村空间治理及乡村空间利益共同体

多元利益主体参与乡村治理过程中，各个主体对乡村发展具有不同的利益诉求，他们之间不断进行博弈和协同进而构成空间利益共同体。

（一）空间治理以及乡村空间治理

空间治理是在特定空间内各相关利益主体围绕空间利用和开发进行博弈和协调，实现国土资源空间的有效、公平和可持续的利用，在此基础上形成新的治理结构，可以理解为以空间为平台围绕利益进行博弈而形成的治理结构。治理结构的主体包括政府以及非政府组织等多元化利益主体，同时分为城市空间治理和乡村空间治理。

乡村空间治理指围绕乡村空间展开的治理，根据空间用途划分为生产空间、生活空间、生态空间。乡村生产空间主要是指能够提供农产品的国土空间，同时具备生态功能。乡村是农产品的主要输出地，是确保国家粮食安全和重要农产品供给的核心区域，除保证农产品的供给外，农村现代产业也是“产业兴旺”重要考量因素。因而，乡村生产空间中也包含一些生产制造业、服务业，空间集聚的形式演化为农业产业园、科技园。乡村生活空间主要是以农民居住点为主体以及为其生产和生活服务的国土空间，包括农民宅基地、乡村学校、乡村医疗服务中心、农民活动中心、超市等。乡村生态空间具有自然属性，除生产生活外为生态环境提供保证的空间，提供生态产品或生态服务，包括村镇周围的山地、林地、江河水流、湖泊等。

乡村空间治理要统筹生产空间、生活空间以及生态空间，也要统筹城乡空间，建立城乡融合的空间格局。在生产空间治理方面要落实农业功能区，对粮食生产区、重要农产品保障区、农村养殖区及农村中的产业园、科技园、创业园等进行合理的规划，既要保证各个功能区生产需求，也要注重生态环境的保

护。乡村生活空间要以合理布局为主线,坚持节约用地,结合乡村村落扩展的自然趋势,划定严格土地边界,防止农村生活空间无限扩展侵占农村生产和生态用地,注重保护乡村自然居住风貌,合理布局生活以及生产服务空间的位置以及规模,确保农村居民的生活便捷性。乡村生态空间具有重要的生态意义,生态空间治理以保护修复为主,适当开发为辅,确立生命共同体理念。

西部农村地区乡村空间治理既要符合乡村振兴战略的整体要求,也要根据实际情况开展治理。对发展自然基础和经济基础较好的村落,以提升为主,在原有的基础上,推动产业多元化、改善乡村居住环境,发挥其比较优势,进一步提升农民的生活品质。对处于城市近郊的村落,既可以逐步适度合理推进其城镇化,也可以定位于城市的后花园,关键在于综合考虑区位、经济发展动力、基础设施建设水平。而对于少数民族村庄或是独具文化特色和人文底蕴、自然风光的村落,坚持保护、开发、利用相结合,确保其特色资源的空间,尊重村民的风俗传统和生活习惯,逐步改善其生活环境,加强公共服务供给,积极发展乡村旅游业和特色产业。对生存条件差,生态环境脆弱、自然灾害频发及因重大项目建设而造成迁移和人口严重流失的乡村,采取生态搬迁、异地搬迁和集中发展方式,在搬迁过程中要统筹规划,完善农村基础设施建设。

(二) 西部乡村空间利益共同体建设

空间利益共同体基础在于乡村空间的主体多元化,其利益来源于各主体协同合作、共同参与空间的建设开发,进而成为相互依赖、相互促进的利益共同体。

西部乡村社会空间变得开放,乡村治理主体一元化逐渐被多元主体取代。乡镇党委和乡政府不再是唯一的治理主体,村民自治组织(村委会)、新乡贤、乡村组织和普通村民个体也都成为乡村治理的主体,还涉及参与农村国土空间建设与开发的企业、乡村经济合作组织、政府职能部门。

然而,现有空间利益共同体各个主体无法形成紧密的合作关系。(1)传统的自发治理机制受到冲击。伴随着中国文明演化，农村地区形成一套完整的自发治理秩序，乡村治理模式基本确立。城镇化带来经济发展的同时也造成发展速度不均衡，农村地区人口流失严重，熟人社会受到冲击并逐渐瓦解，村约乡俗逐渐弱化或因不合时宜逐渐退出历史舞台，地方权威异化；(2)乡镇政权“悬浮化”，乡村自治无法真正落实。乡村政权趋于“悬浮化”，乡村政治模式行政化趋势明显，乡村的民主选举也逐渐流于形式，村民的政治参与度不高，乡村自治无法真正实施；(3)农民权利、生活条件得不到保障。农民权利不仅包括经济权益，也包括政治权利、享受公共服务均等化的权利，乡村自治在实践中大打折扣及乡村分利秩序存在，农民经济权利和政治权利受到侵犯。同时，西部农村空心化严重，“空心村”、“留守村”普遍存在，依靠农村自身取得发展难上加难；(4)多元民族文化背景。我国五个少数民族自治区全部分布在西部地区，非民族自治区的省市中也设置有诸多民族自治州、区、县、乡、村，多元的民族人口构成意味着多元的民族文化。不同少数民族文化传统、风俗习惯的差异使得其思想观念、利益诉求及诉求的表达方式存在巨大差异；(5)各利益主体的利益诉求多元化，协商机制匮乏。乡镇的利益诉求在于乡村发展稳定，完成上级交付的任务；乡村干部也希望谋求政绩来实现自身升迁；农民则注重于自身权益得到保障、生活水平得到改善；企业以及经济组织的诉求集中于经济利益；农村精英以及新乡贤利益诉求偏向于自我价值的实现。不同利益主体实践中存在利益冲突，现有治理缺乏有效的沟通机制。

二、基于空间利益共同体构建新政治生态

政治生态是指政治主体在特定政治环境下生存的方式和状态，及逐渐形成的政治习惯和特性。政治生态反映着国家或地区的社会生活现状，集中体现着党风、政风以及社会风貌。乡村安定是国家安定的根基所在，构建有序、合理、高效的乡村政治生态是确保国家政治生态的基础，也是实现乡村治理的重要因素。西部农村地区受制于自然环境、经济基础、人文风貌等影响，乡村

基层行政效率不高、村民政治态度冷漠、政治主体行为错位现象突出,“小官大贪与微贪腐”案例时有发生,乡村监督弱化。加强西部乡村地区的农村治理,事关西部农村乡村振兴的成败。

(一)基于空间利益共同体构建西部农村新政治生态必要性

基于空间利益共同体新政治生态是在空间合理利用和规划基础上,统筹各方面利益,坚持党对农村工作的领导以及坚持自治、法治、德治相结合,夯实农村基层政权,促进乡村治理完善,提升乡村精神风貌。(1)有助于协调各方面利益关系。将参与乡村振兴建设的各个主体全部包括在内,各个利益主体共同参与空间的规划、利用和开发,各利益主体围绕自身利益进行协商与沟通,在开放平等环境内合理利用国家资源。基于空间利益共同体构建新政治生态有利于密切党群干群关系,改变以往政治生态中村干部存在的官僚主义作风,真正融入农民群众,想广大农民之所想、急广大农民之所急,将农民的利益放在心上。改变以往政治生态中乡镇政府工作形式主义作风,真抓实干,合理配置公共资源,保证农民利益;(2)有助于乡村经济发展。乡村经济的加速发展,实现农业的持续增产、增收,是乡村经济工作的根本任务,也是当前农民最关心的问题。乡村经济的发展需要广大群众的共同努力,以空间利益共同体构建新政治生态,保护农民的利益,调动其积极性,促进农村经济的快速发展;(3)有助于完善乡村治理。使乡村干部以积极态度参与到乡村振兴战略,不再以消极应付上级的态度开展工作,以建设者和利益分享者的身份参与到农村建设工作中。加强农民对乡村政治的参与度,弱化乡村分利秩序,强化农村自发秩序,加强农民对乡镇工作的监督;(4)有助于改善乡村风貌。营造各利益主体合作团结、互相依赖、互相帮助良好氛围,营造风清气正、良好政治生态,通过乡村干部工作实践行为表现出来,让农民感到“事好办,脸好看”,带动整个社会风气好转;(5)有助于乡村扶贫脱贫工作。创造地尝试将贫困地区群众加入到利益共同体中,构建出各方均能接受合理的利益共同体关系脉络，有效帮助贫困地区群众摆脱贫困局面。

（二）基于空间利益共同体构建西部农村新政治生态的路径

在乡村振兴战略背景下，需要对基于空间利益共同体构建西部农村新政治生态的路径进行设计。（1）全面加强西部农村基层党组织建设，坚持基层党组织对乡村振兴工作的领导。党执政的根基在基层，要加强西部农村基层党组织建设，健全以党组织为核心的组织体系。加强基层农村党组织内部监督，完善上级和外部监督机制，鼓励有能力、有德行的农村“新乡贤”进入基层党组织，提高党组织的领导力和攻坚克难的战斗力。加强农村党员队伍建设，强化基层党组织建设责任与保障。（2）坚持农村自治、法治、德治相结合。充分发挥农村基层自治单元在乡村振兴建设过程中的行政、经济与社会功能，完善农村自治过程中民主选举、民主协商与决策。推进西部农村法治工作，加强农村的普法教育宣传工作，提高农村地区的法律意识与法律素养，促进农村建设过程中的法治程序化与规则化，保证农民的诉求法律路径的畅通。坚持农村德治建设，引导农民进行自我管理、自我约束，建立道德激励约束机制，开展农村道德典型的评选活动，积极地发挥出新乡贤作用。深入地推进移风易俗及开展专项文明行动的活动，坚决抵制歪风邪气，积极引导农民娱乐活动的文明化和道德化。（3）加强西部乡镇基层政权，改善基层权责设计。建立高效廉洁乡村镇政权，有计划有步骤地推进年轻干部选派到乡镇任职，建立乡镇干部激励的长效机制，拓展乡镇干部任用、升迁的空间。改进乡镇财政预算管理制度，健全监督体系，规范乡镇管理行为。（4）完善西部乡村国家资源输入管理工作。严把资源分配和使用，建立现代化国家资源管理制度，应用先进的信息技术和现代化的管理方式与方法，提高资源利用过程中的管理工作。坚决抵制在项目下乡过程中“跑、要”人情现象，外部监督与内部审计相结合，确保国家资源真正用到刀刃上。（5）建设农村基层民主协商制度及体系，提高农民政治参与度。建立健全民主协商和沟通机制，活用村民会议、议事会、理事会等以形成民事民义、民管、民办的基层协商的格局，落实农民群众的知情权和决策权。建立村务监督机制，推进村级事务公开化、透明化、民主化。(6)坚持西部乡村空间合理规划与利用，完善农村产业结构。在生态保护的前提下，开展农业生产活动，进行乡村空间利用、重构以及功能区划分过程中要进行反复论证，积极听取农民群众的意见。对于有条件、有基础的西部农村地区，要大力发展农村二三产业，发展乡村旅游业。统筹城乡的人地关系，把乡村空间真正合理利用起来，让农民真正享受乡村振兴带来的利益与好处，真正提高农民的生活水平和生活质量。(7)保障农民权益与改善农村居民生活。树立农民的权益中心思想，真正把保证农民的经济政治等各方面的利益放在首位。加大农村公共服务供给，加强乡村医疗卫生教育资源的供给力度，积极满足农村居民更高的生活需求，确保新政治生态的群众基础。(8)尊重少数民族的传统文化与生活习惯，注重传承和保护民族文化。紧紧围绕改善少数民族地区的居民生活为主线，尊重少数民族地区人们的生活习惯、民族文化和宗教信仰，处理好民族关系，积极保护少数民族的文化。

第七章　西部地区乡村振兴背景下农村城镇化的模式选择

城乡关系、“三农”问题一直是我国政府重点关注的内容，也是国内学者长期研究的课题。中央政府、地方政府以及企业对特色小镇、田园综合体和新型农村社区等新型村镇进行了实践，国内学者也对村镇建设进行了深入的研究，为城乡融合背景下推动新型村镇建设、创新新型村镇模式提供丰富的可借鉴的经验。由于我国幅员辽阔，各地区不仅存在经济社会水平的差异，还存在自然条件、人文环境等方面的差异，因此，在不同的条件下所发展起来的村镇，亦具有不同的发展模式和特色。村镇建设模式是指在不同区域农村发展过程中，对具有区域鲜明特征的产业结构和经济社会运行方式的理论性概括。① 村镇建设模式的形成和演化主要受经济社会发展水平、生产力水平、资源禀赋、历史传统、人文环境和政府政策等因素的影响，是多种因素共同作用的结果。② 在重塑城乡关系、缩小城乡差距的政府驱动下，我国形成了多种多样的区域性特色村镇建设模式，如“苏南模式”、③“产

---

① 刘彦随：《中国新农村建设地理论》，科学出版社 2011 年版。

② 张富刚、刘彦随：《中国区域农村发展动力机制及其发展模式》，《地理学报》2008 年第 2 期。

③ “苏南模式”最初由著名的乡村学者费孝通在 20 世纪 80 年代提出。苏南地区以其发达的交通区位优势和传统的地方产业优势，在作坊式的乡镇企业带动下，创造了“离土不离乡、进厂不进城”、“以工建农”、“以工建镇”的乡村城镇化模式，有效实现农民的就地非农化转移，大批小城镇迅速发展。

城融合”模式、①“温州模式”、②“吴川模式”、③“大邱庄模式”、④“张家界景城一体化模式”⑤等。同时,美丽乡村建设也形成了城郊集约型、产业发展型、生态保护型、环境整治型、社会综治型、文化传承型、高效农业型、渔业开发型、休闲旅游型、草原牧场型等10种村镇建设模式,每种模式都是在不同的经济社会发展水平、自然资源禀赋、人文环境等条件下所凝结的村镇建设成功路径。⑥ 这些模式为我国乡村经济提供较好的经验和有益启示,为乡村发展和村镇建设模式提供了有益借鉴。

城乡融合理念和乡村振兴战略,反映了当下我国城乡关系发展格局的特征和亟待解决的根本问题,且已经成为未来一段时间我国城乡发展的最优路径。⑦ 村镇是城乡系统不可或缺的部分,是由中小城镇(包括中小城市、中心镇和重点镇)和中心村(社区)所构成的不同空间体系。⑧ 其中,中心镇、重点镇是城市与乡村要素流动(人流、物流、信息流、技术流等)的重要节点,是联系城市与乡村的重要纽带,城市通过扩散效应,带动周边乡村经济和社会发展。⑨

---

① “产城融合”发展模式,又叫“产业新城”,主要强调产业发展与城市建设协调一致、相互促进,实现产业培育与城市建设同步规划、同步实施、同步发展。

② “温州模式”是指浙江省东南部的温州地区以家庭工业和专业化市场的方式发展非农产业,从而形成小商品、大市场的发展格局。

③ “吴川模式”是指广东吴川于改革开放初期以个体、私营、联营和股份合作等经营方式实现经济快速发展的模式。

④ “大邱庄模式”是指天津市静海县大邱庄以农工商联合公司形式发展农村商品经济的模式。

⑤ “张家界景城一体化模式”是指张家界立足旅游景区资源特色和旅游产业发展需要,面向市民和游客推进景区和城镇一体化发展,吸引游客在景区赏景、到城镇消费,走出了一条“景城一体化”的新型旅游城市发展之路,形成了集“吃、住、行、游、购、娱”为一体的城镇服务设施,有效实现了旅游乡村城镇化的目的。

⑥ 参见《“十大模式”引领美丽乡村建设》,中华人民共和国财政部网,2014年3月31日,http://ww-w.mof.gov.cn/zhengwuxinxi/caijingshidian/zgcjb/201403/t20140331_1061433.htm。

⑦ 范昊、景普秋:《基于互动融合的中国城乡关联——共生发展区域测度研究》,《商业研究》2018年第8期。

⑧ 刘彦随:《“回得去的故乡”需要新思路》,《人民日报》2014年3月11日。

⑨ 屠爽爽、龙花楼、李婷婷、戈大专:《中国村镇建设和农村发展的机理与模式研究》,《经济地理》2015年第12期。

加快推进村镇建设,特别是新型村镇建设是践行乡村振兴战略、促进城乡融合的重要路径选择,也是提高乡村居民收入、促进乡村充分发展、缩小乡村与城市之间差距的重要范式。推进新型村镇建设是响应乡村振兴战略的总要求,立足乡村,充分开发利用乡村优质资源,激活乡村活力,促进城乡人口融合、产业融合和土地融合,实现乡村充分发展、农业农村现代化。因此,加快推进新型村镇建设,充分发挥新型村镇在城乡融合发展上的节点作用,对于实现城乡融合发展、"人—业—地"系统融合、乡村充分发展和农业农村现代化具有重要的现实意义。

新型村镇概念是一个动态的概念,随着时代的变迁而发生改变,新时代赋予了新型村镇建设新的科学内涵,即在新时代的背景下,以新发展理念,建设创新、协调、绿色、开放和共享村镇,通过人口、产业和土地的融合来破解城乡二元结构、缩小城乡差距以及实现乡村的充分发展、人的全面发展。新型村镇建设是在充分认清我国"三农"问题下的实践,是新农村建设、特色小镇、田园综合体、新型农村社区的综合与升级。新型村镇建设其实质就是人口、产业和土地的深入融合,可以用"新型村镇建设三角形"来反映"人—业—地"与新型村镇建设的关系(见图 7-1)。城乡融合和新型村镇建设都是系统性工程,是人口、产业和土地等生产要素按照不同比例所分配的复杂系统,其中人口、产业和土地是城乡融合、新型村镇建设的关键。通过人的全面发展、产业相互融合发展、土地统筹规划发展激发城市与乡村发展动力,并推动"人—业—地"的耦合发展。破解城乡二元结构,缩小城乡差距,实现城乡平衡发展、乡村充分发展,是城乡融合发展和新型村镇建设的重要目标。城乡融合是新型村镇建设的理论指导和目标任务,新型村镇建设是城乡融合的具体实践和实现路径,二者相互作用,推动城乡平衡。

城乡融合把城市与乡村的人口、产业和土地进行统筹规划和推进,推进城乡人口、产业和土地的深度融合,实现人的全面发展、城乡人口自由流动、人与自然和谐发展、城乡居民收入趋于均衡、产业发展互补融合、一二三产业融合发展、农业产业化和现代化、产城融合、城乡发展区域空间一体化、城市与乡村自然景观与人文环境一体化,形成城乡连绵区及网络化发展等,最终实现城乡平衡、乡村充分发展。而新型村镇建设则是通过将“人—业—地”三维融合,重构乡村发展模式,建设创新、协调、绿色、开放和共享的新型村镇,来实现乡村的充分发展,最终达到缩小城乡差距的目的。

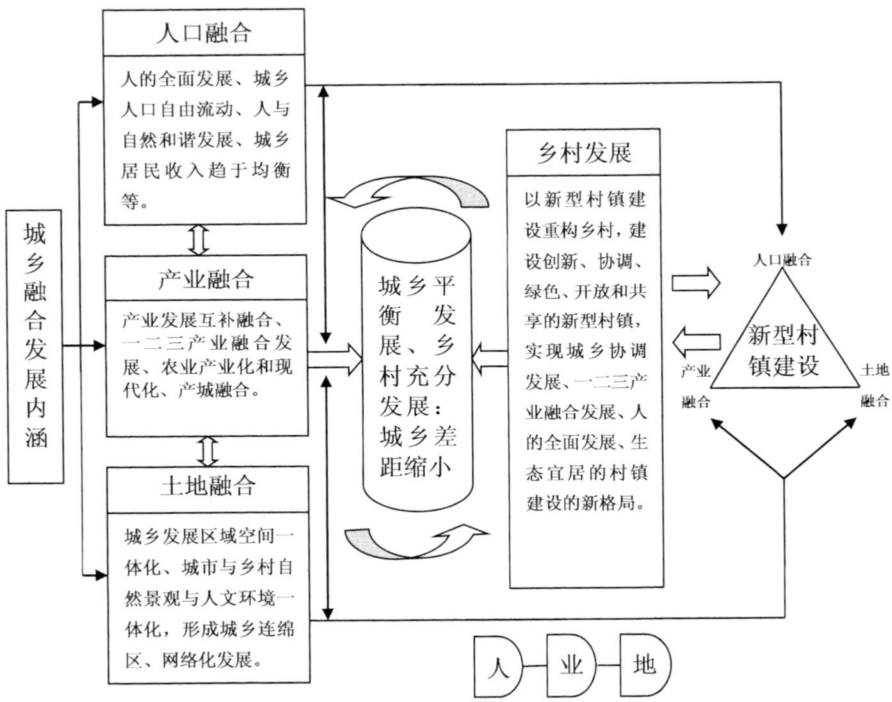

图 7-1 城乡融合与新型村镇建设的相互作用及城乡平衡发展

第一节 建设模式的选择依据

我国村镇建设模式多种多样,新型村镇是特色小镇、田园综合体和新型农村社区的综合体,即新型村镇建设包括特色小镇、田园综合体和新型农村社区三种类型。新型村镇建设是基于“人—业—地”系统融合下的村镇建设模式,考虑到城市对乡村的影响力会随着距离的增加而衰减，将新型村镇建设模式划分为城中村模式、近郊模式、远郊模式和边远山区模式。具体选择依据为以下几个方面。

一、城乡融合的区域差异

城乡融合是一个动态演变的过程，并且具有时间性、阶段性和区域性。根据测算东部地区、中部地区、西部地区和东北地区的城乡融合发展度可知，我国城乡融合发展水平普遍不高，处于城乡融合初级阶段，城乡互动增多，但城乡关系依旧紧张。并且我国城乡融合发展存在明显的区域差异，东部地区和东北地区的城乡融合发展水平要高于中部地区和西部地区，城乡融合经历了中度融合衰退和初步融合发展两个阶段，并且融合发展度的波动较小，城乡关系相对稳定，城乡互动机制已经初步形成。而中部地区和西部地区的城乡融合经历了严重融合衰退、中度融合衰退和初步融合发展三阶段，并且出现阶段反复。此外，西部各省（市、区）的城乡融合发展度水平普遍不高，各省（市、区）所处于的城乡融合发展类型不尽相同，2017 年，内蒙古、广西、贵州、西藏、甘肃、青海和新疆的城乡融合处于初步融合状态，而重庆、四川、云南、陕西和宁夏的城乡融合处于中度融合衰退阶段。

二、村镇建设的异质性

2017 年，我国共有 334 个地级区划数（293 个地级市），2851 个县级区划数，39888 个乡镇级区划数（21116 个镇、10529 个乡级），比 2016 年新增 1 个地级市、26 个乡镇级区划数、233 个镇、343 个乡级，同时拥有数量庞大的行政村和自然村。随着城镇化的快速推进，行政村和自然村正在每天几千个的速度减少，目前我国仍有行政村 50 多万个，自然村 200 多万个。国土面积广袤，地形、气候、文化、民族、历史等方面存在较大差异，从而致使我国大约有 60 万个村庄存在较大差异，这种差异不仅体现在村庄经济社会发展上，还体现在人文地理环境、产业发展上,同时也导致这些村庄与城市的关系、与城市的融合发展存在较大差异。这些差异的存在,使得我们在研究城乡融合促进新型村镇建设的时候,不能够笼统地或片面地推进城乡融合、乡村振兴战略。

我国贫困人口大部分分布于西部地区,西部地区属于我国欠发达地区,同时也是我国少数民族集聚区,以及自然资源富集区。西部地区疆域辽阔,拥有土地面积681万平方公里,占全国总面积的71%,人口约3.5亿人,占全国总人口的28%,典型的地广人稀。集聚着壮族、蒙古族、回族、维吾尔族、苗族等50个少数民族,少数民族人口占全国少数民族人口的70%左右。目前,我国共建设有155个民族自治地方,其中包括5个自治区(广西壮族自治区、内蒙古自治区、新疆维吾尔自治区、宁夏回族自治区和西藏自治区)均位于西部;30个自治州,117个自治县,以及1173个民族乡,绝大部分自治州、自治县和民族乡分布在西部。西部地区与俄罗斯、蒙古、印度、巴基斯坦、哈萨克斯坦、塔吉克斯坦、越南、缅甸等12个国家接壤,拥有较长的陆地边界线,约1.8万公里,占全国陆地边境线的91%。此外,西部地区自然资源极为丰富,矿石资源、水能等自然资源丰富,煤炭约占全国的60%,石油约占45%,天然气约占53%,水能蕴藏总量占全国的80%左右。这些自然条件、民族文化等差异导致村镇建设存在较大差异。

此外,西部地区,由于地广人稀,以及山区面积广大,山地多、平地少的地形特征,不仅导致西部地区道路交通运输不发达,而且导致乡村与城市之间既存在行政壁垒又存在自然障碍。乡村与城市的互动、要素流动随着村镇距离城市越近而越强,越远则越弱,甚至有些边远山区的村镇与城市完全隔绝。

三、村镇模式的选择

考虑城乡融合的差异性、村镇的异质性,根据村镇与城市的距离和融合程度,将村镇大致分为城中村模式(村镇A)、近郊模式(村镇B)、远郊模式(村镇C)和边远山区模式(村镇D)。(1)城中村模式是指村镇或社区处于城市当中，由于城市建设扩张过程中，将村镇的全部土地征用，农民转为城市居民后仍然在原来村镇居住而演变而来。目前，城中村大多由原住居民、流动人口等人口居住，不仅居住环境相对脏乱差、基础设施不完善，而且影响城市美观、阻碍城市化进程和制约现代化城市建设，已经成为困扰许多城市发展的“痼疾”；（2）近郊模式是指村镇位于城市郊区，是城市组成的重要部分，不仅在人口流动、产业发展和土地使用等方面有着较强联系，而且在功能、经济、环境等方面有着密切联系。城市的一些功能布局于近郊村镇当中，比如一些蔬菜、肉类等生产基地、污水和垃圾处理厂、车站等城市功能被布置在近郊区；（3）远郊模式是指村镇位于城市相对较远的位置，但是仍然处于城市行政管辖范围以内。相比于近郊的村镇，远郊的村镇与城市的互动和联系相对要少一些；（4）边远山区模式是指村镇处于偏远地区，相对远离城市，且不靠近县城。山区地形崎岖，交通难以普及，基础设施不完善，产业发展相对滞后，经济基础比较落后。

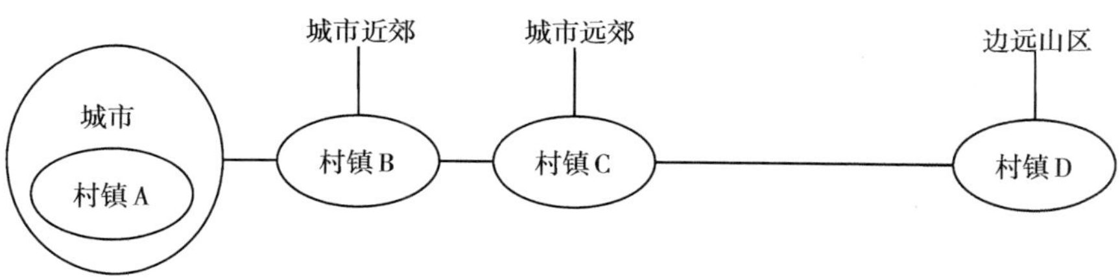

图 7-2　村镇与城市融合程度示意图

第二节　建设的模式划分

根据西部地区自然资源、民族、文化、历史等条件，以及村镇与城市距离和融合程度选择新型村镇建设的模式。城乡融合是一种经济发达的标准，但是西部地区属于欠发达地区，并且是连片贫困地区，城市与乡村间的联系随着距离而变化。新型村镇建设离不开城市的人才、资金、技术、信息和管理等要素的辐射带动作用,因此新型村镇建设与城市的距离和融合程度至关重要。城乡融合的过程就是人口(劳动力)、资本、土地、技术和信息等要素在城市与乡村间的流动和配置,最终实现城市和乡村的生产效率达到均衡状态。因此,新型村镇建设的关键就是促进乡村与城市的生产要素自由流动,加快城市劳动力、资本、技术和信息等要素对乡村的种养、山水、土地等资源的重组,进而推动乡村建设的空间重构和提高农业生产效率。

一、城中村模式

(一) 城中村的基本情况与特点

城中村主要特征是村镇在城市之中,具有城市和农村的双重特征,是城市化进程的历史产物。随着城市化进程的推进,使得一些处于城市近郊的村镇(或说城乡接合部的村镇),逐渐被城市扩张所覆盖,融合进入城市区域,成为"城中有村,村中有城市,村外现代化,村里脏乱差"地区。城中村在从乡村向城市转变过程中,因土地、户籍、人口等多方面均属城乡二元管理体制,没有完全纳入城市统一规划、建设和管理,其有很大的自发性和盲目性,在生产方式、生活方式、景观建筑等各方面仍保留着浓厚的农民特征。从地域角度来说,城中村属于城市范畴,但从社会性质来说,城中村仍然保留着传统农村的特征,依旧以村委会管理。同时,从经济建设来看,城中村经济发展滞后,远不如其他社区成熟,其经济来源主要是租金所构成,几乎没有像样的产业;从社会文化制度来看,城中村成为原住居民和流动人口的聚集地,由于社会文化差异,城中村与城市格格不入,无形中树立起了一道高墙,阻碍了城中村居民与城市其它居民的融合。

从"人—业—地"系统来看,城中村居民与城市居民有着显著的区别,城中村居民是村镇村民转化市民和流动人口(未能够市民化的外来居民)构成,城中村居民与城市居民有着明显的隔阂,"调查显示,50%的进城农民工住的是用工单位提供的集体宿舍,47%租住在城中村、城乡接合部的农民住房”。① 由于土地大量被征用,城中村原住居民失去了农业生产基础,村民通过自建或村社集体所建的房屋进行房屋出租,租金成为城中村主要经济来源;城中村土地仍然属于农村集体建设用地,②尚未纳入城市统一规划。城中村与城市在规划管理、建设景观、土地利用、社区文化等方面表现出的强烈的城乡差异及矛盾,城中村处于城市中心地带,拥有良好的区位,但是脏乱差的环境,导致城中村与城市形成了尖锐的视角对立。

总而言之,城中村是城乡差距、市民与农民、本地人与外地人差距的集中反映,如果不改造,很可能演变成西方的“贫民窟”,严重影响城市建设管理与稳定。③ 通过城中村改造,推动城中村真正融入城市,可以提高城中村土地价格,促进土地集约化,推动城中村土地与城市建设融合发展。

(二) 城乡融合下的城中村模式

新型村镇建设的城中村模式,其最大的优势就是村镇处于城市中心地区,与城市联系密切,全面融入城市建设与发展中是城中村模式的方向和最终目标。但是城中村有着城市和农村的双重特征,城乡二元管理体制、土地二元所有制④所导致的,并且形成了城市与农村“二元结构”并行存在的情况。如何进行城中村改造,打造新型社区(村镇)是我国大部分城市所面临的问题。

从要素流动的路径来看,城中村主要为城市直接输送人口、土地和资本,而城市直接为城中村输送人口、产业、物质、资本、技术和信息等要素,通过要素间的快速、短期内的流动,城中村的基础设施快速提升、人口融合、三产融合发展、土地统筹规划等。由于城中村置于城市之中,所以城中村的重点就是要

---

① 陈锡文:《我对城镇化有三点担忧》,《中国青年报》2013 年 3 月 7 日。

② 贺雪峰:《城中村改造:亟待包容性破题的人地矛盾》,《上海城市管理》2014 年第 2 期。

③ 董冠洋:《中国城镇化须直面“城中村”难题》,《中新社》2013 年 3 月 21 日。

④ 城乡二元管理体制是指“城市”和“农村”分属不同的管理模式;土地二元所有制是指城市的土地属于国家所有,而农村的土地属于农村集体所有的制度。

将城中村的人口转化为城市人口、城中村的集体土地进行统筹规划，将城中村建设为新型社区。一方面实施户籍制度改革，将城市外来人口转变为城市人口，为城市提供大量的劳动力；另一方面逐步将城中村的土地纳入城市规划当中，引导开发商等市场手段对城中村进行开发改造，居民以土地入股的形式，将土地出让给政府或开发商进行开发改造。具体而言，将城中村改造成为新型社区，就是在保留地域文化特色的同时，破解城乡二元管理体制、土地二元所有制，使城中村的居民融入现代化的城市文化中。(1)将城中村的土地进行股份制改造，把原村镇的集体土地转化为国有土地的前提下，对原村镇集体和原村民所享有的土地所有权或使用权进行评估价格，折算成股份，建立土地资产管理股份有限责任公司；(2)全部撤销城中村的村委建制，将城中村居民的户口全部转为非农户口；(3)对城中村进行科学的规划，根据城中村的特色，选择

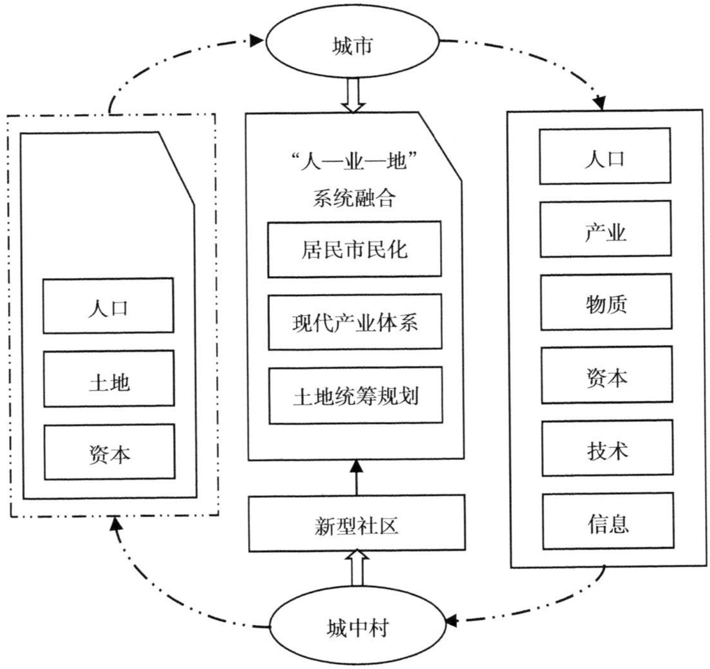

图 7-3　城中村模式的城乡融合需要与要素流动情况

旧村整治、原地拆除重建、异地新建等方式，将城中村规划与城市发展衔接、与土地开发相衔接，实现经济社会效益和生态效益的有机统一；(4)进行市场化运作，充分调动多方力量，在当地政府的引导下，鼓励和引导社会资本、开发商对城中村进行综合开发；(5)对城中村的原住居民、城市外来人口进行就业培训、职业技术培训等，以满足城中村居民适应第二产业、第三产业的就业需求，提高城中村居民的就业机会、社会福利保障、教育和医疗保障；(6)根据城中村原有的历史文化、民族风俗、景观建筑等特点，将城中村改造成为历史文化观光社区、民族风俗体验社区、商业住宅社区、楼宇经济社区等新型社区。

二、近郊模式

（一）近郊村镇的基本情况与特点

在快速城市化进程中，城市周边村镇受到城市的影响和冲击，离城市非常近的就被吸纳进城区，演变为城中村，最后通过城中村改造完全转变为城市区域；而相对离的远一点的就成为城市的“卫星城”或蔬菜、肉类的生产基地或周末城市上班族放松的度假休闲旅游目的地。城市的快速扩展，解构了传统的乡村空间，需要以新理念、新模式来应对不同类型村镇的重构需求。近郊村镇由于受到城市的影响日益剧增，使之成为既有城市特征又保留着浓厚的乡村气息，又呈现出不同于城镇和传统乡村的状态与特征，逐渐形成了一种特殊的人口结构、产业结构和空间结构，是城市向乡村特征过度的特殊地带。其最大的特点就是都市农业、设施农业和园艺业为主，同时分担着城市的一些功能，比如批发市场、蔬菜瓜果生产基地。城市近郊区的乡村景观通过农田、建筑物与自然环境的相互作用，向人们展示了人工与自然、建筑与风景、已塑造与未塑造因素之间的和谐美，同时也体现着民俗风情与现代文化的交融共存。①

① 韦伟：《基于有机化发展的城乡交错带景观规划》，西南大学 2007 年硕士学位论文。

（二）城乡融合下的近郊模式

近郊模式主要是依托城市经济社会发展需要，以服务城市、承当城市一部分分工为目标，推动乡村与城市在人口、产业和土地等方面的流动与融合，即城乡融合背景下，近郊村镇需要依托城市的中心辐射带动作用，在要素交换和生产发展上走城乡互为依托、互为交融的道路。充分发挥近郊村镇的辐射功能，积极推动工农业产品进程，同时向远郊村镇、边远山区村镇进行辐射带动。因此，近郊村镇建设的方向是田园综合体和特色小镇。

从要素流动的路径来看（见图7-4），近郊村镇主要向城市提供优质农产品、劳动力、资本和生态等要素，而城市向近郊村镇提供劳动力、产业（主要是第二、三产业，在近郊村镇提供农产品加工、旅游服务等企业）、物质、资本、技术和信息等要素。通过城市与村镇的要素流动、交换、相互融合和相互作用，共同推动"人—业—地"系统融合，实现村镇种养与资本、技术、信息和管理的要素重组，促进一二三产业的融合发展，大力发展现代化农业、观光农业、农业+旅游等业态。由于近郊村镇距离城市较近，因此村镇里的劳动力更多选择进城务工，从而导致村镇的"空心化"，极大影响了近郊村镇的农业发展和农民的增收。如何打破近郊村镇的"空心化"，在城乡融合的背景下，鼓励人口回流，推动近郊村镇的产业复兴，是近郊村镇建设新型村镇的重要内容。由于距离城市较近，交通运输相对较为便利，近郊村镇拥有庞大的市场，有利于近郊村镇发展产业。(1)实施产业优先发展策略，依托城市经济的辐射带动作用，倾力打造蔬菜、肉类等农畜牧业基地；(2)充分结合近郊村镇的地理环境、产业基础、资源禀赋、人文环境等，把握近郊村镇产业发展的资源禀赋与宏观背景，科学规划，深入分析近郊村镇发展产业的可行性和产业发展前景，形成三产融合发展的产业链网。同时，大力发展"农业+""旅游+"等融合型新业态；(3)注重近郊村镇与城市产业项目结合的原则，推动"企业+项目+农户+基地"模式对村镇进行改造提升，引导、鼓励农业龙头企业到近郊村镇设立加工厂,对农产品进行深加工,提高农产品的附加值;(4)根据"一村一品"发展思路,打造特色品牌产业。特色品牌产业是指近郊村镇根据自身资源禀赋(优势产业、自然景观、历史文化等),打造"人无我有,人有我优,人优我特,人特我精"的品牌产业,形成地理性、标志性的特色产业。近郊村镇可以依托城市消费市场和农业,打造体验式、休闲式和观光式农业型村镇,或者打造特色旅游村镇。按照近郊村镇自身特点和资源禀赋,以发展观光休闲、旅游休闲为定位,整合第一产业、第二产业和第三产业的要素资源,建立宜居、宜游、宜闲的特色村镇,同时配备会议、会展、休闲、健身、养生、游乐等一种或多种主题活动的新型村镇,例如西瓜小镇、农耕文化小镇、温泉小镇、会展小镇等。

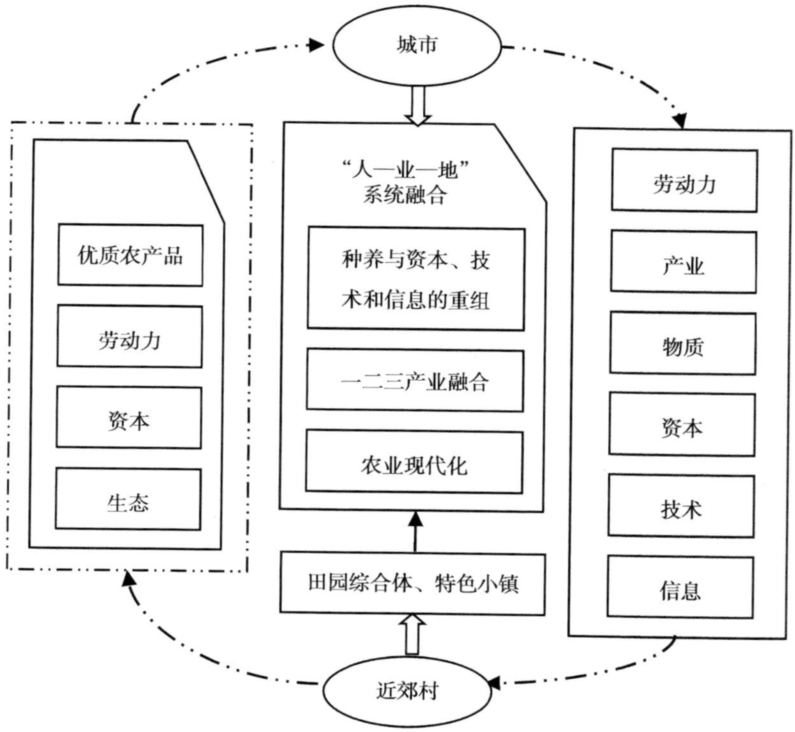

图 7-4　近郊模式的城乡融合需要与要素流动情况

三、远郊模式

（一）远郊村镇的基本情况与特点

远郊村镇与近郊村镇相比，更远离城市，处于城市所能够辐射范围的边缘地带，是比较接近于传统意义的农村。远郊村镇一般工业化水平较低，基础设施薄弱，交通运输条件相对较差，大部分以农业生产为主。远郊村镇缺乏规划，村镇建设较为随意，建设布局较乱，功能混杂，居住区与种养区、作坊工业区混杂在一起，同时土地使用效率较低，乱建现象普遍，占用农田的现象也较为普遍，且新建建筑物风格常常与原有建筑物格格不入，也导致村镇建筑景观特色逐渐丧失。远郊村镇由于距离中心城市较远，受城市的影响较弱，对村镇建设的影响较小，但城市化进程的加快，吸引了远郊村镇的大部分青年劳动力流向城市，导致远郊村镇出现“空心化”，农村只剩老人、妇女和孩童，极大影响了远郊村镇的农业生产。西部地区的村镇，普遍拥有风景宜人的自然风光，部分远郊村镇还保留着浓厚的民族特色建筑和民族风俗文化。

（二）城乡融合下的远郊模式

远郊模式主要依托村镇自身的资源禀赋（包括自然资源、历史文化资源、民族风俗、特色产业等），借助政府、社会或企业力量，以创新、协调、绿色、开发和共享的发展理念，对村镇进行建筑景观、特色产业、旅游开发等综合开发，同时，以现代生活的标准不断完善远郊村镇的基础设施建设，推动乡村建设与城市在人口、产业等方面的流动与融合。

从要素流动的路径来看（见图7-5），远郊村镇主要向城市提供特色优质产品、劳动力、自然风光和资本等要素，而城市向远郊村镇提供劳动力、产业（主要是第二、三产业，在远郊村镇提供农产品加工、旅游服务等企业）、物质、资本、技术和信息等要素。通过城市与村镇的要素流动、交换、相互融合和相互作用，共同推动“人—业—地”系统融合，实现村镇种养与资本、技术、信息和管理的要素重组，村镇山水与资本、技术、信息和管理的要素重组，以及促进三产的融合发展。在城乡融合的背景下，鼓励人口回流，推动远郊村镇立足自身特色资源、优势产业打造特色小镇，是远郊村镇模式的重要目标和任务。由于西部地区交通运输条件本来就不发达，并且远郊村镇距离城市有一段距离，城乡互动相对较少，因此远郊模式更多倾向于依托远郊村镇自身条件做“文章”，推动乡村发展融入“人—业—地”系统中，从而实现城乡相互促进、相互融合，最终实现城乡平衡发展、乡村充分发展。(1)做足种养的“文章”。立足远郊村镇，按照“一村一品，一村一策”的思路，因地制宜地对远郊村镇进行综合整治与改造，打造优势种养产业为主的种养主导型村镇和特色产业为主的产业主导型村镇，振兴远郊村镇的产业经济。一方面，吸引人口回流，实现村镇的“逆空心化”；另一方面，对传统农林牧渔业进行重组，促进农业向现代化农业转型升级。同时，推动第一产业与第二产业、第三产业的融合发展，形成新的发展模式和新业态，实现产业与乡村地域有机的融合。根据村镇种植、养殖等农林牧渔的特点，引导产业与村镇建设有机的结合，推动村镇产业结构的转型升级，与城市建设、经济社会发展形成联动互补。推动“企业+项目+农户+基地”模式对村镇进行改造提升，引导、鼓励农业龙头企业到近郊村镇设立加工厂，对农产品进行深加工，提高农产品的附加值，提高村镇居民的收入，缩小村镇与城市的收入差距。(2)做好山水“文章”。践行“绿水青山就是金山银山”的理念，立足远郊村镇的山水，推动山水与城市资本、技术和信息的重组，保持村镇乡土特色，以发展现代化农业、生态型农业为重点，深度挖掘村镇特色生态自然资源，引导城市企业对村镇山水进行开发利用，打造乡村旅游型、旅游带动型的新型村镇建设，实现农业与旅游业的融合发展。一方面，依托村镇的水资源，打造水上娱乐休闲活动、水生花卉等，另一方面，依托村镇的山资源，打造山地运动基地，为家庭、企业、个人提供素质拓展服务。(3)做好文化“文章”。在深度挖掘远郊村镇历史文化、民族风俗文化、红色革命文化、农业文化的基础上,激活乡土文化,打造历史文化名镇、民族文化小镇、红色革命小镇和“农业+文化”小镇,实现村镇与文化、农业与文化的有机结合,建设独具特色的新型村镇。在深入挖掘远郊村镇的文化元素的时候,要尽量保持村镇文化、建筑景观和农业景观,突出地域特色,并以此为切入点,修缮一些传统建筑、民族特色建筑,策划一些民族风俗文化节庆、乡土文化节日活动,繁荣乡村文化,推动乡村文化产业快速发展。

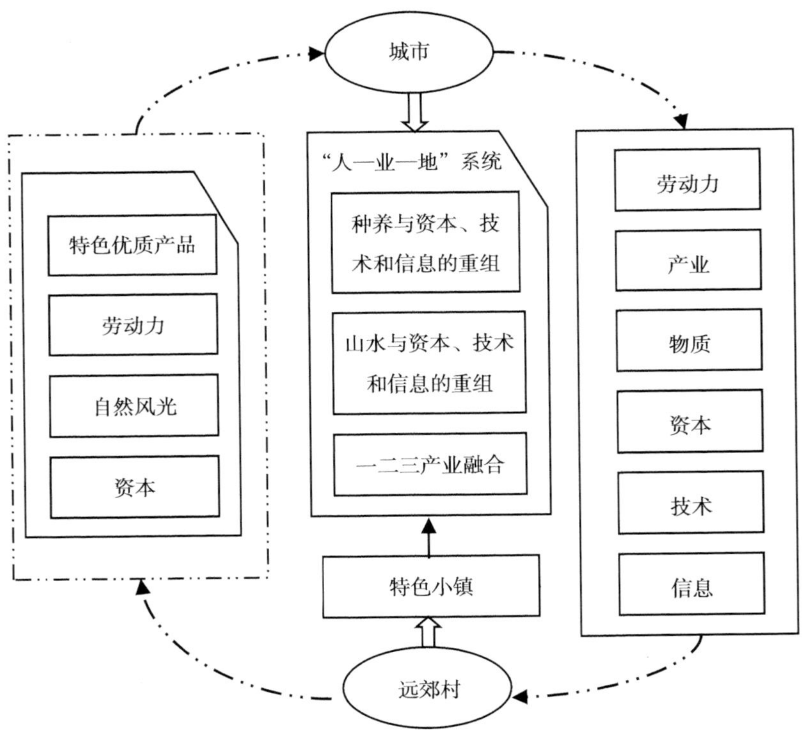

图 7-5 远郊模式的城乡融合需要与要素流动情况

四、边远山区模式

（一）边远山区村镇的基本情况与特点

边远山区村镇其主要特点是自然环境恶劣、地形地貌复杂多样、山大人稀、地理位置偏僻、经济基础薄弱、信息和交通不发达、教育和医疗资源匮乏、资源和人口内聚力不足、农业还处于粗放式的生产方式等，并且村镇与城市的互动交流较少，甚至有些村落与世隔绝，边远山区村镇的部分居民还在为温饱犯愁，闭塞的交通导致农产品难以向外销售，是典型的传统村镇。边远山区是我国贫困人口集中区，而西部地区是我国大石山区集中连片地区，我国大部分的边远山区村镇分布于西部地区。边远山区村镇不仅自然环境恶劣、生态环境脆弱、自然灾害频发，而且经济基础薄弱、交通运输条件较差，群众生产条件简陋，生活条件艰苦，是我国扶贫攻坚的主战场。国家发展改革委公布数据显示，2012 年到 2017 年，西部地区贫困人口从 5086 万人减少到 1634 万人，减少了 3452 万人，年均减少 25. 5%。①

（二）城乡融合下的边远山区模式

以小农为主的生产生活方式和山区为主的地形地貌特点，造成了边远山区村镇的治理空间呈现分散性，表现为居住、生活和生产上的分散性。由此给边远山区村镇的综合整治带来了极大的难题，主要表现为：(1)分散的乡村治理空间使边远山区村镇既无公平，又无效率，分散的农民居住格局是以自给自足的自然经济为基础的，在这种情况下，农业规模效益和产业化难以形成，乡村社会发展的效率难以实现；(2)分散的乡村治理空间既不利于治理主

① 参见《国家发改委：西部贫困人口年均减少 25. 5%　西部仍是我国脱贫攻坚的主场战之一》，人民网，2018 年 9 月 3 日，http://paper.people.com.cn/zgcsb/html/2018-09/03/content_1879162. htm。

体的成长，又不利于治理环境的发展，随着城镇化的推进，乡村环境污染、土地抛荒、无序开采等现象越来越严重，乡村自然退化成为一种新的治理困境。① 边远山区村镇受制于自然环境、资源禀赋、人才等因素，村镇“空心化”现象严重，大量的年轻人外出务工，土地抛荒严重。而城乡融合背景下的边远山区模式，主要是依托边远山区村镇的固有资源，并且依靠精准扶贫、乡村振兴战略等相关政策，挖掘潜在的优质资源，走出一条新型的边远山区村镇建设道路。

从要素流动的路径来看（见图 7-6），边远山区村镇主要向城市提供特色优质农产品、劳动力和生态资源，而城市向边远山区村镇输送产业（主要是旅游业及相关服务业）、物质、资本、技术（主要是农业生产技术）和信息等要素。通过城市与村镇的要素流动、交换、相互融合和相互作用，或对边远村镇进行空间再造、易地搬迁等方式，共同推动“人—业—地”系统融合，实现边远山区村镇的农林畜牧业与资本、技术、信息和管理的要素重组，生态资源与资本、技术、信息和管理的要素重组，从而实现城乡融合发展。（1）推进边远山区村镇空间再造，改变边远山区村镇在空间上的边缘化。边远山区村镇发展的制约因素，首当其冲的就是交通和基础设施条件差的问题，因此，各级政府要将修路、完善基础设施作为首要任务，牢记“要致富先修路”的道理。通过修路和完善基础设施，从空间上缩短边远山区村镇与城市的距离，助推城市与乡村的要素流动。（2）加快农林畜牧业与城市资本、技术、信息和管理等要素的重组，推动农业产业化发展，激活边远村镇发展活力和内在动力。根据边远山区村镇自身资源禀赋，深挖潜在的优势资源，并通过城市资本、技术、信息和管理等要素的投入，大力发展果林经济、畜牧经济、渔业经济、生态经济、药业经济等绿色农业产业。同时，依托边远山区村镇的生态资源和人文景观资源，突出抓好生态农业、生态旅游，打造生态农业和生态旅游新型村镇。（3）通过易地

① 宁华宗：《治理空间的再造：边远山区乡村治理的新路径——以黔江生态移民工程为例》，《社会主义研究》2014 年第 6 期。

搬迁实现边远山区村镇脱贫致富、土地资源开发利用和生态环境保护。由于一些边远山区村镇生产生活条件极差，生态环境脆弱，水土流失现象严重，水资源严重匮乏，交通闭塞，居民生活极度贫困，针对这些情况，易地扶贫搬迁是西部扶贫开发的一项重要举措。[①] 对村镇实施易地搬迁既保护了生态自然环境，也是对边远山区村镇建设的重构，有利于村镇居民脱贫致富，从根本上解决温饱问题。易地扶贫搬迁涉及面广、建设周期长、政策性强，是复杂的系统

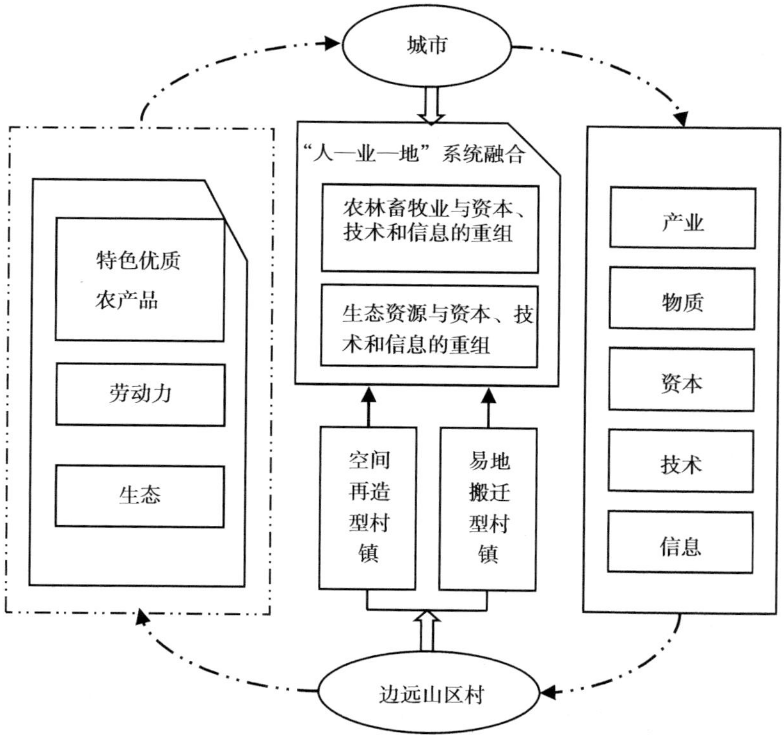

图 7-6　边远山区模式的城乡融合需要与要素流动情况

① 景喆、李新文、高举廷：《西部异地扶贫搬迁管理模式与村镇建设——以甘肃省靖远县刘川乡为例》，《小城镇建设》2007 年第 6 期。

工程和社会系统工程。[①] 根据边远山区村镇的具体情况不同，可以选择资源置换的搬迁模式、分散安排的搬迁模式、就业搬迁模式、梯次搬迁模式、投亲靠友的搬迁模式和房屋置换搬迁模式等，通过易地搬迁来实现边远山区村镇的跨越式发展。

第三节　建设的模式比较

全面深刻认识城乡融合发展背景下村镇是正确规划和建设新型村镇的前提，用城乡融合发展的思维看待村镇的建设，有利于建立更宏观的村镇空间格局、更容易激发村镇发展的活力，更快实现城乡平衡发展、乡村充分发展，实现缩小城乡差距的目标。新型村镇建设的最终目标是要实现乡村充分发展、城乡协调发展、三产融合发展、人的全面发展、生态宜居、均等的基本公共服务和生活水平，但是村镇形态绝不能同质化。由于城中村、近郊村镇、远郊村镇和边远山区村镇基于自然资源、历史文化、民族特色、产业基础、人口规模、空间形态、基础设施以及与城市的距离各不相同，其建设所采取的方式也必然有差异。

表 7-1　城乡融合背景下新型村镇建设的四种模式对比分析

模式	城中村模式	近郊模式	远郊模式	边远山区模式
城乡融合程度判断	中度融合。城中村与城市间的要素流动频繁，城中村为城市提供大量劳动力和土地，而城市为城中村提供现代生活方式。	初步融合。城市间要素流动较多，近郊村镇向城市输送劳动力、资本、土地等，而城市向近郊村镇输送人才、资本、技术和信息等。	城乡间要素有相互流动，主要是远郊村镇向城市输送劳动力和资本，城市向远郊村镇输送资本、技术等。	城乡间基本没有什么互动，主要是边远山区村镇向城市单向输送劳动力。

① 参见内蒙古自治区中国特色社会主义理论体系研究中心：《易地扶贫搬迁要实现可持续发展》，人民网，2017 年 7 月 17 日，http://theory.people.com.cn/n1/2017/0717/c412680-29409303.html。

续表

模式	城中村模式	近郊模式	远郊模式	边远山区模式
村镇特点	村镇在城市之中，具有城市和农村的双重特征。有很大的自发性和盲目性，在生产方式、生活方式、景观建筑等各方面仍保留着浓厚的农民特征。经济发展滞后，远不如其他社区成熟，其经济来源主要是租金所构成，几乎没有像样的产业。	近郊村镇受城市的影响日益剧增，使之成为既有城市特征又保留着浓厚的乡村气息，但是又呈现出不同于城镇和传统乡村的状态与特征。村镇最大的特点就是都市农业、设施农业和园艺业为主，同时分担着城市的一些功能，比如批发市场、蔬菜瓜果生产基地。	远郊村镇与近郊村镇相比，更远离城市，处于城市辐射范围的边缘地带，是比较接近于传统意义的农村。工业化水平较低，基础设施薄弱，交通运输条件相对较差，大部分以农业生产为主。村镇建设较为随意，建设布局较乱，功能混杂，居住区与种养区、作坊工业区混杂在一起。	自然环境恶劣、地形地貌复杂多样、山大人稀、地理位置偏僻、经济基础薄弱、信息和交通不发达、教育和医疗资源匮乏、资源和人口内聚力不足、农业还处于粗放式的生产方式等，并且村镇与城市的互动交流较少，甚至有些村落与世隔绝，边远山区村镇的部分居民还在为温饱犯愁，闭塞的交通导致农产品难以向外销售，是典型的传统村镇。
劳动力流向	城镇	城镇	城镇	城镇
可依托的资源	区位优势、土地资源等。	地理环境、农业产业化、资源禀赋、人文环境等。	自然资源、历史文化资源、民族风俗、特色产业等。	农林畜牧业、生态资源。
发展模式选择	新型社区（历史文化观光社区、民族风俗体验社区、商业住宅社区和楼宇经济社区等。）	田园综合体（体验式、休闲式和观光式为一体的农业型村镇）、特色小镇（配备会议、会展、休闲、健身、养生、游乐等一种或多种主题活动的新型村镇，如西瓜小镇、农耕文化小镇、温泉小镇、会展小镇等）	特色小镇（种养主导型村镇、产业主导型村镇、乡村旅游型村镇、旅游带动型村镇、历史文化名镇、民族文化小镇、红色革命小镇、“农业+文化”小镇）。	空间再造型村镇、易地搬迁型村镇。果林经济、畜牧经济、渔业经济、生态经济、药业经济等绿色农业产业，生态农业新型村镇和生态旅游新型村镇。

一、城乡融合程度来看

城中村模式是处于中度城乡融合的情况下进一步加快城乡要素交换、互动、互融的模式,因城中村处于城市之中,拥有较好的城乡融合基础,为要素流动提供了天然的便利。近郊模式是处于城乡初步融合的情况下推动城乡融合发展的模式,由于近郊村镇与城市之间的距离较近,并且普遍交通运输条件较好,城市与乡村的劳动力、资本、土地、技术和信息等要素相互流动、相互作用的较为频繁。远郊模式是村镇与城市互相作用、互相影响较小的情况下,推动城市要素向远郊村镇流动、促进远郊村镇发展的一种模式,远郊村镇相比近郊村镇而言,与城市的联系相对较少,主要是远郊村镇向城市单向输送劳动力和资本。边远山区模式是城乡间基本没有什么互动,甚至有些边远山区村镇在与城市完全隔绝的情况下,以空间再造、易地搬迁、发展绿色农业产业等方式,推动村镇发展的模式。

二、从村镇特点来看

城中村具有城市和农村的双重特征,其生活方式和生产方式更接近于城镇,但又在生产方式、生活方式、景观建筑等各方面仍保留着浓厚的农民特征,其发展有很大的自发性和盲目性,经济发展滞后,远不如其他社区成熟,其经济来源主要是租金所构成,几乎没有像样的产业。近郊村镇既有城市特征又保留着浓厚的乡村气息,是介于城镇和传统村镇之间,最大的特点就是以都市农业、设施农业和园艺业为主,同时分担着城市的一些功能,比如批发市场、蔬菜瓜果生产基地。远郊村镇与近郊村镇相比,更远离城市,处于城市所能够辐射范围的边缘地带,比较接近于传统意义的农村。远郊村镇的工业化水平较低,基础设施薄弱,交通运输条件相对较差,大部分以农业生产为主。边远山区村镇是典型的传统村镇,与城市联系较少,农业还处于粗放式的生产方式。自然环境恶劣、地形地貌复杂多样、山大人稀、地理位置偏僻、经济基础薄弱、信息和交通不发达、教育和医疗资源匮乏、资源和人口内聚力不足、农业还处于粗放式的生产方式等，并且村镇与城市的互动交流较少，甚至有些村落与世隔绝，边远山区村镇的部分居民还在为温饱犯愁，闭塞交通导致农产品难以向外销售，是典型传统村镇。

三、从可依托资源来看

城中村模式主要是依托城中村的区位优势、土地资源等，通过土地融合带动人口融合、产业融合，进而实现城中村与城市的全面融合发展。近郊模式主要是依托近郊村镇的地理环境、农业产业化、资源禀赋、人文环境等，通过产业融合带动人口融合、土地融合，推动近郊村镇与城市的要素自由合理流动，并且依托城市市场，创新村镇建设模式。远郊模式主要依托远郊村镇的自然资源、历史文化资源、民族风俗、特色产业等，通过引入城市资本、技术、信息和管理等要素，推动远郊村镇建设特色小镇，实现城市与乡村的人口和产业的融合。边远山区模式主要依托边远山区村镇的农林畜牧业和生态资源，通过引入城市资本、技术、信息和管理等要素，推动边远山区村镇实施空间再造，大力发展果林经济、畜牧经济、渔业经济、生态经济、药业经济等绿色农业产业，推动边远山区村镇与城市的产业融合发展；同时，对生态环境恶劣、不适应人居住的边远山区村镇实施易地搬迁，通过易地搬迁的模式，促进村镇与城市的人口融合、产业融合和土地融合，最终实现村镇与城市的深度融合。

四、从模式选择来看

城中村模式主要是建设新型社区，立足于城中村的优势资源，可以发展历史文化观光社区、民族风俗体验社区、商业住宅社区和楼宇经济社区等。而近郊模式主要是建设田园综合体和特色小镇，根据近郊村镇的特点，发展体验式、休闲式和观光式为一体的农业型村镇，或者发展配备会议、会展、休闲、健身、养生、游乐等一种或多种主题活动的新型村镇。远郊模式则主要打造特色小镇，深挖远郊村镇的优质资源，立足村镇的种养、山水，打造种养主导型村镇、产业主导型村镇、乡村旅游型村镇、旅游带动型村镇、文化型村镇等。边远山区模式主要建设生态农业新型村镇和生态旅游新型村镇，立足边远山区村镇的农林畜牧业和生态资源，通过村镇空间再造，大力发展果林经济、畜牧经济、渔业经济、生态经济、药业经济等绿色农业产业；针对生态环境恶劣、不适应人居住的边远山区村镇则通过资源置换的搬迁模式、分散安排的搬迁模式、就业搬迁模式、梯次搬迁模式、投亲靠友的搬迁模式和房屋置换搬迁模式等来实现村镇的充分发展，缩小城乡差距。

综上，城中村模式、近郊模式、远郊模式和边远山区模式有共同点，也有差异。四种模式均是立足村镇自身资源禀赋，通过城市要素的注入，对村镇不同的优质资源进行重构，加速城市与乡村之间的要素流动，推动“人—业—地”系统的深度融合，建设创新、协调、绿色、开放和共享的新型村镇，从而实现城乡平衡发展、乡村充分发展的目标。

第八章　西部地区乡村振兴背景下农村城镇化的制度创新

特色小城镇在缓解大城市人口和产业的过度集聚、缩小城乡差距、推进城乡融合等方面具有重要作用。英美德等发达国家通过特色小城镇建设,缓解城市化进程中"城市病"、"乡村病"问题,如美国格林尼治小镇成为世界知名

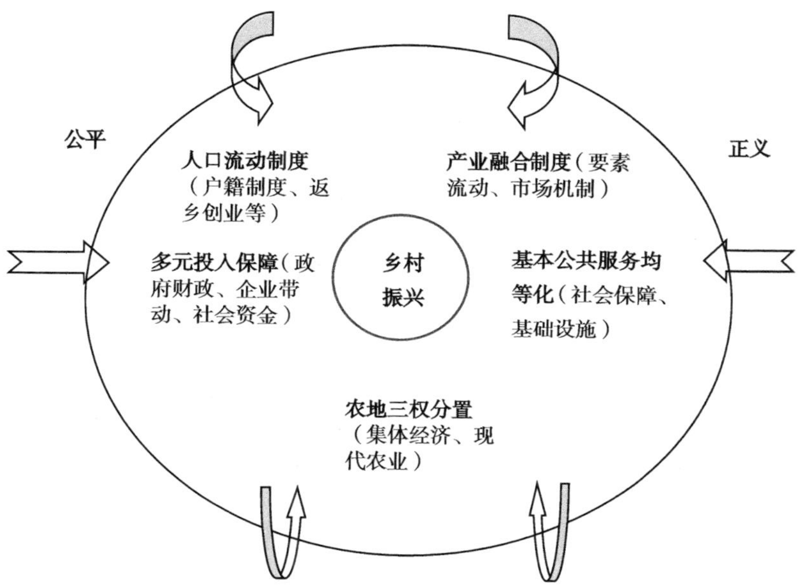

图 8-1　"公平正义"制度创新保障示意图

的“对冲基金小镇”,成为区域乃至世界范围内的经济高地,我国乌镇的建筑、龙港镇的印刷、桥头镇的纽扣、虎门镇的服装等。在环境和资源双重硬性约束下,亟需通过制度创新寻求新的经济增长点,优化村镇空间体系,加强村镇治理基层治理,促进城乡要素有序流动。

第一节　人口流动制度创新

根据发展经济学的经典理论,城乡结构转型过程人口流动是劳动力脱离农村和农业进入城市就业、生活和定居,最终实现从农民到市民身份转换的永久性迁移过程(Lewis,1954;Harris、Todaro,1970)。这过程对促进从城乡二元经济向一元经济转变、推进城乡融合与新型村镇建设具有重要的推动作用。人力资本理论认为,劳动力从农村向城市迁移过程本质上是一个人力资本投资的过程(Lucas,2004),迁移到城市的农村移民大都是具有较高人力资本的人(Barro、Martin,1995;Carrington 等,1996)。社会网络理论则认为,迁移劳动力的社会网络关系对其迁移行为具有重要影响,它能够减少劳动力迁移过程中的迁移成本和信息搜寻成本(Zhao,2003;叶静怡,2007)。Hu 等(2011)以中国户籍制度为依据按照是否获得城市户口,将迁移劳动力划分为永久性迁移和非永久性迁移。类似地,Goldstein(1990)、Woon(1999)等根据中国户籍制度下迁移者是否计划获得城市户口或已经获得城市户口,将那些打算留在城市的永久迁移劳动力划分为合法性永久迁移与事实性永久迁移。在此基础上,蔡禾和王进(2007)以是否愿意放弃农村土地作为衡量指标,将迁移劳动力划分为行为性永久迁移和行为性非永久迁移。朱宇(2005)从时间、空间、目的等维度以及迁入地、迁出地归属等特征出发,将劳动力迁移划分为非永久性迁移和永久性迁移。其中永久性迁移指永久性改变常住地、在迁入地长期定居的迁移;而非永久迁移是指迁移劳动力没有永久改变常住地的意愿,循环性的往返于迁入地与迁出地之间的迁移。马九杰和孟凡友(2003)则将非永久迁移定义为:农村迁移劳动力进城务工但并不永久性定居城市的行为。这些研究为进一步探讨劳动力非永久迁移的成因和形成机制奠定了基础。

然而,中国农村人口流动过程却与经典发展经济学理论相悖:中国的人口流动和劳动力迁移并不是永久性迁移而是呈现出明显的非永久性特征,大量流入到城市的农村劳动力虽然在城市就业,但并没有实现市民化的身份转变,他们依然保有农村户籍、同农村保持着紧密的联系,无法享受同城市市民同等的社会福利、就业机会和公共服务,因此难以在城市永久定居,只是在地域上和职业上实现简单的水平移动、在城乡之间像候鸟一样进行非永久迁移。不容忽视的是,这种非永久迁移模式也造成了农村劳动力迁移同工业化和城市化的脱节,大量非永久迁移劳动力虽然流入到城市就业,但却生活在城市的边缘地带,无法获得同城市市民平等的就业机会和社会福利,他们在就业、生活、交往等多方面受到排斥,难以真正融入城市社会,从而使得中国在原有的城乡二元结构尚未得到彻底消除的情况下,又在城市内部产生了农村非永久迁移人口与城市居民之间新的二元结构,从而形成了双重二元结构,严重影响城乡融合与新型村镇建设以及城乡社会和谐与可持续发展。

从世界范围来看,在一国或一个地区快速推进工业化和城市化以及城乡融合与新型村镇进程中,必然伴随着大量人口和劳动力从农村向城市迁移。那么,在这一进程中,劳动力迁移背后的动机是什么? 其对经济社会又有哪些影响? 围绕这些问题,学术界对劳动力迁移进行了广泛深入的研究,并形成了两种不同的研究范式:一种是关于劳动力迁移是如何产生的研究,即劳动力迁移决策研究,由此产生了二元经济理论、新迁移经济理论等理论学说;另一种是关于劳动力迁移是如何持续的研究,即对劳动力非永久迁移行为的研究。与已有文献不同,本部分侧重于分析人口和劳动力流动在城乡融合与新型村镇建设中的作用,从理论上探讨人口流动和劳动力迁移在西部地区城乡融合和新型村镇建设中的促进作用,并运用中国1999—2017年的省级面板数据对理论假说进行实证检验。在此基础上,提出促进人口流动制度创新的政策建议。

一、城乡融合、新型村镇建设与人口流动制度的经验观察

（一）非永久性迁移的流动特征

农村人口和剩余劳动力在向城市迁移过程中一般都是永久性的，而中国的情况则与一般的国际经验不同，大量农村迁移人口和劳动力向城市迁移主要表现出非永久性的特征。① 这种非永久性迁移模式意味着中国农业转移人口的市民化程度还很低，人口城市化进程缓慢，我国农村劳动力非永久迁移主要体现在以下四个明显特征：

（1）农村迁移人口和剩余劳动力在向城市迁移过程中大多是个体、短期流动，农村迁移人口的家庭迁移决策是青壮年劳动力进城就业务工，而将妇女、儿童和老人留在农村老家。国家统计局农调总队调查显示，在农民工大军中只有不到20%的农民工是举家外出，将近80%的农村迁移人口和转移劳动力只是单个的个体在流动。② 由于无法获得城市户口和相应的社会福利，农村流动劳动力很难在城市永久定居，更没办法将家人一起接到城市来举家定居。结果这些农村迁移人口不得不把自己的家人留守在农村，形成规模巨大的留守儿童、留守妇女和留守老人队伍。随着农村迁移人口大量非永久迁移，农业从业人员的年龄结构日趋老龄化，农村中留守妇女问题也日益严重。

（2）农村迁移人口在外出流动过程中往往存在一个劳动力流动生命周期，即农村迁移人口一般是选择在年轻的时候外出务工，而年龄大了以后又选择返回到老家务农。Rupelle 等（2009）基于中国微观调查数据的研究发现，在

① De la Rupelle M., Deng Q.H., Li S.and Thomas V., "Land rights insecurity and temporary migration in rural China", IZA Discussion Paper, No.4668, 2009.

② 谢冬水：《农地转让权、劳动力迁移与城乡收入差距》，《中国经济问题》2014 年第 1 期。

全部农村迁移人口中只有8.13%的人表示有意愿长期待在城市生活，绝大多数农村迁移人口准备以后返回农村生活。① 李强（2003）的调查研究也表明，超过80%的农村迁移人口预计将来迟早是会回到农村，这些农民工的家人中则有89.7%的人预计他们在城市务工的亲人会回到农村老家。② 也就是说，农村劳动力流入到城市就业并不是长久性的，大多数农村迁移劳动力存在一个迁移的生命周期，最终在年老时还是要返回农村的。

（3）大部分农村迁移人口和转移劳动力处于循环的、往复式流动状态，他们一般遵循这样一个城乡流动规律，即往往在节假日尤其是春节期间返回家乡，而在节后又继续外出进城务工，如此这般，形成了中国定期的循环往复式的劳动力大循环流动现象。每年返乡农民工大约占到农民工总数量的一半，这种循环流动给国家的交通和运输带来了巨大的压力，同时也增加了农村迁移劳动力的迁移成本和生活成本。

（4）农村迁移人口存在着普遍的兼业化和季节性迁移现象，大量农村迁移人口以农业生产季节为周期，利用农闲时间外出务工，呈现出"农忙务农、农闲务工"、"半工半耕"的兼业化和季节性特征。③ 2004年季节性外出打工的兼业人数约占农民工总量的20%。④ 这样一种"半工半耕"、"农忙务农、农闲务工"的兼业化农业经营，降低了农业生产的劳动分工和专业化水平，阻碍了农业的规模化、市场化经营，因而阻碍了农业生产率的提高和农业现代化进程，使得农业只能长期停留在效率低下的自给自足的传统农业状态。

---

① De la Rupelle M., Deng Q.H., Li S.and Thomas V., "Land rights insecurity and temporary migration in rural China", IZA Discussion Paper, No.4668, 2009.

② 李强：《影响中国城乡流动人口的推力和拉力因素分析》，《中国社会科学》2003年第1期。

③ 白南生、李靖：《城市化与中国农村劳动力流动问题研究》，《中国人口科学》2008年第4期。

④ 白南生、李靖：《城市化与中国农村劳动力流动问题研究》，《中国人口科学》2008年第4期。

（二）非永久迁移的不利影响

劳动力非永久迁移方式虽然在表面上使农村迁移人口转移到了城市生活就业，但从长期来看却带来了巨大的经济成本，对城乡融合、城乡经济可持续发展以及新型村镇建设带来严重的不利影响。①

（1）劳动力非永久迁移不利于农业生产效率提高，阻碍农业现代化和农村发展。大量农村劳动力单身、短期、候鸟式的非永久迁移，造成农村中出现大量的“留守儿童、留守老人、留守妇女”现象，导致农业从业人员普遍的老龄化和妇女化，同时还导致农业经营长期处于“半工半耕”、“农忙务农、农闲务工”的兼业化状态，降低了劳动分工和专业化水平，抑制了土地流转市场的发育，阻碍土地的集中和规模经营，造成农业人口长期滞留农村，从而抑制了农业生产效率的提高，制约农业现代化进程。

（2）劳动力非永久迁移不利于人口和经济活动的空间集聚，阻碍城市化进程。现阶段，城市化已成为推进中国经济发展的一个重要引擎和国家发展的一个重要战略。② 然而，大量农村非永久迁移劳动力的存在，使得中国的城市化呈现出一种“半城市化”的状态，导致城市规模过小、人口城市化水平滞后，抑制了城市经济集聚效应的发挥。③

（3）劳动力非永久迁移不利于城乡和谐发展，加剧城乡差距和不平等。劳动力非永久迁移导致大量农村人口和剩余劳动力滞留农村或是在城乡间作出循环流动，这既不利于优化产业结构和提高农业生产效率，也导致大量进城农民工无法享受同城市市民平等的——包括获得公共服务、就业机会等在内的——权利，因而难以融入城市社会，而只能在城市非正式部门从事低技能、

① 谢冬水：《农地转让权、劳动力迁移与城乡收入差距》，《中国经济问题》2014 年第 1 期。

② Au C.C.and Henderson J.V.，“How migration restrictions limit agglomeration and productivity in China”，*Journal of Development Economics*，2006，80(2)：350–388.

③ Au C.C.and Henderson J.V.，How migration restrictions limit agglomeration and productivity in China，Journal of Development Economics，2006，80(2)：350–388.

风险高、报酬低的工作,①从而加剧城市社会分割和不平等,阻碍城乡经济增长与可持续发展。②

基于此,提出一个假说:人口和劳动力在城乡之间非永久迁移不利于城乡融合与新型村镇建设,为加速推进城乡融合与新型村镇建设,需要推进人口流动制度创新,实现农村人口和劳动力从非永久迁移向永久性迁移转变。

二、城乡融合与新型村镇建设下人口流动的理论模型

分析人口流动和劳动力转移在城乡融合与新型村镇建设中的作用,假设经济中存在两个部门:农村部门(r)和城市部门(u),农村部门的劳动力数量为 L_r,城市部门的劳动力数量为 L_u,人口和劳动力可以在两部门之间流动。不考虑人口增长,因此经济中存在一个固定不变的劳动力总量 L,$L = L_r + L_u$。两部门的生产函数都为 Cobb-Douglas 型规模报酬不变的生产函数,即:

$$Y_u = A_u K_u^{\alpha} L_u^{1-\alpha} \tag{8.1}$$

$$Y_r = A_r K_r^{\beta} L_r^{1-\beta} = A_r K_r^{\beta} (L - L_u)^{1-\beta} \tag{8.2}$$

其中,部门 i 的总产出、劳动投入量和资本存量分别为 Y_i、K_i、L_i,$i = u, r$。$0 < \alpha < 1$ 表示城市部门的资本产出弹性,$0 < \beta < 1$ 表示农村部门的资本产出弹性。城市部门的技术水平用 A_u 表示,农村部门的技术水平用 A_r 表示。根据一般规律,假定城市部门具有高于农村部门的生产率,即 $A_u > A_r$。根据以上模型设定,农村和城市两个部门将选择最优的劳动力和资本投入量来最大化产出,这样,农村和城市两部门劳动力市场均衡时的最优化条件如下所示:

$$W_r = (1-\beta) A_r K_r^{\beta} (L - L_u)^{-\beta} \tag{8.3}$$

---

① 谢冬水、周灵灵:《农地转让权权能与城乡居民收入差——基于劳动力转移中介机制的视角》,《上海经济研究》2016 年第 6 期。

② 陈钊、陆铭:《从分割到融合:城乡经济增长与社会和谐的政治经济学》,《经济研究》2008 年第 1 期。

$$W_u = (1 - \alpha) A_u K_u^{\alpha} L_u^{-\alpha} \tag{8.4}$$

这里，W_r 表示农村部门的工资水平，W_u 为城市部门的工资水平。由于存在城乡收入差距和城市的高边际生产率，因此在人口能够自由流动的情况下，农村人口和剩余劳动力将不断从农业部门向城市部门流动，①这一过程一直持续到两部门的工资达到均衡时为止。然而在现实状态中，由于农村迁移人口和劳动力在转移过程中往往面临转移成本的制约，②因此，尽管城市部门具有高于农村部门的工资水平，但农村人口和劳动力也难以实现有效的充分转移。

基于迁移成本的存在，我们假设经济中存在一个代表性农村家庭，这个代表性农村家庭满足世代交叠模型来追求终生效用最大化，③这里我们假设这个代表性农村家庭的效用函数为：

$$U_t = \ln C_t + \rho \ln C_{t+1} - G \tag{8.5}$$

这里，C_t 表示第 t 期的消费，C_{t+1} 表示第 t+1 期的消费，ρ 表示贴现率。G 表示农村迁移人口和转移劳动力的转移成本。由于农村迁移人口和劳动力存在转移成本，将直接降低这些人向城市流动的效用水平，因此我们假设 $G > 0$。

这个代表性农村家庭所面临的预算约束条件如下式所示：

$$C_t + C_{t+1}/(1 + r_{t+1}) = W_t \tag{8.6}$$

其中 r_{t+1} 为第 t+1 期的利率水平。求解这个代表性农村家庭的效用最大化问题可以得到如下结果：

$$C_t = W_t/(1 + \rho) \tag{8.7}$$

根据(1)式 至(7)式的计算求解，可以得到农村人口流动和劳动力转移

---

① Harris J.and Todaro M.,"Migration, Unemployment and Development", *American Economic Review*, 1970, 60:126-142.

② 谢冬水、周灵灵:《农地转让权权能与城乡居民收入差——基于劳动力转移中介机制的视角》,《上海经济研究》2016 年第 6 期。

③ 刘晓光、张勋、方文全:《基础设施的城乡收入分配效应:基于劳动力转移的视角》,《世界经济》2015 年第 3 期。

在向城市转移的过程中的均衡条件为：

$$\ln C_{ut} + \rho \ln C_{ut+1} - G = \ln C_{rt} + \rho \ln C_{rt+1} \tag{8.8}$$

将(7)式代入(8)式整理，并令城乡收入差距为 $\pi_t = W_{ut}/W_{rt}$，城乡收入差距的扩大意味着城乡融合困难和城乡分割程度严重。因此我们用城乡收入差距作为城乡融合的负向度量变量，即用 $\pi_t = W_{ut}/W_{rt}$ 表示城乡融合（越小，城乡融合程度越高）。可以得到：

$$\pi_t = \frac{W_{ut}}{W_{rt}} = \exp\left(\frac{G}{1+\rho}\right) \tag{8.9}$$

将(8)式和(9)式代入城乡融合表达式 $\pi = W_u/W_r$ 中，并对农村劳动力转移数量求导，可以得到：

$$\frac{\partial \pi}{\partial L_r} = -\frac{\partial \pi}{\partial L_u} = \frac{(1-\alpha)A_u K^{\alpha}\beta_u}{(1-\beta)A_r K_r^{\beta}}(L-L_r)^{-\alpha}L_r^{-\beta}\left(\frac{\alpha}{L-L_r}+\frac{\beta}{L_r}\right) > 0 \tag{8.10}$$

(10)式表明，伴随农村人口流动和城市化进程，城市部门的农村迁移人口和劳动力数量 L_u 将不断增加，而滞留在农村部门的农村劳动力数量 L_r 则逐步减少，这样城乡收入差距 π 将不断缩小，从而促进城乡融合并由此带动新型村镇建设。

由此，得到以下命题：推进人口流动制度创新，加快农村人口和劳动力转移进程可以缩小城乡收入差距，促进城乡融合，并推动新型村镇建设。

三、城乡融合与新型村镇建设下人口流动的实证检验

为检验推进人口流动制度创新，加快农村人口和劳动力转移进程在缩小城乡收入差距促进城乡融合中的作用，利用中国1999—2017年省级面板数据进行实证分析。

（一）计量模型设计

检验农村人口和劳动力转移影响城乡收入差距、城乡融合的理论假说，构

建如下计量模型：

$$Y_{it} = C + \alpha Migration_{it} + \beta X_{it} + u_i + \lambda_t + \varepsilon_{it} \quad (8.11)$$

其中,下标 i 和 t 分别表示省份和时间, $Migration_{it}$ 为劳动力永久迁移的度量, Y_{it} 为城乡融合的度量, α 是劳动力永久迁移对城乡融合的影响系数。X_{it} 是控制变量, ε_{it} 表示随机误差项, C 表示常数项, λ_t 表示时间趋势, u_i 表示地区固定效应。

（二）变量选取

(1)被解释变量。城乡融合与新型村镇建设重点关注的被解释变量(Y)。由于数据获取困难,采用城乡收入差距来度量城乡融合与新型村镇建设。其合理性在于,在城乡二元结构转型过程和人口流动过程中,城乡收入差距的缩小意味着城乡收入的均等化,因而也一定程度上反映了城乡融合程度提高。此外,城乡收入差距缩小也有利于增加农民收入,推进新型村镇建设。因此,我们选用城乡收入差距来度量城乡融合与新型村镇建设。采用城镇居民人均可支配收入与农村居民人均纯收入之比作为衡量城乡收入差距,进而作为衡量城乡融合代理变量。

(2)核心解释变量。核心解释变量是农村劳动力永久性迁移数量。在本部分中农村劳动力永久性迁移是指农村人口和劳动力流入城市就业并在城市举家长期定居的过程。因此,参照已有的方法,①将农村劳动力永久性迁移量表示为 $Migration_t = L_t - L_{t-1} - nL_{t-1}$。其中,$L_t$表示 t 年的城镇非农业户口人口,$L_{t-1}$表示上年即 t-1 年的城镇非农业户口人口,n 为人口自然增长率。因此,$Migration_t$便成为农村劳动力永久性迁移量的度量。此外,为检验稳健性,还用农村流动人口数量替代农村劳动力永久性迁移数量进行稳健性检验。

① 谢冬水、周灵灵:《农地转让权权能与城乡居民收入差——基于劳动力转移中介机制的视角》,《上海经济研究》2016 年第 6 期。

（3）控制变量

选取了经济发展水平、工业化水平、地方公共支出规模、国有化水平、城镇失业率、城市住房价格、经济开放程度、交通便利程度等经济社会变量作为控制变量。控制变量的选取详细说明如下：

a. 经济发展水平（lnGDPpc）。在发展经济学理论中，城乡收入差距受经济发展水平的影响，城乡收入差距随经济发展所处的阶段而变化。为控制经济发展水平对城乡收入差距的影响，我们将经济发展水平用各地区的人均国内生产总值来衡量，以控制经济发展水平对城乡收入差距和城乡融合程度的影响，人均国内生产总值取对数形式。

b. 工业化水平（Indus）。在经济体的工业化进程中，将吸引大量的农村人口和剩余劳动力从农村向城市部门转移就业，因而有助于提高农村居民收入、进而缩小城乡收入差距。因此，为控制工业化水平对城乡收入差距和城乡融合程度的影响，我们引入工业化水平作为控制变量。工业化水平采用地区第二产业产值占地区 GDP 比重表示。

c. 地方公共支出规模（Expend）。地方政府的公共支出规模可能会对城乡收入差距和城乡融合水平产生影响。为控制地方公共支出规模对城乡收入差距和城乡融合程度的影响，选取地区 GDP 中地方政府一般预算财政支出占的比重来度量公共支出规模。

d. 国有化水平（Soe）。在经济发展过程中，国有化水平越高意味着市场化水平越低。由于受就业门槛的限制，农村劳动力很难进入国有单位就业，因此国有化水平越高、可能会影响到农村迁移人口的就业，进而影响城乡收入分配和城乡融合水平。在这里，我们采用规模以上国有控股工业企业总产值占全部规模以上工业企业总产值的比重作为国有化水平的衡量指标。

e. 城镇失业率（Unemploy）。根据托达罗城乡劳动力迁移模型，移民在城市找到工作的概率是影响劳动力迁移决策的重要因素。城市失业率的提高将会对农村劳动力永久迁移产生抑制作用。[①] 因此,在回归中控制了城镇失业率这一变量。

f. 城市住房价格(lnprice)。城市住房价格对于农村迁移劳动力而言是一种重要的迁移成本,房价上涨会提高劳动力的永久迁移和定居城市的成本,因而将对劳动力永久迁移产生抑制作用。为了控制城市住房价格这一因素,我们用商品房平均销售价格的对数值表示城市住房价格。

g. 交通便利程度(Trade)。客观存在的交通成本是阻碍农村劳动力流动的重要因素。[②] 交通便利程度的提高将有助于降低交通成本,因而可能对农村劳动力向城市流动和迁移有一定的促进作用。因此,我们在回归中控制了交通便利程度这一因素。其中,交通便利程度采用“(地区公路里程数+地区铁路里程数)/地区面积”表示。

h. 经济开放程度(Open)。经济开放程度的提高有利于促进产品市场和要素市场的市场化进程,因而也对城乡收入差距和城乡融合程度具有重要作用。此处,我们采用各地区实际利用外商直接投资占地区 GDP 的比重来衡量对外开放程度。

(三) 数据说明

选取的样本为全国 30 个内陆省、自治区和直辖市 1999—2017 年的数据。各项数据来源于历年《中国人口和就业统计年鉴》、中经网统计数据库和《中国统计年鉴》。表 8-1 是各变量的说明和描述性统计。

---

① Todaro M P.,“A model of labor migration and urban unemployment in less developed countries”, *The American Economic Review*, 1969, 59(1): 138-148.

② 刘晓光、张勋、方文全:《基础设施的城乡收入分配效应:基于劳动力转移的视角》,《世界经济》2015 年第 3 期。

表 8-1　变量的说明和描述性统计

变量名	变量含义	观测值	平均值	标准差	最小值	最大值
Migration	劳动力永久迁移量（万人）	570	35.278	75.508	-353.665	891.508
Y	城乡融合	570	2.926	0.591	1.852	4.759
lnGDPpc	经济发展水平（元）	570	9.789	0.819	7.842	11.564
Indus	工业化水平（%）	570	46.447	7.822	19.800	61.500
Expend	公共支出规模（%）	570	18.329	8.401	6.300	61.210
Soe	国有化水平（%）	570	48.810	21.338	10.671	91.286
Open	经济开放程度	570	2.670	2.031	0.030	13.160
Unemploy	城镇失业率（%）	570	7.985	0.626	6.709	9.843
Lnprice	商品房平均销售价格对数（元）	570	8.029	0.616	6.855	9.843
Trade	交通便利程度	570	0.649	0.450	0.020	2.110

（四）实证结果分析

1. 基本回归结果

表 8-2 报告了本研究的基准回归结果，主要使用 FE 模型（固定效应）和 RE 模型（随机效应）来进行实证回归分析。此外，由于回归模型可能会存在异方差和序列相关问题，为此，对于 FE 模型，还使用能够有效克服异方差和序列相关的 SCC 模型来对模型进行修正。在回归过程中，我们遵循从简到繁、依次加入控制变量的思路，首先在模型 1 和模型 2 中只加入劳动力永久迁移数量这一核心解释变量。回归结果显示，我们关心的劳动力永久迁移数量的系数显著为负，表明劳动力永久迁移数量越大，人口流动规模越大，城乡收入差距越小，城乡融合程度越高。模型 3 和模型 4 加入了经济发展水平、产业结构、公共支出规模和对外开放程度四个变量，估计结果表明，控制这四个变量以后，劳动力永久迁移数量的影响系数依然显著。进一步表明劳动力永久

迁移数量越大,人口流动规模越大,城乡收入差距越小,城乡融合程度越高。模型 5 和模型 6 进一步加入国有化水平、城镇失业率、住房价格和交通便利程度等变量。估计结果表明,控制这些变量以后,劳动力永久迁移数量对城乡收入差距和城乡融合程度的影响系数略有下降,但显著水平不变,这进一步说明劳动力永久迁移是缩小城乡收入差距、促进城乡融合与新型村镇建设的重要影响因素。从而很好地验证我们的理论假说,即农村劳动力永久迁移将有助于促进城乡融合与新型村镇建设。

在各个控制变量中,经济发展水平(人均 GDP)对城乡收入差距和城乡融合程度具有显著的作用,说明经济增长是影响城乡收入差距和城乡融合程度的一个重要因素,这也说明中国正处在库兹列茨曲线的左侧。工业化水平的影响系数显著为正,这与经典发展经济学的理论一致,说明中国的工业化在扩大城乡收入差距方面和降低城乡融合程度发挥了重要的影响作用。地方公共支出规模对城乡收入差距和城乡融合程度指标的影响系数显著为负,说明政府财政支出规模的扩大可以起到缩小城乡收入差距、促进城乡融合的作用。这也许是因为政府支出规模的扩大增加了公共服务支出,降低了农村迁移劳动力在城市生活和定居的成本,从而对农村劳动力永久迁移具有吸纳作用,进而起到了缩小城乡收入差距和促进城乡融合的作用。对外开放程度的系数显著为正、城镇失业率的系数则显著为负,这说明对外开放程度和城市失业率是影响城乡收入差距和城乡融合的两个重要因素。住房价格的系数显著为负,这符合我们的直觉。可能的原因在于,城市的高房价将提高农村迁移人口在城市的生活成本,因而阻碍农村人口和剩余劳动力在城市永久迁移。国有化水平的影响系数为负但不显著,交通便利程度的系数为正但也不显著,说明国有化水平和交通便利程度都不是影响城乡收入差距和城乡融合的重要因素。

表 8-2　基准回归结果:劳动力永久迁移对城乡融合的影响

模型序号	模型 1	模型 2	模型 3	模型 4	模型 5	模型 6
模型形式	FE/SCC	RE	FE/SCC	RE	FE/SCC	RE
Migration	(0. 112(((((3. 62)	(0. 103(((((4. 42)	(0. 097(((((4. 52)	(0. 094(((((4. 24)	(0. 082(((((5. 98)	(0. 081(((((3. 92)
lnGDPpc			0. 048(((2. 36)	0. 044(((2. 16)	0. 046(((2. 51)	0. 042(((2. 45)
Indus			0. 210((((2. 96)	0. 227((((2. 76)	0. 281((((3. 49)	0. 289((((3. 39)
Expend			(0. 300((((2. 50)	(0. 295(((((3. 45)	(0. 276((((2. 41)	(0. 290(((((3. 32)
Open			0. 414((((5. 41)	0. 257((((3. 66)	0. 407((((7. 32)	0. 255((((3. 69)
Soe					(0. 001 ((0. 39)	(0. 004 ((0. 86)
Unemploy					(1. 079((((2. 64)	(1. 039((((2. 20)
lnprice					(0. 450(((((4. 64)	(0. 423(((((4. 51)
Trade					0. 091 (0. 72)	0. 108 (0. 83)
时间固定效应	YES	YES	YES	YES	YES	YES
地区固定效应	YES	YES	YES	YES	YES	YES
常数项	40. 495((((67. 48)	40. 445((((33. 75)	58. 516((((12. 26)	62. 124((((15. 20)	54. 052((((6. 09)	55. 114((((6. 47)
Hausman 检验	0. 005		0. 003		0. 000	
样本量	570	570	570	570	570	570
R^2	0. 241	0. 241	0. 531	0. 521	0. 634	0. 624

注:括号内的数据为系数的 t 值(FE/SCC 模型)或 z 值(RE 模型);(((、((、(分别表示 1%、5%和 10%的显著性水平;FE/SCC 表示使用 SCC 模型修正后的 FE 模型的估计结果;Hausman 检验中报告的是 P 值。

2. 内生性问题和工具变量检验

上述结果支持了我们理论分析的判断,但是这些实证分析的结果可能存在内生性问题。为了有效处理内生性问题,我们选用劳动力迁移滞后一阶项作为工具变量,分别使用 FE-2SLS 模型和 RE-2SLS 模型来进行工具变量检验。之所以选择这一变量作为工具变量的重要依据是:劳动力迁移滞后与当年劳动力迁移数量高度相关,但却不与误差项相关。因此,我们认为劳动力迁移滞后不能直接影响被解释变量(城乡收入差距和城乡融合),而是通过影响当期劳动力迁移数量起作用,因而符合工具变量的外生性要求。

表 8-3 给出了使用工具变量的估计结果,选用的工具变量是合理和有效的。在工具变量检验中,我们遵循从简单到复杂的思路依次加入各个控制变量。比较模型容易看出,劳动力永久迁移的系数均高度显著为负,且回归系数比基准模型大,这说明内生性问题导致采用固定效应的基准回归结果低估了劳动力永久迁移对城乡收入差距和城乡融合的影响,而使用工具变量检验则能有效、合理的估计其结果。在使用工具变量回归后,其他控制变量也与基准模型的回归结果保持一致,这从一个侧面进一步说明了采用工具变量估计的结果是非常稳健的。

表 8-3 劳动力永久迁移与城乡融合:工具变量回归

模型序号	模型 7	模型 8	模型 9	模型 10	模型 11	模型 12
模型形式	FE-2SLS	RE-2SLS	FE-2SLS	RE-2SLS	FE-2SLS	RE-2SLS
Migration	(0. 253(((((3. 68)	(0. 268(((((3. 72)	(0. 125(((((4. 36)	(0. 116(((((4. 12)	(0. 112(((((5. 06)	(0. 118(((((3. 65)
lnGDPpc			0. 065((((3. 67)	0. 068((((4. 92)	0. 056(((2. 55)	0. 052((((5. 06)
Indus			0. 212((((2. 92)	0. 221((((2. 95)	0. 292(((2. 51)	0. 298((((3. 54)
Expend			0. 302((((3. 76)	0. 299((((3. 41)	0. 281((((3. 52)	0. 293((((3. 02)

续表

模型序号	模型 7	模型 8	模型 9	模型 10	模型 11	模型 12
模型形式	FE-2SLS	RE-2SLS	FE-2SLS	RE-2SLS	FE-2SLS	RE-2SLS
Open			0.412((((5.42)	0.261((((3.62)	0.402((((5.31)	0.258((((3.61)
Soe					(0.002 ((0.69)	(0.003 ((0.72)
Unemploy					(0.895((((2.60)	(0.739((((2.21)
lnprice					(0.403((((2.62)	(0.403((((2.50)
Trade					0.102 (0.75)	0.107 (0.80)
时间固定效应	YES	YES	YES	YES	YES	YES
地区固定效应	YES	YES	YES	YES	YES	YES
常数项	4.890((((5.98)	6.486((((9.19)	4.180((((5.95)	6.280((((9.60)	4.220((((5.98)	6.211((((9.09)
内生性检验	0.000	0.000	0.030	0.030	0.036	0.036
弱工具变量检验	51.057	51.057	54.173	54.173	43.924	43.924
Sargan 检验	0.353	0.177	0.733	0.584	0.725	0.581
样本量	570	570	570	570	570	570
R2	0.152	0.160	0.319	0.273	0.328	0.265

注：括号内的数据为系数的 z 值；(((、((、(分别表示 1%、5%和 10%的显著性水平；内生性检验报告的是 Davidson-MacKinnon 检验统计量的 P 值；弱工具变量检验报告的是 Cragg-Donald Wald F 值；Sargan 检验报告的是 P 值。

（五）稳健性检验

基本回归结果支持了人口流动和劳动力迁移有助于推动城乡融合的结论，然而该结论可能会受到劳动力迁移指标、模型估计方法和地区差异的影响,为此从以下 3 方面对模型进行稳健性检验。

1. 人口流动和劳动力迁移的衡量指标

考虑到人口流动和劳动力迁移是一个多维度指标,仅仅从劳动力永久迁移考虑,可能会不够全面。因此,在表 8-4 我们使用农村流动人口(Pop)的数量作为劳动力迁移的代理变量,进行稳健性检验。Hausman 检验显示固定效应模型更合理,因此我们拒绝随机效应模型,主要采用固定效应模型进行解释。从回归结果看,以流动人口度量的系数均显著为负。这说明替换核心解释变量指标不会影响稳健性。

表 8-4 稳健性检验:人口流动和劳动力迁移指标

模型序号	模型 13	模型 14	模型 15	模型 16	模型 17	模型 18
模型形式	FE/SCC	RE	FE/SCC	RE	FE/SCC	RE
Pop	(0. 215(((((6. 20)	(0. 200(((((6. 07)	(0. 126(((((4. 81)	(0. 115(((((4. 49)	(0. 096(((((6. 15)	(0. 095(((((6. 35)
lnGDPpc			0. 429((((5. 15)	0. 406((((6. 66)	0. 412((((4. 78)	0. 401((((8. 47)
Indus			0. 014((((3. 35)	0. 013(((2. 14)	0. 015((((4. 22)	0. 015((((4. 53)
Expend			0. 289((((3. 61)	0. 209(((2. 69)	0. 114((1. 83)	0. 179(((2. 24)
Open			0. 402((((5. 67)	0. 317(((2. 65)	0. 270(((2. 54)	0. 317(((2. 78)
Soe					(0. 001 ((0. 94)	(0. 001 ((0. 83)
Unemploy					(0. 917(((((3. 67)	(0. 846(((((3. 84)
lnprice					(0. 553(((((2. 20)	(0. 611((((2. 16)
Trade					0. 180 (1. 63)	0. 002 (0. 01)
时间固定效应	YES	YES	YES	YES	YES	YES
地区固定效应	YES	YES	YES	YES	YES	YES

续表

模型序号	模型 13	模型 14	模型 15	模型 16	模型 17	模型 18
模型形式	FE/SCC	RE	FE/SCC	RE	FE/SCC	RE
常数项	5. 364((((2. 95)	3. 687(((2. 63)	5. 755((((3. 72)	8. 130((((3. 48)	6. 900((((3. 16)	8. 130((((3. 48)
Hausman 检验	0. 001		0. 002		0. 000	
样本量	570	570	570	570	570	570
R^2	0. 378	0. 422	0. 422	0. 453	0. 474	0. 453

注:括号内的数据为系数的 t 值(FE/SCC 模型)或 z 值(RE 模型);(((、((、(分别表示 1%、5%和 10%的显著性水平;FE/SCC 表示使用 SCC 模型修正后的 FE 模型的估计结果;Hausman 检验中报告的是 P 值。

2. 动态面板估计

在以上基本回归模型中,(11)式属于静态面板模型,可能会导致估计结果偏误。而且(11)式没有考虑被解释变量(城乡收入差距与城乡融合)可能存在的序列自相关问题:即城乡收入差距、城乡融合具有一定程度的惯性——当期的城乡收入差距、城乡融合可能受到前期城乡收入差距、城乡融合的影响。因此,为了克服估计偏误,我们使用动态面板估计方法构建(12)式的动态面板数据模型,来进行稳健性检验:

$$Y_{it} = C + \theta Y_{i,t-1} + \alpha Migration_{it} + \beta X_{it} + u_i + \lambda_t + \varepsilon \qquad (8.12)$$

(12)式中,等式右边增加了城乡收入差距、城乡融合的一阶滞后项($Y_{i,t-1}$)。我们采用差分 GMM 估计方法和系统 GMM 估计方法进行动态面板估计。为了控制工具变量的数量,我们采用 collapse 技术限制了工具变量的有效数量。

在 Arellano-Bond 检验和 Hansen 检验中,说明系统 GMM 和差分 GMM 估计是适用的。从回归结果可以发现,城乡收入差距、城乡融合的滞后项显著为正,表明城乡收入差距、城乡融合具有较强持续性。同时,作为衡量人口流动的两个变量,劳动力永久迁移数量和农村人口流动数量的系数都依然显著为负，说明农村人口和劳动力迁移确实是缩小城乡收入差距、促进城乡融合的重要因素。说明本研究的动态估计结果是稳健和有效的。

表 8-5　稳健性检验（动态面板估计）

模型序号	模型 19	模型 20	模型 21	模型 22
模型形式	Diff-GMM	Diff-GMM	SYS-GMM	SYS-GMM
L1. Y	0.376((((3.08)	0.394((((6.03)	0.377((((2.94)	0.371((((2.93)
Migration	(0.299(((1.90)	(0.619((((2.01)		
Pop			(0.817(((((2.95)	(0.623(((1.89)
lnGDPpc	0.295((((2.74)	0.186(((2.06)	0.319((((2.82)	0.321((((3.07)
Indus	0.446((((6.93)	0.446((((6.64)	0.338((((3.74)	0.342((((3.86)
Expend	0.289((((3.61)	0.209(((2.69)	0.114((1.83)	0.179(((2.24)
Open	0.402((((5.67)	0.317(((2.65)	0.270(((2.54)	0.317(((2.78)
Soe	(0.028 ((0.34)	(0.014 ((0.31)	(0.001 ((0.94)	(0.001 ((0.83)
Unemploy	(0.165 ((1.33)	(0.019 ((0.13)	(0.178 ((1.36)	(0.124 ((0.90)
lnprice	(0.873(((((4.94)	(0.816(((((4.73)	(0.920(((((4.46)	(0.762(((((3.77)
Trade	0.476 (1.52)	0.434 (1.32)	0.391 (1.24)	0.190 (0.76)
时间固定效应	YES	YES	YES	YES
地区固定效应	YES	YES	YES	YES
常数项	14.417((1.64)	4.623((((2.57)	25.162((1.65)	24.421((1.64)
AR(1)	0.013	0.014	0.018	0.021

续表

模型序号	模型 19	模型 20	模型 21	模型 22
模型形式	Diff-GMM	Diff-GMM	SYS-GMM	SYS-GMM
AR(2)	0. 411	0. 458	0. 354	0. 403
Hansen 检验	0. 193	0. 235	0. 235	0. 210
样本量	540	540	540	540

注：括号内的数据为系数的 z 值；(((、((、(分别表示 1%、5%和 10%的显著性水平；AR(1)、AR(2)和 Hansen 检验给出的是相应的 P 值；L1. Migration 表示 Migration 的滞后一期。

3. 分地区的稳健性分析

农村劳动力永久迁移对城乡收入差距、城乡融合的影响在不同的地区可能会有所差别，为检验这种地区作用差异，我们将样本划分成东部地区和中西部地区进行分地区回归。表 8-6 展示了分地区的估计结果，农村人口和劳动力迁移的系数较为稳健，无论是东部地区还是中西部地区，人口和劳动力迁移对城乡收入差距和城乡融合程度均有着显著的负向影响，这证明本研究结论的稳健性。同时，中西部地区劳动力永久迁移对城乡收入差距和城乡融合程度的缩小效果明显比东部地区更大。

表 8-6　稳健性检验（分地区回归结果）

地区	东部地区		中西部地区	
模型序号	模型 23	模型 24	模型 25	模型 26
模型形式	FE/SCC	FE/SCC	FE/SCC	FE/SCC
Migration	(0. 026(((1. 83)		(0. 045(((((3. 76)	
Pop		(0. 038((((2. 02)		(0. 064(((1. 83)
lnGDPpc	0. 132(((2. 58)	0. 093(((2. 32)	0. 578((((4. 33)	0. 493((((3. 73)
Indus	0. 132(((2. 58)	0. 093(((2. 32)	0. 578((((4. 33)	0. 493((((3. 73)

续表

地区	东部地区		中西部地区	
模型序号	模型 23	模型 24	模型 25	模型 26
模型形式	FE/SCC	FE/SCC	FE/SCC	FE/SCC
Expend	0. 177((2. 02)	0. 239((((4. 03)	0. 313((((6. 47)	0. 335((((3. 56)
Open	(0. 593(((((5. 68)	(0. 524(((((5. 81)	(0. 336(((((6. 15)	(0. 340(((((4. 69)
Soe	(0. 124 ((1. 46)	(0. 071 ((0. 85)	(0. 033 ((0. 56)	(0. 057 ((0. 79)
Unemploy	(0. 183((((2. 50)	(0. 217(((((3. 30)	(0. 313(((((6. 47)	(0. 335(((((3. 56)
lnprice	(1. 957(((((3. 47)	(1. 349(((((2. 65)	(5. 482(((((5. 66)	(4. 716(((((4. 08)
Trade	0. 063 (1. 30)	0. 071 (1. 10)	0. 020 (0. 25)	0. 032 (0. 58)
时间固定效应	YES	YES	YES	YES
地区固定效应	YES	YES	YES	YES
常数项	67. 173((((10. 47)	43. 942((((65. 66)	39. 773((((8. 04)	36. 967((((6. 47)
Hausman 检验	0. 0000	0. 0001	0. 0002	0. 0002
样本量	176	176	304	304
R^2	0. 635	0. 569	0. 709	0. 618

注:括号内的数据为系数的 t 值(FE/SCC 模型)或 z 值(RE 模型);(((、((、(分别表示 1%、5%和 10%的显著性水平;FE/SCC 表示使用 SCC 模型修正后的 FE 模型的估计结果;Hausman 检验中报告的是 P 值。

四、结论和建议

构建二元经济分析框架,利用中国 1999—2017 年省级面板数据,实证分析了农村人口流动和劳动力迁移对城乡融合以及新型村镇建设的影响。研究表明,推进人口流动制度创新,加快农村人口和劳动力转移进程可以缩小城乡收入差距促进城乡融合,并推动新型村镇建设。农村劳动力的永久迁移不仅是劳动力在职业上、地域上的水平移动，而且还要有身份和生活方式的变化。因此，农村迁移劳动力在城市的生存条件如何，他们能否顺利融入城市生活，也是影响其永久迁移的重要因素。长期以来，我国劳动力迁移受到户籍制度以及社会福利和公共服务政策抑制。因此，要切实扭转中国劳动力非永久迁移局面，还需要推进人口流动制度创新，配合户籍制度、社会福利和公共服务体制改革，改善迁移劳动力在城市的生存条件，消除他们融入城市的障碍。为此，提出如下政策建议：

（一）深化城乡户籍制度改革

在农村劳动力向城市流动的过程中，户籍制度是限制劳动力永久迁移的重要制度因素。由于存在户籍制度，使得农村劳动力在城市生活、交往和就业等多方面受到排斥和歧视，造成这些农村人口难以在城市永久定居，因而只能选择非永久迁移。① 因此，为了促进农村劳动力向城市永久性迁移，还需要配合户籍制度改革。一方面，应逐步将城市户口与享受城市公共服务、教育、医疗、社会保障等相脱钩，消除因户籍制度而导致的城乡分割的概念，使得不同户籍的人口都能平等分享城市经济增长的成果，从而推动城乡劳动力自由流动，消除劳动力永久迁移的户籍制度歧视；另一方面，应坚持"差别化落户政策"，对不同城市类型、不同人口规模的城市，确定不同的落户条件逐步解决农村迁移人口的落户问题。对于大城市，由于其人口规模大、生活成本高、对人力资本的要求也高，难以完全开放户籍，应优先把受教育程度高、在城市工作时间长、具有稳定收入来源的农村转移劳动力转为城镇居民户口；对于中小城市，应有序开放落户限制，鼓励农村转移劳动力进城落户；对于县城和县域中心镇，则应完全开放户籍，吸引农村劳动力自由流入落户。从而有序推进农村迁移人口向不同类型的城市进行永久迁移。

① J.Henderson：《中国的城市化：面临的政策问题与选择》，《城市发展研究》2007 年第 4 期。

（二）强化公共服务体制改革

为了让农村迁移人口能够在城市永久迁移和定居，需要改善移民在城市的生存条件，使得他们能够同城市居民一样分享各种公共服务和社会福利。而在现行城市社会福利和公共服务体制下，农村迁移人口在城市面临着养老、医疗、入学等社会福利和公共服务的政策歧视，而且他们还面临劳动力市场扭曲，他们的工作条件差，工资水平低，多半从事城市工人不愿意选择的工作。为了促进劳动力从非永久迁移向永久迁移转变，需要深化城市社会福利和公共服务体制改革。(1)改革教育体制，建立平等的城市教育资源分享机制。进一步增加对农民工子女教育经费的投入，切实为农民工子女在迁入城市接受义务教育提供平等的机会，降低农民工子女在迁入城市接受高等教育的入学门槛；(2)深化社会保障制度改革，维护农村迁移人口的社会保障权利。将农村迁移劳动力及其随迁家属的社会保障纳入城市社会保障体系，同时提高农民工的社会保障水平；(3)深化城镇住房保障制度改革，降低农村迁移劳动力在城市的定居成本。逐步将农民工纳入城镇住房保障体系，为农民工提供与城镇居民同等的住房保障待遇。考虑到农民工的实际收入水平，为农民工提供廉租房、经济适用房和限价商品房；(4)加强农民工就业培训，提高农民工的就业能力。加大农民工培训资金投入，严格执行农民工培训经费补贴政策。同时，根据经济发展和市场需求情况，丰富农民工职业培训形式，充分发挥社会各方面参与培训的积极性。从而切实提高农民工的职业技能，为其在城市稳定就业并最终实现永久迁移打下坚实的基础。

（三）完善政府治理机制改革

有关人口流动的政策一直是城市政府对农村人口流动进行限制的政策。①

① 陈钊、陆铭：《从分割到融合：城乡经济增长与社会和谐的政治经济学》，《经济研究》2008 年第 1 期。

进一步地,城市政府行为又受地方政府治理模式的影响。在当前财政分权的地方政府治理模式下,中央或上级政府通过易于量化的政绩考核指标来引导下级政府为经济增长而竞争,这些政绩指标主要包括经济增长率、财政收入等易于量化的经济指标。为了在这些指标的竞争中脱颖而出,城市政府需要千方百计不断优化投资环境,推动本地经济发展,而发展本地经济的一个重要条件是需要保证有充足低成本的劳动力供给。因为在激烈的地方政府间竞争环境下,高成本的劳动力供给一方面会减少工业企业利润,另一方面也会增加城市政府的财政负担。因此,压低劳动力成本便成为城市政府为了自身利益最大化而制定人口迁移政策的重要目标。在这些政府治理体制引导的人口政策目标影响下,地方政府往往愿意农村人口进城短期打工,但却不愿意农村人口永久迁移到城市。因此,从政府激励机制上看,为了促进农村人口和劳动力永久迁移,需要推进地方政府治理体制改革,完善政绩考核机制。在这方面,重点是要改革城市政府的政绩考核体制,建立有助于加快农村人口迁移的政绩考核机制。着重改变以经济增长、财政收入为主导的政绩考核指标,逐步降低GDP、财政收入等政绩考核指标的权重,更多地加入对公众满意度、公共服务、社会福利等方面的政绩考核维度,将吸引农村人口流入作为一项重要指标纳入地方官员政绩考核指标体系中,促使城市政府更好地发挥吸引人口流入和为居民提供公共服务的角色,从而在激励机制上充分调动城市政府对吸引农村劳动力永久迁移的积极性。

（四）健全财政税收体制改革

在现行土地制度和财税体制下,地方政府财政收入增长变成典型"土地财政"模式。在这种土地财政模式下,土地增值收益主要被地方政府所获取,农民不能合理分享土地增值收益。因此,为了促进农村劳动力永久迁移,需要从以下几个方面完善现行财税体制,改革土地财政。(1)从短期来看,需要纠正土地财政的支出结构偏向,建立公开透明、有助于加快劳动力永久迁移进程的土地出让金支出制度。应建立相应的监督和惩罚机制来约束地方政府的土地出让收入支出，明确土地出让收入用于吸纳农村迁移人口以及为他们提供公共服务的支出比例，增加土地出让收入用于为农村迁移人口提供公共服务的比重。建立土地发展基金制度，将地方政府的土地出让收入按照一定比例收集起来，作为专款用于为农村迁移人口提供公共服务使用，从而在激励机制上调动地方政府对吸纳农村劳动力永久迁移的积极性；(2)从长远来看，需要改革财政体制，降低地方政府对土地财政的依赖。应逐步降低土地出让金在地方政府收入中的份额，积极探索开征房产税，消除地方政府的土地财政模式，从而消除地方政府忽视吸纳劳动力永久迁移的动机；(3)建立合理的农村集体土地流转增值收益分配机制。如果赋予农民完整的土地转让权，拓宽农村集体土地的流转方式、流转规模和流转范围，允许农村集体土地直接参与交易，将势必会给农民和集体带来数额巨大的土地增值收益。如此庞大的土地收益如果全部归农民和集体所有，当然不合理，而且还会降低地方政府落实这种改革的积极性。因此，需要寻找在政府、集体和农民之间的利益平衡，建立一个合理的集体土地流转增值收益分配机制。一个可行的方案是，在允许农村集体土地直接进入土地一级市场的基础上，设计合理的税率，对直接入市的集体土地征收财产税。

第二节　农地制度创新

产权制度对经济绩效具有重要影响已成为学术界的共识。产权得不到明确界定和有效保护，将不可避免会扭曲经济人的激励约束、降低资源配置效率，进而阻碍经济增长。[①] 在我国农村，土地是基本的生产要素，也是农民最主要的财产，农地产权制度安排对农民生产积极性、土地资源配置效率以及农

① North.,D.C.,“Structure and Change in Economic History”,New York:Norton,1981:8-192.

村经济发展具有极为重要的影响。但土地使用权的转让却仍受到一系列限制，具体表现在：农村承包地使用权不能出售和抵押，承包地使用权流转主要限于农业用途下以农户为主的小范围、无价格的非市场化交易；农村宅基地使用权只限于农户自用，不能在城乡居民之间和不同集体组织成员之间自由流转；农村集体建设用地不允许直接进入城市土地一级交易市场，如果农村集体建设用地需要转化为非农用地必须实行政府征地。① 这种不完全的土地转让权造成城乡土地财产权利不平等和城乡土地市场分割，并导致土地资源配置效率低下，加剧城乡收入差距。②

围绕农地制度在城乡融合与新型村镇建设中的影响，现有文献主要从 2 方面展开了广泛研究。第一类是关于农地产权与劳动力迁移关系。侧重于从实证上探讨土地使用权稳定性对劳动力迁移决策的影响，如 de la Rupelle 等（2009）基于中国农村调查数据的经验研究发现，稳定性的农地使用权显著地促进了农村劳动力向城市迁移，而不稳定的农地使用权则对劳动力迁移意愿具有明显的抑制作用。③ Mullan 等（2011）研究表明，缺乏稳定性土地使用权将会增加农村迁移劳动力失去土地的风险，对劳动力向城市的迁移意愿产生抑制作用（谢冬水，2014）。④ 类似的，Valsecchi（2014）运用墨西哥调查数据的研究进一步发现，土地使用权不稳定将使得农村迁移劳动力缺乏向城市永久迁移的意愿。⑤ 然而，一些经验研究却表明，土地使用权稳定性效应可

---

① 刘守英：《中国城乡二元土地制度的特征、问题与改革》，《国际经济评论》2014 年第 3 期。

② 谢冬水、周灵灵：《农地转让权权能与城乡居民收入差——基于劳动力转移中介机制的视角》，《上海经济研究》2016 年第 6 期。

③ De la Rupelle M., Deng Q.H., Li S.and Thomas V., "Land rights insecurity and temporary migration in rural China", IZA Discussion Paper, No.4668, 2009.

④ 谢冬水：《农地转让权、劳动力迁移与城乡收入差距》，《中国经济问题》2014 年第 1 期。

⑤ Valsecchi M., "Land Property Rights and International Migration: Evidence from Mexico", *Journal of Development Economics*, 2014, 110: 276-290.

能被高估了。[①] 且在中国现行农地制度下，国家政策和法律已经对农民长期稳定的土地使用权给予了确认和保护；[②]第二类文献则是关于农业技术进步在城乡二元经济结构转变中作用的研究。这类文献主要集中与分析农业技术进步对二元经济结构转变的推力作用，农村剩余劳动力会在农业技术进步和农业生产率的“推力”作用下向城市非农部门转移。这样的劳动力流动导致城乡二元经济向一元经济转化，从而出现城乡收入均等化和经济增长。

总之，为促进城乡融合和新型村镇建设，需建立城乡平等的土地财产权利和城乡统一的土地市场，让土地资源在市场机制作用下实现自由流动，关键是要完善土地转让权，赋予农民对土地使用权以更加完整的转让权。因此，与第一类文献强调使用权稳定性不同，将重点讨论土地转让权与劳动力迁移行为的关系；与第二类文献不同，更加注重从农村土地产权制度改进的视角，重点探讨农地制度创新在城乡融合与新型村镇建设中的推动作用。

一、农地制度促进城乡融合的互动机理

（一）农地转让权的内涵及与集体所有制关系

1. 农地转让权的权利内涵

根据现代产权理论的基本观点，产权是一束权利，产权结构主要由四种基本权利组成，即所有权、使用权、收益权与转让权。在这四项权能中转让权是体现产权完整性的最重要的组成部分，它确定了产权主体分享资源流动所带来的资产价值变化的权利，是决定资源能否得到充分有效利用的关键。从产权内部各项权能之间的边界和相互关系来看，随着经济发展和社会分工的深

① 谢冬水、周灵灵：《农地转让权权能与城乡居民收入差——基于劳动力转移中介机制的视角》，《上海经济研究》2016 年第 6 期。

② 谢冬水：《农地转让权、劳动力迁移与城乡收入差距》，《中国经济问题》2014 年第 1 期。

化，产权的各个权能既可以统一在一起，也可以从权利中分离出来、细分成新的权利。① 对土地使用权的暂时性转让，就是以抵押、出租、担保、入股等方式对土地使用权这项资产的转让。② 农地转让权特指农地使用权的转让权，即在坚持农村土地集体所有制基础上，赋予农民对承包地使用权、宅基地使用权和农村集体建设用地使用权可以按照市场规律进行自由流转以获取财产收益的权利。事实上，新中国成立以来农村改革的经验发现，我国农村土地产权制度变迁的方向就是一个产权不断细分、农民享有的权能不断增多的过程。党中央顺势而为，在一系列文件中明确提出把农民的土地承包经营权进一步细分为承包权和经营权，实现承包权和经营权的分置并行。党的十八届三中全会以及党的十九大提出，要在我国农村土地制度中建立“三权分置”（即集体所有权、农户承包权、土地经营权）的制度。“完全土地转让权”的内涵正是在这一“三权分置”的土地政策指导下，在坚持土地集体所有制不变的基础上，赋予农民对土地使用权更多的可转让性权能，促进土地使用权的市场化流转，激活土地使用权的财产功能。

2. 农地转让权与农村土地集体所有制的关系

从历史发展和现实政治经济文化环境来看，农村土地集体所有制是一项适合我国国情的土地所有制安排，它在促进农村经济增长、维护农村社会和谐稳定等方面发挥着十分重要的作用。因此，深化农村土地产权制度改革，必须坚守土地公有性质不改变，通过提高农民土地使用权的可转让性权能，放活土地经营权，使农民能够作为市场主体在市场价格机制作用下自主、自愿地参与土地的利用和流转，从而使农村集体土地使用权实现同地同权，获得与城市土地使用权相平等权利，促进土地资源在城乡之间自由流动，最终达到保障农民财产权利，实现城乡统筹发展的目标。“允许农村集体经营性建设用地出让、

① 张曙光、程炼：《复杂产权论和有效产权论——中国地权变迁的一个分析框架》，《经济学》2012 年第 4 期。

② 张红宇：《中国农地调整与使用权流转：几点评论》，《管理世界》2002 年第 5 期。

租赁、入股,实行与国有土地同等入市、同权同价”,“赋予农民对承包地占有、使用、收益、流转及承包经营权抵押、担保权能”等,都是在保持农村土地集体所有制不变的条件下,对完善农地转让权的重要制度创新。农地转让权与农村土地集体所有制的关系是:在坚持农村土地集体所有制不变的基础上,对土地使用权的可转让性权能进行改革,赋予农地使用权更加自由的流转权利。因此,赋予农民完全的、有保障的农地转让权是对党中央关于“落实集体所有权,稳定农户承包权,放活土地经营权”政策方针的坚持。赋予农民完全的农地转让权既能够保持土地集体所有制不变、防止土地私有化,又能盘活土地资源,让农地进入市场流转。

(二) 工业化、城市化与农地转让权

中国工业化、城市化快速推进,已成为推动中国经济快速增长的两个巨大引擎,而土地则是这两个引擎的重要杠杆。① 地方政府通过制定垄断低价强制征地,以协议方式低价出让工业用地,建立各种工业发展园区和城市开发区,推进了工业化的高速发展;利用对城市土地一级市场的垄断,高价出让商住用地,从中获取数额巨大的土地出让金收入,则推动了城市化的快速发展。② 由此形成了以土地为中心的工业化和城市化模式。然而,由于这种依赖土地征用、开发和出让为手段的发展模式一定程度上剥夺了农民的土地财产权利,使得土地增值收益在城乡之间严重分配不平衡,制约了工业化和城市化的健康与可持续发展。

(1)这种以土地为中心的发展模式使得人口城市化与土地城市化的发展失衡,造成人口城市化明显滞后于土地城市化。以城市建成区面积度量的土

① Ding C. R., Lichtenberg E., “Land and Urban Economic Growth in China”, *Journal of Regional Science*, 2010, 7(12): 1–19.

② Ye L., Wu., A., “Urbanization, Land Development, and Land Financing: Evidence from Chinese Cities”, *Journal of Urban Affairs*, 2014, 36(S1): 1–15.

地城市化发展速度，与人口城市化之间的速度差距进一步扩大。如果用城镇非农业户口人口数量来衡量人口城市化，则人口城市化滞后于土地城市化的特征就更加显著。由于在现行土地制度下，地方政府是农地转为非农用地的唯一实施主体和城市土地一级市场的独家供地者，因此，地方政府为了发展地方经济、增加财政收入进而改善政绩，通常热衷于推进以土地城市化，并且在快速扩张的土地城市化过程中，大量财政资源也被投入其中，而真正能够促进人口城市化的公共服务支出却被严重忽视。① 然而，从城市化的实质来看，城市化的核心应该是人口的城市化，而不是仅仅追求城市空间扩张。加快人口城市化进程，控制土地城市化过度扩张，应成为我国现阶段和今后城市化发展的重要任务。

（2）这种以土地为中心的发展模式加剧了农民与地方政府的土地矛盾，导致城乡收入差距持续扩大。改革开放以来，中国经济取得了举世瞩目的成就。但在工业化和城市化过程中，城乡收入差距也在不断扩大。与此同时，在工业化和城市化过程中，因强制征地而引起的土地矛盾和利益冲突已成为影响我国社会稳定的一个重要隐患。这种工业化、城市化过程中的土地矛盾和城乡收入差距扩大无不与现行的土地制度存在紧密关联。虽然在征地过程中，地方政府也需要对被征地者进行补偿，但由于地方政府处于买方垄断地位、农民缺乏农地征用的谈判权和议价权，从而导致征地补偿费用往往远低于市场化定价下的实际价值，使得土地增值收益在地方政府和农民之间分配不平等。② 因此，随着土地征用规模的扩大，意味着地方政府获取和支配更多的土地增值收益，且在土地征地过程中，农民的土地财产权益往往面临着损害，

---

① 蔡继明、熊柴、高宏：《我国人口城市化与空间城市化非协调发展及成因》，《经济学动态》2013 年第 6 期。

② Lichtenberg E., Ding C.R., "Local officials as Land developers: Urban spatial expansion in China", *Journal of Urban Economics*, 2009, 66: 57-64.

同时土地出让金的支出范围也很少惠及农业和农民,①从而使得土地增值收益在农民和地方政府以及城乡之间分配不平等。

总之,工业化和城市化的快速发展大大增加了对土地的需求,从而提高了土地的价格和经济价值,同时保持经济稳定持续增长和解决城乡二元经济结构问题,都离不开工业化和城市化的快速推进。而以土地为中心推进工业化和城市化,却又不断地对农民的土地财产权益进行着损害,从而降低了工业化和城市化的质量。现阶段,为了统筹城乡发展,迫切需要推进农地转让权制度改革,在坚持土地集体所有制、保持土地使用权稳定的基础上,进一步赋予农民对土地使用权拥有完整的可转让性权能,使得农民能够平等分享工业化和城市化的成果,从而实现工业化和城市化健康可持续发展。

(三) 农业现代化对农地转让权的要求

在农村经济发展过程中,人地矛盾是制约农业现代化的重要因素。② 受有限土地资源的约束,减少农村人口和农业劳动力,促进农村土地流转集中和规模化经营,是解决人地矛盾、实现农业现代化的重要途径。③ 而农村人口能否真正减少,土地能否有效流转和集中经营,又在很大程度上受到土地产权制度的制约。只有土地资源能够在市场力量作用下实现自由流动,才能促进土地向具有农业经营优势的生产者集中、实现规模化经营。同样,也只有土地作为一项资产能够充分发挥财产功能,农民对土地使用权拥有租售、抵押、担保以及有偿退出等转让权权能,才能为农村劳动力向城市永久迁移和定居创造条件。从这个意义上说,在坚持土地集体所有权不变的前提下,赋予农民对土

① 钱忠好、牟燕:《土地市场化是否必然导致城乡居民收入差距扩大——基于中国23个省(自治区、直辖市)面板数据的检验》,《管理世界》2013年第2期。

② Matsuyama., Kiminori., "Agricultural Productivity, Comparative Advantage, and Economic Growth", *Journal of Economic Theory*, 1992, 58: 317-334.

③ 蔡昉、王德文、都阳:《中国农村改革与变迁:30年历程和经验分析》,格致出版社、上海人民出版社2008年版,第126—127页。

地使用权完整的可转让性权能，是实现中国农业现代化的题中应有之义。遗憾的是，现阶段我国农地转让权并不完全，这种不完全的农地转让权对农村劳动力迁移和农业规模经营产生了相当不利的影响，并从以下两方面制约了农业现代化进程。

（1）在农村劳动力向城市转移的过程中，农村劳动力要实现在城市永久迁移定居，需要农村中的财产收入作为支撑。而不完全的农地转让权抑制了土地的资产属性和流动性，使得迁移劳动力缺乏合理的承包地退出补偿机制、他们的土地使用权也难以通过市场化流转获得财产收入，从而导致迁移劳动力在农村的土地财产无法有效转移到城市，从而使得他们难以在城市永久定居，只能选择出卖简单的劳动力在城市进行非永久迁移。

（2）由于农地转让权不完全使得土地租赁市场发育滞缓，导致我国的农业生产和经营方式难以适应工业化、城市化的要求。这种转让权不完全的土地制度制约农业规模经营和现代化的弊端日益显现：土地零碎化现象严重，降低了农业生产效率，妨碍了农业技术进步，不利于农业现代化的实现；土地流转速度缓慢。在现行土地制度下，许多农民既不愿意种地也不愿意放弃土地，有的农民宁愿地上长草，也不肯放弃对土地的控制权，从而使土地流转极为困难；土地使用率甚低。与土地流转缓慢相对应，目前农村土地抛荒或使用率极低、土地闲置、抛荒的现象较为普遍。

总之，中国农业现代化进程中面临的关键性问题都与现行农地产权制度存在紧密的关联，为促进农村劳动力向城市永久迁移，推动农业土地流转集中和规模化经营，从而加快实现农业现代化，要求不失时机地推进农地转让权制度改革，赋予农民完全的、有保障的土地转让权。

二、农地制度改革存在的主要困境

农村经济组织只是一个存在多种形式、非单一的并且缺乏有效管理的组织，而村民委员会也只是一个社区自治组织，因此从一定意义上说，村集体经济组织或者村民委员会实际上并不具备作为产权主体的法人资格。在这种产权制度安排下，土地所有权的一部分权利往往被地方级政府行使和掌握，这就使得农村土地所有权究竟是属于村民委员会所有农村还是属于集体经济组织所有，或者是属于基层政府所有，并没有界定得十分清晰。① 事实上，农村集体对土地并没有自由处置权，只拥有名义上的发包权。这种模糊的所有权，导致地方政府的行政力量主导土地资源配置，从而降低了土地资源配置效率，阻碍土地资源自由流动。另外现行农村土地制度对土地使用权的可转让权权能也进行了严格限制，导致土地转让权不完全，而土地使用权的可转让性权能对土地资源配置同样具有非常重要的影响。尤其是大量农村劳动力不断外出务工，城市化对土地的需求日益增加以及土地价格不断上升，土地使用权的可转让性就显得更为重要，而限制土地使用权的可转让性权能将不利于土地财产性功能的发挥。

（一）承包地经营权的转让权不完全

农民对土地使用权的自由转让权长期面临约束，承包地使用权流转主要限于农业用途下以农户为主的小范围、无价格的非市场化交易，承包地的财产功能无法充分发挥。

（1）现行土地产权制度下承包地经营权的转让方式受到严格限制。承包地经营权作为使用权不允许自由买卖和抵押融资，从而抑制了农村承包地的资本化能力和财产功能。现行土地制度对承包地使用权的转让权进行严格限制的出发点，据说是出于考虑保障土地传统意义上所承担的社会保障功能。首先，社会保障是政府的义务，而不是土地、劳动力等生产要素所应承担的功能；其次，在缺乏完整转让权的情况下，土地也无法真正为农民提供保障。试想在现行土地制度下，如果农民急需用钱时，他并不能指望通过承包地来获得

① 黄少安、刘明宇：《农地产权冲突、经济绩效与土地制度创新差异化原则——《农村土地承包法》的法与经济学分析》，《财经问题研究》2008 年第 4 期。

资金以解不急之需（他既不能通过土地抵押获得贷款，也不能通过出售土地获得现金，更不能凭借土地使用权获取医疗和养老保障）；再次，土地作为一种重要生产要素其承担的功能更多地体现在财产融资上，以强化土地的保障功能为由禁止土地使用权的买卖和抵押，将弱化农民对土地的财产权利，进而抑制土地的资本属性和流动性，限制了农村迁移劳动力通过土地使用权的流转获取相应的财产以转移到城市用于承担迁移成本，从而制约了农村迁移劳动力流入城市后融入城市社会的能力。

（2）现行土地产权制度下承包地经营权的转让范围受到严格约束。农民参与承包地经营权流转主要是囿于在同一个村集体经济组织内部成员之间进行，要在不同村集体成员之间以及城乡居民或农民与企业之间转让则面临高昂的交易成本，这极大地抑制了承包地经营权流转的市场化水平。由本集体经济组织以外的单位或者个人承包的，应当对承包方的资信情况和经营能力进行审查后，再签订承包合同。这种制度安排提高了承包地市场化流转的交易成本，使得承包地难以通过正规的市场化渠道能够有效地流转，从而制约了承包地经营权流转的交易范围和交易规模，更降低了承包地经营权流转的经济价值。相关研究表明，由于承包地经营权的流转范围受到严格限制，许多愿意参与承包地流转的农户要么被完全排斥在土地流转市场之外，要么实际参与土地流转的数量远不及其愿意流转的数量。土地流转市场有所发展，但大多数土地经营权流转都是非正规的，经常是亲戚朋友之间帮忙代耕的非市场化交易，从而使得土地的财产性功能和经济价值难以实现。

（3）现行土地产权制度下农户放弃承包地经营权得不到相应的经济补偿。根据《农村土地承包法》的规定，农户放弃承包地并不能得到相应的补偿费用。从这个意义上说，承包地经营权只能与农民身份和生活地域相伴随，它只能算作是一项僵化的、难以转化为资本的仅限于农户农用的资产，这使得农民的土地财产权益无法得到保障，导致农民无法将土地财产变现，增加了农村劳动力向城市迁移的机会成本，进而阻碍了其永久迁移城市的意愿。因此在现行土地制度下,农民即使已经举家迁移到城市或是完全不愿意从事农业经营,也不愿意轻易放弃承包地。这样,对于那些农村迁移劳动力来说,在承包地经营权既不能通过出售、抵押等方式自由转让,也很难在本集体组织以外的土地流转市场进行交易的情况下,为了保全不失去承包地,他们要么通过低价甚至零租金将承包地托付给亲戚朋友代耕,要么选择兼业,一边耕种自己的小块土地,一边从事非农就业,从而降低了农业生产的专业化水平,降低土地资源配置效率。

(二)农村集体建设用地的转让权不完全

长期以来,我国实行的是一种同地不同权的城乡分割的土地制度。在土地市场上,地方政府拥有强大干预的权力,可以单方面实施强制征地。地方政府垄断了农地非农化市场,农民缺乏合法的土地转让权。虽然在农地转换为非农用地的征地过程中,地方政府也需要对被征地者进行补偿,但这种补偿费用往往远低于市场化定价下的实际价值,这使得地方政府几乎可以在不用考虑征地成本的情况下获取大量土地资源。这种农村集体建设用地转让权不完全的制度安排,抑制了农村集体建设用地的流转范围和流转方式,使得农村集体建设用地不能进入城市土地一级市场直接交易,从而导致土地价格扭曲、土地增值收益在政府和农民之间严重分配不公平。

由于农村集体建设用地的转让权不完全,地方政府垄断了农地非农化市场,从而导致地方政府为了追求自身利益最大化而不断扩大征地规模,并引发大量土地违法行为。由于征地过程中农民合法的土地转让权得不到承认和保护,征地补偿费用不合理、分配不公平,从而加剧农民与地方政府之间的土地矛盾和利益冲突。在面对征地冲突和矛盾问题时,大量被征地农民往往采取集体上访甚至极端对抗地方政府的方式表达自身的土地利益需求,给社会和谐和政治稳定带来严重不利影响。全国群体性上访事件中与土地问题直接相关的占到60%,社会上访总量中有40%是因为土地纠纷而上访。因农村集体建设用地的转让权不完全而造成的政府强制低价征地,既抑制了农民财产性收入的增加途径,更成为影响社会和谐稳定的重要因素。

（三）农村宅基地的转让权不完全

农村宅基地是我国城乡二元土地制度体系中非常重要的组成部分。在现行土地制度下,虽然农村居民的宅基地和城市居民的宅基地同属公有(国家或集体所有),但二者在使用权的可转让性上却存在巨大的同地不同权差异:城市居民宅基地的使用权可以通过买卖、抵押、出租、继承等方式进行自由流转,而农村居民的宅基地却不能进行自由流转。农民可以凭借农村集体组织的成员身份获得在宅基地上建房居住,但却不能将宅基地以出租、抵押、出售等方式自由流转。我国的《担保法》也明确规定,“农村宅基地使用权不能用作财产进行抵押”,其他的一系列相关土地管理制度更是明确规定,“农民住宅不得向城市居民出售,不能为在农村购买房屋的城市居民发放土地证和房产证,严禁城市居民在农村购置宅基地”。这一系列对农村宅基地的转让权管制政策,极大地限制了农村宅基地的财产属性和流动性,使得宅基地基本上只能算作一种僵化的资产,仅具有居住功能,无法进行资本化、发挥财产融资功能。也正是这种宅基地转让权不完全,导致农村中出现大量的宅基地面积偏大、宅基地闲置现象,从而降低了宅基地的利用效率。

三、农地制度促进城乡融合的模型构建

城乡融合与新型村镇建设将表现为城乡收入差距的缩小,假设经济中农村部门(r)和城市部门(u)的劳动力数量分别为 L_r 和 L_u ,劳动力可以在两部门之间转移。经济中劳动力总量固定不变,即 $L = L_r + L_u$ 。假设两部门两部门的生产函数分别为:

$$Y_u = A_u K_u^{\alpha} L_u^{1-\alpha} \tag{8.13}$$

$$Y_r = A_r K_r^{\beta} L_r^{1-\beta} = A_r K_r^{\beta} \left(L - L_u \right)^{1-\beta} \tag{8.14}$$

其中，L_i、K_i、Y_i分别表示部门 i 的劳动投入量、资本存量和总产量，$i = u, r$。$0 < \alpha < 1$ 为城市部门的资本产出弹性，$0 < \beta < 1$ 为农村部门的资本产出弹性。A_u 为城市部门的技术水平，A_r 农村部门的技术水平，并且城市部门的技术水平大于农村部门，即 $A_u > A_r$。此外，在农村部门，土地转让权程度的提高，将有助于刺激农民增加土地的投资、并促进农业技术进步。为简化起见，此处将土地转让权带来的农业技术进步纳入技术水平 A_r 中。根据以上模型设定，农村部门和城市部门最大化产出的劳动力市场均衡一阶条件为：

$$W_r = (1 - \beta)A_r K_r^{\beta} (L - L_u)^{-\beta} \tag{8.15}$$

$$W_u = (1 - \alpha)A_u K_u^{\alpha} L_u^{-\alpha} \tag{8.16}$$

其中，W_r 为农村部门的工资水平，W_u 为城市部门的工资水平。根据城乡二元经济理论，城市部门的工资水平、劳动生产率以及技术水平都高于农村部门。因此，随着城市经济扩张，农村中的剩余劳动力将在城市部门的吸纳下向城市转移。然而在现实中，劳动力在从农村向城市的转移过程中往往面临高昂的转移成本制约。在这种制约下，即使城市部门的工资水平高，农村劳动力也难以实现充分转移。而农地转让权权能有助于提高农民财产性收入、增强农村转移劳动力在城市承担转移成本的能力。在这种情况下，假设经济中存在一个代表性农村家庭，代表性农村家庭世代交叠模型下追求终生效用最大化。我们将代表性农村家庭的效用函数设定为：

$$U_t = \ln C_t + \rho \ln C_{t+1} + H_t(\lambda_t) - G \tag{8.17}$$

其中，C_t 表示第一期的消费，C_{t+1} 表示第二期的消费，ρ 为贴现因子。G 为劳动力的转移成本，包括各种在城市生活、安家等的费用。在存在转移成本的情况下，将大大降低转移劳动力的效用水平，即 $G > 0$。H_t 表示农村家庭的财产性收入，在农村这种财产性收入主要它受农地转让权 λ_t 的影响（$0 \leq \lambda_t \leq 1$）。随着土地转让权权能的提高，农民的财产性收入将不断增强，即 $H_t'(\lambda_t) > 0$。在存在转移成本的情况下，随着农地转让权权能提高，农民财产性收入增加，将提高转移劳动力在城市支付转移成本的能力，从而削弱转移成本对劳动力转移的制约作用。

在以上假设基础上。代表性农村家庭面临的预算约束如下：

$$C_t + C_{t+1}/(1 + r_{t+1}) = W_t \tag{8.18}$$

其中 r_{t+1} 表示第二期的利率水平。求解这个最大化问题的一阶条件为：

$$C_t = W_t/(1 + \rho) \tag{8.19}$$

根据以上模型设定,在农村剩余劳动力转移过程中,满足城乡效用相等的劳动力转移均衡条件为：

$$\ln C_{ut} + \rho \ln C_{ut+1} + H_t(\lambda_t) - G = \ln C_{rt} + \rho \ln C_{rt+1} \tag{8.20}$$

将(19)式代入(20)式整理,并令城乡收入差距为 $\pi_t = W_{ut}/W_{rt}$,城乡收入差距越小,意味着城乡融合水平越高。于是可以得到：

$$\pi_t = \frac{W_{ut}}{W_{rt}} = \exp(\frac{G - H_t(\lambda_t)}{1 + \rho}) \tag{8.21}$$

由(8.21)式,我们可以得到：

$$\partial\pi/\partial\lambda < 0 \tag{8.22}$$

由此,得出如下推论:推动农地制度创新,提高农地转让权权能可以缩小城乡收入差距,从而促进城乡融合与新型村镇建设。

四、农地制度促进城乡融合的案例分析

推进农地转让权制度创新,赋予农民完整的土地转让权,将是解决农村劳动力非永久迁移问题,促进城乡融合与新型村镇建设的一个重要政策手段。事实上,围绕如何完善农地转让权,许多地方已经进行了广泛的尝试和改革,形成了许多成功的发展模式。

（一）成都市农地转让权改革的实践:典型案例分析

大量农村劳动力向城市进行非永久性迁移,城乡收入差距持续扩大,是城乡经济发展的两个典型特征,而户籍制度、社会福利和公共服务歧视等各种城

市偏向政策，毫无疑问是造成这两个典型特征的重要制度根源，除此之外，城乡之间的土地财产权利不平等也是一个不容忽视的影响因素。为了扭转农村劳动力非永久迁移的局面、缩小城乡收入差距，一个重要的政策选择是推进农地转让权制度改革，赋予农民完整的土地转让权。正是在这样一个背景下，成都市于2008年启动以还权赋能为纲领的新一轮农村土地产权制度改革，明确提出不但要赋予和保障农民长期稳定的土地使用权，而且要给予农民合法的、有保障的土地转让权，增强土地的资本属性和财产功能。具体来说，成都市土地转让权改革的创新主要体现在以下五个案例之中：

1. 农村集体土地上兴办民营工业园：蛟龙工业港模式

在我国现行土地征用和出让制度下，工业园区建设主要是由政府通过征地获得土地来进行，然而这种制度安排对各方来说却未必划算。首先，对地方政府来说，通过低价出让工业用地并提供配套基础设施建设来兴办工业园区，不但不能有效增加财政收入，而且可能还要倒贴；其次，对于被征地农民来说，由于平等分享土地增值收益的权利被剥夺，往往容易引起农民的不满并导致社会冲突；最后，对于工业企业特别是中小企业而言，由于政府兴办的工业园区在管理体制上相对僵化、对企业入驻的门槛要求也较苛刻，因而使得很多中小企业往往难以找到合适的工业园区入驻。因此，如果能够创新工业园区的建设模式，直接在集体土地上兴办工业园，将对地方政府、农民和中小企业三方都能带来效益改进。蛟龙工业港正是在这样一种背景下进行的土地制度创新。

蛟龙工业港于2000年创办，共由两期组成。第一期位于成都市青羊区文家乡境内，第二期位于成都市双流县九江镇境内，总占地面积达5平方千米。与全国各地工业园区由政府在国有土地上兴办不同，蛟龙工业港是在农村集体建设用地上由私人兴办的，从而开辟了一条绕开政府征地制度、直接在集体土地上发展工业的新型工业化之路。蛟龙工业港占用的土地都来自于农地，其独特的用地之处在于，它不是先由地方政府将农地征用为国有再行开发和出让，而是在保持园区土地集体所有制性质不变的前提下，由民营企业（成都蛟龙经济开发公司）直接向农民集体租赁土地。也就是说，蛟龙工业港的创办模式是由民营企业租赁农民集体土地，然后自筹资金在这些土地上盖厂房，之后再将厂房租给入驻企业使用。在具体操作程序上，首先是在农村集体层面上召开村民会议，经农民同意签字将其土地经营权归还给村集体，然后再由集体与蛟龙公司签订协议，采用出租或入股的方式将集体收回的土地转让给蛟龙工业港，最后由蛟龙公司对所有涉及土地的农民进行安置补偿并提供土地租金或给予土地分红。

总之，蛟龙工业港作为一个在现行征地制度框架下，直接建立在农村集体土地上的工业园，在实现农村集体土地与城市国有土地同地同权的道路上迈出了重要的一步，为我们探索有利于保障农民土地财产权益的工业发展道路提供了一个典型的案例。

2. 农村集体土地使用权直接入市交易：锦江模式

长期以来我国实行城乡分割的二元土地制度，农村集体建设用地不允许进入城市土地一级市场交易，凡是农村集体建设用地要转为非农建设用地必须一律先经政府征地才能出让。这种土地制度安排无疑损害了农民分享土地增值收益的权利。为了盘活集体建设用地资源，提高农民的土地财产收入，成都市锦江区积极推进农村土地产权制度改革，突破了农村集体建设用地不得直接进入城市一级市场交易、必须由地方政府垄断土地征用和出让市场的规定，允许农村集体建设用地不用经过政府征地便可直接以招、拍、挂的方式进入公开市场交易，从而打破了地方政府独家垄断土地供给、农村集体建设用地不能直接入市进行市场化流转的格局，为我们探讨建立城乡统一平等的土地市场、实现农村集体建设用地与城市国有土地同等入市提供了经验借鉴。

锦江区改革的经验可以概括为六个字“大集中、大统筹、大流转”。在具体操作过程中，首先是组建新型集体经济组织和 11 个拥有土地的村级集体股份公司，并将本经济组织内农民的土地转让给这 11 家村级集体股份公司，实现土地“大集中”。然后,由这 11 个拥有土地的村级集体股份公司合股组成农锦公司,并将上述 11 个村级集体股份公司集中起来的土地委托给农锦公司进行整体规划经营,实现土地的“大统筹”。接着,农锦公司又将归集起来的土地再次委托给锦江区农投公司,由农投公司对其进行整体开发经营,并由农投公司通过锦江区土地流转交易中心,采取招、拍、挂的方式将这些集体建设用地直接转让给产业项目主,从而实现集体建设用地的“大流转”。在土地出让收益的分配上,土地流转的收益先返还给农锦公司和农投公司,在扣除成本后,将剩余收入分配给以土地入股的农民。

不难发现,这种允许农村集体建设用地直接入市以招、拍、挂方式出让土地的锦江模式,打破了地方政府垄断土地一级市场的局面,使农民和集体成为土地出让的直接参与者和决策者,它既有利于实现农村土地的统筹规划、集中整治和整体经营,提高土地资源配置效率,又有利于提高农民分享土地增值收益的分配份额,增加农民的财产性收入,因而是一种更容易为农民所接受的农村集体土地流转方式,成为农村集体建设用地直接进入土地一级市场的一种有效途径。

3. 集体土地上的经营性住房:三道堰模式

在我国现行土地制度框架下,农村集体经济组织内部成员可以无偿获取本集体的宅基地使用权,不过这种宅基地使用权仅限于农民个人在其上面建造自用住房,不允许将宅基地使用权转让给本村集体以外的成员,尤其是不能转让给城镇居民。2007 年 12 月国务院办公厅《关于严格执行有关农村集体建设用地法律和政策的通知》明确规定:“农村住宅用地只能分配给本村村民,城镇居民不得到农村购买宅基地、农民住宅或‘小产权房’”。这意味着农村宅基地还不具备资本属性,难以通过市场流转提高农民的财产性收入。从社会效益来看,这种对农村宅基地不能自由流转的限制,既损害了农民的土地财产权利,也剥夺了城镇居民低价获得土地使用权的权利,因而在整体上损害了农村宅基地的利用效率。随着城市化的快速发展,农村宅基地的经济价值和相对价格日益提高，从而唤起了人们对现行农村土地制度的反思和调整。成都市郫县三道堰镇在集体土地上建设经营性住房正是在这一背景下应运而生的。

成都市郫县三道堰镇距离成都市区车程约三十分钟，地理位置十分优越。在镇政府的引导和规划下，几户人家自筹资金对原住房进行修缮，在原宅基地上盖起了“一楼一底”的二层楼房，楼房盖好后，由郫县政府对这些房屋颁发“村镇房屋所有权证”，由此开启了三道堰镇第一轮旧镇改造工作。随着成都市区房价快速上涨，三道堰镇的这种土地开发模式引起了社会的广泛需求。许多外地人纷纷来到三道堰镇，探寻能否在三道堰镇居民的宅基地上由外地人出资、本地居民出宅基地来共同建设几层小楼，然后由双方分享楼层。乘此良机，成都市郫县人民政府积极推进三道堰镇的宅基地使用权流转制度改革，突破农村宅基地流转的产权管制，允许城市居民到农村购买宅基地，并主动为这些住房改造提供规划、颁证等服务，从而打破了宅基地的集体成员边界，使得农村宅基地可以在不同村集体成员之间和城乡居民之间自由流转。现在，该镇已由一个曾经落后破旧的小镇变成如今人口上万、楼房林立的成都市卫星城。

总之，三道堰的故事是在农村宅基地上兴建经营性住房的故事。这种宅基地开发模式，打破了农村宅基地不能自由流转的规定，为增加农民的财产性收入提供了宅基地产权保障。

4. 农村集体土地上的城乡联建：茶坪模式

汶川大地震后，成都市许多农民的房屋遭受破坏，如何筹集资金重建住房成为摆在受灾群众面前的当务之急。然而，政府用于重建的财政补贴却相当有限，为了解决政府灾后重建的财政压力，有效获取资金以用于加快推进灾后重建工作，成都市出台了城乡联建政策，允许受灾农户联合村外的社会资本进行住房重建。在此政策下，拥有集体建设用地使用权的受灾农户与有意向的外来投资者缔约，受灾农户将自己集体建设用地使用权的一部分换得外来投资者为其修建住房，外来投资者则在换取的集体建设用地上兴建乡村酒店等经营性项目。同时，政府对这种城乡联建形式的集体建设用地流转予以承认，并为土地转让双方提供产权确认和保护，从而突破了城镇居民不能在农村购买宅基地、农民住宅的规定，使城乡联建成为一种合法的集体土地流转形式。

最早试行城乡联建的是成都市都江堰市大观镇的茶坪村，该村交通便利，风景秀丽，是许多外地人心仪的联合开发的地方。然而，由于土地管制政策的限制，这种心愿难以实现。而地震后的城乡联建政策则为许多外地人提供了难逢的机会。在城乡联建过程中，茶坪村的联建程序是：首先，召开村民会议表决通过联建方案，由农户和联建的外来投资方在自愿的基础上达成流转协议。然后，由农户、集体和联建的外来投资方三方签订协议。接着，联建的外来投资方为农户修建新居，同时在自己换来的集体土地上修建经营性项目。最后，由县级人民政府为参与联建的双方颁发集体土地使用权证。这种城乡联建的茶坪模式，不但实现了城乡生产要素的双向流动、显著增加了农民的财产性收入，而且还为农村发展引入了城市元素，对改善农村面貌、帮助农民安居乐业奠定了土地产权基础。

5. 农地承包经营权的流转集中和企业化经营

成都通过还权赋能，在保障农民稳定的土地使用权基础上，赋予土地承包经营权以抵押、出租等完整的转让权，以此促进土地承包经营权市场化流转，实现规模经营。截至 2017 年，在实现承包地市场化流转和规模化经营过程中，主要存在两种模式：(1)引进外地企业，推进承包地规模流转。以成都市郫县凌云村为例，该村在完成土地确权后，先由各农户与村集体签订土地租用协议，将农户的承包地整体归集起来，然后由村集体引进外来农业生产企业并与外来企业签订承包地流转协议，最后农民凭借承包地经营权获得土地出租租金；(2)成立土地股份合作社，实现规模经营。以成都市崇州市桤泉镇为例，该镇在保障农民土地承包经营权完整的物权基础上，采取以村为单位成立土地股份合作社的方式推进规模化经营。由村集体中各农户在自愿基础上组建土地股份合作社;合作社受入社农户的委托引进龙头企业,统一将合作社的土地转让给龙头企业,并由合作社统一向龙头企业收取土地租金;在租金用途和分配上,合作社将收取的土地流转租金 5%留作合作社收入以用于日常业务费用,其余部分全部按股份分给农户。

成都市在农地转让权改革的道路上探索出了许多有效的流转方式,这些经验是在我国现有土地制度基础上的重要制度创新,它们增强了土地的转让权权能,盘活了土地资源,对提高农民财产性收入具有重要作用,为我国下一阶段进一步推进农村土地转让权制度改革提供了经验借鉴。

（二）成都经验的经济分析

1. 土地确权:推进农地有序流转的逻辑起点

产权界定不清晰,历来被视为是扭曲经济激励、阻碍经济增长的重要因素。在许多发展中国家,由于农村土地产权界定不清晰、土地使用权缺乏稳定性,导致农民担心外出务工会丧失土地使用权。因此为了保住土地使用权,许多农村劳动力缺乏迁移意愿,不得不滞留农村,从而导致劳动力资源配置效率低下。① 同时,土地产权界定不清晰还导致土地租赁、买卖市场发育滞缓,由此阻碍了土地资源的自由流动,限制了农业规模经营。② 因此,通过土地确权颁证对农村集体土地、农民房屋等财产权利进行界定和厘清,确定农民对土地、房屋的实际控制权,便成为推进土地产权改革、促进土地有序流转的逻辑基础。在我国现行土地制度下,城市居民拥有的房屋财产权利一般都得到了明确界定,并且由政府提供产权证作为保护。相比之下,农村居民使用的土

① De Janvry A., Emerik K., Marco G., Sadoulet E., "Delinking Land Rights from Land Use: Certification and Migration in Mexico", *American Economic Review*, 2015, 105(10): 3125-3149.

② Deininger K., Jin S., "Land Sales and Land Rental Markets in Transition: Evidence from Rural Vietnam", *Oxford Bulletin of Economics and Statistics*, 2008, 70(1): 67-101.

地、居住的房屋等财产权利的归属却比较模糊。随着工业化、城市化的快速推进,对农村土地的需求日益增加,土地的价值也不断提高,这迫切需要对土地的财产权利归属进行明确界定和厘清,为降低土地流转的产权冲突、提高土地资源配置效率创造条件。成都市农村土地产权改革就是在这样一个背景下首先从土地确权颁证开始的。

2. 转让权是核心:赋能高于还权

通过土地确权让人们认识到农民拥有的财产资源并不贫乏。事实上,与城市居民相比,农民拥有相当可观的土地资源,农民占有的土地资源实际上比城镇居民要多。那么,为什么占有土地资源多的农村居民的收入水平相对城镇居民较低、城乡收入差距日益扩大呢?问题的关键就在于,虽然农民拥有较多的土地财产,但在现行土地产权制度下,农民的土地财产缺乏有效和有保障的转让权,难以转化为具有流动性的资本。事实上,缺乏财产权利的转让权机制、无法将资产顺利转化为资本,是所有落后国家经济停滞不前的一个共同制约因素。由此可见,穷人缺乏的并不仅是财产存量,更关键的是缺乏合法的财产转让权。成都市通过土地确权已经核实确认了农民拥有的土地资源数量,但如果仅止步于确权的话,那这些土地财产依然还是一种僵化的资本。意味着土地确权还只是为提高土地资源配置效率、促进土地资本化提供可能,并不一定就带来实现土地资源优化配置、提高农民财产收入的结果。这是因为在财产权利体系中,确权仅仅是界定确认了资源的排他性使用权,并不一定保证这种使用权可以自由转让。因此,可以说在成都市土地产权改革中转让权是核心—赋能高于还权。改革不但把农村集体土地的使用权还给了农民,而且还把土地使用权上派生出来的转让权也赋予了农民,从而为促进土地资源的合理流动,增加农民财产收入,实现土地财产向土地资本的顺利转换,奠定了产权制度基础。

五、政策建议

在理论分析的基础上,通过对成都改革经验的案例分析,探讨了成都市在推进农村土地产权制度改革、促进农村土地使用权合法转让、实现城乡土地"同地同权"方面的具体做法和实践。(1)在保障土地使用权的基础上发展合法的自由转让权,是促进土地要素自由流转、实现土地财产顺利转化为土地资本进而增加农村财产性收入的基础;(2)赋予农民完全的农地转让权是在坚持农村土地集体所有制不变的基础上,对土地使用权的可转让性权能进行改革,给予农地使用权更加自由的流转权利;(3)与传统农业社会相比,工业化、城市化和农业现代化对土地的需求和利用效率都提出了更高的要求,因此客观上要求土地作为一种生产要素更多地发挥资本属性。当前,我国正处在工业化、城市化和农业现代化同步协调发展的关键阶段,因此,迫切需要进一步完善农地转让权制度,进一步赋予农民对土地使用权拥有完整的可转让性权能,使得农民能够平等分享工业化和城市化的成果,推动城乡融合与新型村镇建设。

(一)改革和完善农村承包地产权制度,建立三权分置的土地经营体制

在三权分置模式下,土地所有权归集体所有(即保持集体所有权);农民拥有对土地长期稳定的使用权,同时,赋予农民对其所使用的土地拥有抵押、出租、继承等自由的完整转让权。确立这种土地制度,是在坚持土地集体所有制性质不变的前提下,对土地使用权的转让性权能进行创新。这种新型制度相当于永佃制,它既坚持和维护了农村集体土地所有制的性质,又可以提高土地使用权的资本属性和流动性,强化土地的财产功能,因而既有利于促进承包地自由流转和规模经营,推进农业现代化,也有利于提高农民将土地财产转移到城市以融入城市社会的能力。

(二)改革和完善农村集体建设用地产权制度,建立统一的建设用地市场

具体来说,(1)要实现同地同权,赋予农村集体土地与城市国有土地同等

的转让权。打破农村集体建设用地不能买卖、抵押、出租的限制,给予农民更多的财产性权利;(2)要实现同等入市,构建平等交易、城乡统一的建设用地交易市场。允许农村集体建设用地与国有建设用地在同一交易平台上进行土地交易,拓展农村集体建设用地的流转范围和方式;(3)要实现市场化定价,形成由市场交易决定价格的土地交易机制。建立农村集体建设用地交易中农民与用地者之间的直接协商机制,改变地方政府独家垄断土地供应而导致的土地价格扭曲局面。

(三)改革和完善农村宅基地产权制度,推动宅基地自由流转

具体来说,(1)要赋予农村宅基地以抵押、出售、出租、担保等完整的用益物权,形成农村迁移劳动力的宅基地退出机制。使得农村迁移劳动力可以通过宅基地抵押、出售、出租等方式获得财产性收入,从而为其顺利迁入城市和融入城市社会提供资本支持,并使其不用担心迁入城市后会毫无补偿地失去农村宅基地,进而增强其永久迁入城市的能力;(2)要建立城乡统一的宅基地流转市场,允许农村宅基地在城乡之间自由流动。赋予农村宅基地同城市居民宅基地同等的转让权,拓宽宅基地使用权的流转机制和范围,允许宅基地使用权自由转让,提高农村宅基地流转的市场化水平。

第三节　三产融合制度创新

一、三产融合发展必然趋势

西部村镇建设过程中,始终把发展农村产业放在优先位置。适应时代发展潮流,全球化背景下推动现代农业发展,加强与国际农产品贸易往来。“一带一路”建设对地区经济发展影响逐步彰显,在对外贸易快速发展的同时,贸易额占比也不断增长,但农产品贸易额在贸易额中所占的比重却在下降。因

此，要推动特色农业的发展，提高农产品的国际竞争力。

传统农业与现代化农业是相对而言的，传统农业属于动态概念，并具有以下特征：(1)生产单位以小规模家庭农场或分散的农户为主，具有半自然经济或自然经济的性质；(2)可以将其视为一种密集型劳动的农业发展模式；(3)二元经济结构较为明显，在工农、城乡的分割等方面较为典型；(4)从生产技术来看，传统农业有着长期不变的特征。从国际农业发展趋势来看，主要由传统农业逐渐转变为现代农业。欠发达地区农业与传统农业正逐步走向现代化农业道路。现代农业是在一定范围或一个时期内有着先进现代化水平的农业形态，主要包括现代管理方法与理论经营、先进科学技术、现代工业力量装备和生产效率与现代先进水平相符的农业。相比于传统农业，现代农业改变了原来的生产经营方式，传统农业仅生产初级农产品局限被突破，消除了自然条件的束缚，半自给自足和封闭低效局限性被打破，传统增长方式过于粗放的现象被打破等。

传统农业转变为现代农业是国际农业发展的共性认识。快速稳定增长的农业是发展中国家经济增长的主要保障，显然传统农业无法满足这点要求，为实现这一点，只能将传统农业向农业现代化方向发展。从国际农业实践可以看出，其特征主要体现在下述几方面：(1)整体性。对现代化农业来讲，既有现代化生产技术，同时也有现代化管理体制。因此，其是社会现代化与国民经济的重要组成部门，并且在社会经济现代化不断发展的同时，农业现代化也会随之发展；(2)时代性。整体来看，现代化具有历史性、开放性等特点，属于国际性概念，若要保障农业现代化质量与水平，便要以全球化经济为背景对其进行分析；(3)区域性。在农业生产中，地域性特点较为突出。由于不同国家制度、技术、文化和资源存在一定差异，所以不能直接将国外农业发展技术或经验全盘引进，应结合本国农业发展进行改造，确保改造后的技术适合本国农业发展；(4)动态性。将现代农业视为动态历史进程的农业现代化，当经济发展阶段不同时，其表现特征与形式也将随之变化，进而产生不同的影响。

从西部农业具体情况来看,西部正处于传统农业转变为现代化的时期,可以将其称为多样化农业。农业快速发展是经济增长的主要原动力,然而速度的缺失让其增长能力受到制约,所以只有将传统农业转变为现代化农业,实现农业现代化,才能推动西部经济增长。我国作为农业大国,"三农"问题始终是关系国计民生的根本性问题,三产融合是乡村振兴的主要抓手。一是三产融合有利于农业发展能力的提升。三产融合促进农业资源合理配置,延长农业产业链,通过对多项农产品的开发,带动农村地区竞争力的提高。(1)降低农业交易成本。三产融合内部化一些交易环节,减少销售、流动和加工环节的交易费用,使原本分散的生产经营费用显著降低;(2)延长农业产业链。三产融合突破以往内部局限,实现农业产业链的有效延伸,在更为广阔的范畴中,实现农业生产要素最佳配置;(3)实现农业开发功能。随着服务业与工业的不断渗透,为农业发展带来先进技术手段,带来先进商业模式、组织形式与产业形态,为充分挖掘农业文化功能创造了条件;(4)发展现代农业。规模化和信息化是现代农业的重要发展方式,但分散经营条件或传统小农经济难以达到要求,而三产融合则有效解决了这一难题。三产融合加快农村发展速度,为制度与技术有机融合提供了新的契机。a. 为其他领域技术在农业生产过程中的广泛应用、创新提供了条件,使农业生产力得到有效提高,农村经济发展也得到整体提升;b. 新兴产业与新型业态为农村剩余劳动力提供了岗位,使人地矛盾有所缓解;c. 衍生出多种新业态与新产业,为治理农村环境提供了技术支持与资金支持,使农业生产变得更加环保;d. 先进经验与管理理念使农村治理水平不断提升,推动农村体制的改革。

二、当前存在的主要问题

传统农业具有自给半自给、封闭低效的局限性,现代农业要打破这一局限,促使农业向一体化、组织化和规模化方向发展。传统农业技术停滞,使农业生产向机械化、标准化方向发展,使农业劳动生产率有所提升,加快农业转向现代密集型产业；推进现代农业发展向多模式现代化方向转变，还应提高农业劳动者素质，尽快解决副业化、兼职化和老龄化问题；不断调整农业结构，对区域布局和农业产业加以优化。西部地区现代农业发展与经营时间相对较短，面临投资吸引力较弱、融合路径混乱、产业要素不足和利益联结松散等亟待解决的问题。(1)农业自身效益低，不利于三产融合资金筹措。由于产业需求弹性低、产业季节性强、生产周期长和自然条件要求高等影响，农业效益相对较低，再加上自然灾害、瘟疫等原因，农业生产的风险较大。从农业、工业、服务业发展阶段来看，农业地区被定义为落后地区，难以吸引大额投资；(2)产业融合限制多，三产融合路径选择比较混乱。一些地区三产融合仅仅是农业和第二产业、第三产业的简单相加或捆绑，仅仅是地域空间上的拼凑，属于农业种植与工厂毗邻而作，或者仅仅是农业文化旅游概念的炒作，收入主要还是靠种植业。还有一些地区仅想到了农产品深加工这一条路径；(3)农村地区产业要素不足，不利于农业供给侧结构性改革。三产融合需要产业要素支撑，尤其是人才、资金和公共设施服务。过去很长时期内，农村优秀的人才和青年劳动力往往以冲出农业地区投入发达地区怀抱为理想，农业集聚地成为人口流失的重灾区。另外，农村地区公共设施和服务存在诸多短板；(4)共享发展的体制机制不健全，相关利益联结松散。三产融合项目利益联结机制设计仅仅停留在纸面上，由于市场波动或单方面违约难以持续推进。村集体和地方政府的掌控者成了经济实际控制者，农民自主经营权缺乏完整性；(5)土地资源利用效率与承包经营之间的矛盾。狭小的土地经营规模，土地细零化较为严重。分散化、小面积、多地块的经营方式不利于特色农业的发展，存在严重的短期经营行为；(6)农村经济社会化服务水平与组织化程度有待进一步提升。大量集体经济组织解体为农业发展带来严重影响，存在极少新型合作经济组织，农户增产不增收、经营产销脱节严重制约着农业生产区域化、专业化和规模化。

三、创新农业基本经营制度

创新当前农业基本经营制度是农业现代化发展的要求，也是改革经济体制的主要内容。

(1)深入贯彻落实农地“三权分置”政策。农村土地制度的改革必然涉及众多方面的利益，要始终遵循土地归农民集体所有，要始终确保家庭经营的基础地位，政府无资格对农民土地进行侵占，同时外来企业也不能对农民土地进行购买。确保家庭经营的基础性地位。现代农业规模经营中，家庭经营制度同样适用。无论是哪一种相关组织，都需要与家庭经营建立紧密联系。一方面，通过安抚农民让其安心进行土地经营，同时鼓励农民在从事其他职业时将土地进行流转；另一方面，则是在新型农业经营体系中，无论是何组织与个人又或是哪一时期，都不能对农民的土地承包经营权进行干预。

(2)正确处理家庭经营与规模经营关系。国内耕地质量相对较差，多数耕地都位于高原、山丘等地，坡度在25°以上的耕地面积达亿亩，而盆地、平原的耕地面积只占有总体的1/3，因而农业依托在小规模家庭经营基础上。先进的农业技术还无法做到全国性普及，多以传统经验技术为主要，个别地区则需靠天吃饭，尤其是在农业基础相对落后的区域，过差的自然灾害防御能力使生产状况不稳定。通过规模经营对之淡薄力量进行补充，实现对农户市场主体地位的维护，进而推动现代化农业发展的脚步。当然，农业生产存在极强的季节性特征，且只有少数经营大户才能实现土地规模经营，而多数农户只能实现小规模经营。

(3)尊重农民意愿、优化生产方式。作为农业生产的主体，农民意愿理应充分尊重，不能在未解决农民未来发展状况下，对农地进行强制性流转，同时也不可在未经同意情况下，对农民留守与进城进行干预。资源日益短缺状况下，现代农业必定要依托在科技基础之上，通过对农业增长方式改进与优化，实现农业生产效率的提升。农业科技必定要从产业化经营角度出发，通过龙头企业的培育与产业组织机制的完善,实现农业产业化经营的健康发展。加快农业科技创新体系建设,不断提高农产品科技含量与精深加工水平。建设适宜专业性、跨区域的新型农科技推广组织。

(4)提高农业社会化服务水平。目前,国内土地流传服务依旧存在一定问题,尤其是中介机构抑制土地流转,不规范的土地流转产生社会矛盾。针对投资不积极、见效慢等问题,应加大减税贴息力度,并通过新型农业经营主体贷款力度的提高,实现流转农地资金的保障。落实优质信息技术服务保障,建设完善信息服务机制,包括信息的发布、筛选和收集。给予技术上的扶持,通过技术咨询的方式,为农民解决种植上的诸多问题,还从经营主体角度出发,根据当地状况应用适宜技术,实现农业主体经营效益的提升。

(5)促进三产融合制度创新。充分保障农民宅基地前提下,建设众多农村体验活动场所,健全群众利益联结机制,采取"村集体+公司+基地+贫困户"形式发展旅游,创新农村金融服务模式来解决农业贷款难问题。采取"双基联动合作贷款",即由基层银行机构与基层党组织共同完成对农户的信用评级、贷款发放及贷款管理。鼓励周边村镇与景区进行旅游专业村建设,带动村民进行农家乐和民宿的创办,提高农民资产性经营收入。提高产业融合层次,拓宽产业融合发展渠道,从农业生产单环节向全产业链拓展,从农业内部向农业外部拓展,打造集"可游、可养、可居、可业"乡村景观综合体和田园实践馆。探索"互联网+特色农业+旅游业"融合发展的农村电商路子,畅通山货出山、网货下乡双向通道。

第四节　多元投入制度创新

一、多元投入保障机制的成效

西部地区应围绕中央"三农"工作目标要求,抓住"三农"发展新趋势,彰显城乡融合发展途径，不断提升财政支农效益。新中国成立以来，政府通过各种途径支持农业发展，不仅提升了农民的创收水平和农业生产能力，还推动了国家经济的发展与产业结构的完善。目前我国财政支农政策已经取得诸多成效，主要表现在以下几个方面：(1)农业综合生产能力提升。政府对农业综合开发不断投入资金，山水林田综合治理，改善中低产田，还进行了荒地开垦。通过农机补贴形式，实现农业机械化水平的提升；(2)农村基础设施建设显著成效。截止到2017年底，国内农村公路总长达400.93万千米。明显提升的农村水平与供水质量，解决了6000余万人饮水问题。显著提升的农村供电能力，多数农村区域都运用了电网改造。不断提升的农村信息化水平，实现了“广播电视村村通”和“村村通电话”及“乡乡能上网”目标，还推动了农业信息化服务、管理、经营与生产的稳步发展；(3)农村社会事业快速发展。农村社保、医疗和教育等都得到了巨大进步，农村劳动者素质稳步上升，改善了农村医疗卫生设施。2017年，国内共有920770个医疗机构，其中有69.4%是村卫生室。完善的农村社保体系，新农保、新农合大致已覆盖全国农村，实现城乡融合的养老保险与医疗保险；(4)农民收入逐渐增长。在农民收入构成中，转移性收入逐年增长。在农民消费与农业生产等环节当中，财政都给予了相应的补贴。2016年，转移性收入达到2328.20元/人，占农民纯收入的19%。2017年，农民恩格尔系数降至0.293。城乡居民收入对比，由2005年的3.22∶1降至2017年的2.71∶1；(5)农村减贫脱贫逐步推进。摸索出符合实际的扶贫道路，为国际减贫作出了巨大贡献。2014—2018年间，中央政府共将2800多亿元投入到脱贫上，通过精准脱贫和精准扶贫的全面推动，为全面小康社会建设打下良好基础。

二、财政支农存的主要问题

西部地区不断推动财政支农机制的变革，获得了巨大的成效，但与多元化投入保障机制的乡村振兴目标而言，财政支农仍然存在诸多问题：(1)支出事权与责任不相吻合。西部地区支农领域相互协调机制尚不健全,有着无法明确省区与市县的支出责任。存在分配因素与支持范畴不相吻合问题,还不能有效辨别市场和政府支出边界;(2)不彻底的专项资金整合。农口主管部门任务与专项资金不相匹配,两者间出现“两张皮”现象,无法充分发挥财政资金引导作用,阻碍资金统筹进度,无法将财力集中到重大事件上;(3)投融资机制不完善。现代农业建设依旧以地方财政扶持为主要动力,未有效发挥市场资源配置作用,社会资金投入、撬动金融资本等功能都未充分体现;(4)目标混淆与长远规划缺失。发展阶段的改变,财政支农政策目标也随之相应调整,最初以支农生产为主,后来转向为农村社会事业与生产协同发展,现今转变到了生态环境维护与支农生产协同发展。虽然中央每年下达一号文件强调“三农”,但对现代农业目标尚未明确,并未与该目标匹配的实施计划,也无刚性指标对投入力度加以确保;(5)管理机制有待完善。当前支农资金管理流程共计涉及五级层面,即乡镇、县、市、省(区)和中央,这一管理方式让本就繁琐的审批环节更加繁多,管理任务繁重,且提升了管理成本。项目资金监管上同样存在不足,第三方监督缺乏,信息无法充分披露。

三、多元投入机制的政策建议

实施乡村振兴战略,健全多元投入保障机制:(1)健全财政支持政策体系。强化财政资金引导能力,体制机制改革加以深化,加强顶层设计,整合与优化财政支农政策,不断改善财政支农支持重点与资金投向;(2)完善涉农资金整合长效机制。创新涉农资金运用管理机制,综合运用多种资金筹集方式,通过增量统筹、存量整合等,实现乡村振兴的支持;(3)调节好各级财政积极性。对任务进行确定,达到对各级责任的了解与掌握。按照事项的影响程度与受益范畴,对各级政府承担方式与支出责任进行明确,实现应有的激励约束作用,更好的保障与提供管辖区域内的公共服务;(4)建立多元化投入机制。有效发挥市场作用的同时,进一步确定政府的基本公共服务范畴,达到优化竞争性领域的目标。增加普惠金融发展力度，如担保行业、保险行业和金融行业等，实现对农业农村金融服务的完善与带动，引导更多金融机构涌向农村。盘活农村资产，通过资金回收弥补项目建设的漏洞；(5)建立完善的财政投入保障制度。明确和提高各级政府"三农"投入责任，增加公共财政对"三农"的偏倚力度。规范举债融资行为，鼓励债券发行，推动公益项目的开展；(6)增加土地出让回报，使之应用于农村建设。始终坚持取之于民、用之于民的原则，促进土地出让收入的同时，提升农村投入比例。提升耕地占补平衡管理方式，建立高标准农田土地建设机制。

第五节　基本公共服务均等化制度创新

一、城乡基本公共服务均等化现实意义

(1)推动社会主义和谐社会构建。社会主义和谐社会的创建需要政府加以辅助，应确保所有公民都处于公共服务范畴，实现所有人都能享受到其发展成果，对于弱势群体的照顾与关注应有所增加，使社会公民的发展权与生存权得到有效保障，这也是公民享有的基本权利；(2)弥补市场经济不足。政府为人们提供基本公共服务的同时，私人部门与政府公共部门建立的合作关系也应进一步加强，以公众需求为核心，出台相关政策对市场失灵现象加以弥补，确保政府供给平衡使公民发展需求和基本生存得到满足；(3)缩小群体、城乡、区域间的差距。在社会经济快速发展的同时，低收入群体资金投入力度加强，群体、城乡与区域间的差距也不断增大，因此，基本公共服务均等化也是资源优化配置过程，应对资源配置结构加以优化；(4)服务型政府使社会矛盾有所缓解。政府管理方式已逐渐发生改变，由传统监管型转变为当今的服务型。在均等化基本公共服务过程中，服务型政府有利于进一步扩大公共服务覆盖范围，使人们享有更高基本公共服务，社会矛盾得到有效缓解。

二、城乡基本公共服务均等化的成效和问题

国内基本公共服务均等化取得显著成效。(1)不断完善公共教育服务体系,提高医务教育均等化程度。义务教育经费的支出比一般公共预算支出增长速度更快,在城镇与乡村的师生比差距逐渐缩减;(2)就业服务体系获得一定成效。2016 年,接受创业服务共计 409.8 万人,增长率 12.3%。共有 1684.6 万人接受职业指导;(3)区域间医疗卫生服务发展日趋于平衡。2016 年,用于基层医疗卫生机构经费和公共卫生服务费用支出的费用分别增长 9.8%和 9.2%,支出金额分别为 1211 亿元和 1692 亿元,建设基层医疗卫生机构享有优先权;(4)加强养老服务水平的提升,持续扩大社会服务规模。2016 年,每千老年人口养老床位数和全国各类养老床位数分别增长 4.4%和 4.3%,为 31.6 张和 701.7 万张。从区域分配来看,西部、中部和东部差异并不大,分别为 31.2 张、27.3 张和 35.2 张,并呈现出不断缩小的趋势;(5)公共文化体育服务水平差距不断缩小。2016 年,全国文化馆和图书馆分别为 44497 个和 3153 个,同比分别增加 206 个和 14 个,各地区建设文化基础设施呈现出齐头并进的趋势。

城乡基本公共服务均等化存在的问题。(1)区域间沟通机制不健全。合作协调机制与议事机制并不成熟,仍以高层互访、协调会及协议等作为区域合作主要方式。针对生态环境治理、基础设施建设和产业结构优化等,各地政府并未达成共识,但这些领域直接关系着区域的长远发展,经常因实质性利益冲突导致合作无法推进。缺乏社会组织的推动与参与,创建平台加强各地区政府的协商与沟通;(2)利益协调补偿机制不完善。跨区域公共服务补偿方式、标准协调机制不完善,区域公共服务功能缺失现象经常发生,很多地方政府部门期望其他区域提供公共服务,而有些地方政府则通过争取各种资源方式实现利益最大化,“拥挤”和“搭便车”现象层出不穷;(3)财政体制中事权和财权不对称。受各级政府管理体制的影响,行政分权中存在明显的事权下移和

财权上收现象。中央颁布“乡财县管”和“省直管县”等方式来改革财政体制，仍未完全消除基层财力偏低的现象。各项公共服务维持资金需求较大，导致县乡政府在运转工程中存在较大的缺口，影响了公共服务资源配置。

三、促进基本公共服务均等化的对策建议

（1）探索横向转移支付体系，推进转移支付法制化进程。有效掌控政府收入占比，明确政府的支出状况，在公平性、合理性的资金配置条件下，加强区域内财政调整强度，逐步降低政府间财政距离。建设横向转移支付体系，加快转移支付法制化进程，按照各区域的状况对政府需求金额进行计算，对县级基本财力保障制度予以完善。通过转移支付制度法律的制定与完善，让转移支付每一环节都做到有法可依。

（2）优化转移支付结构，规范专项转移支付。专项转移支付成效体现在上级政府对下级政府的有效把控上，西部地区必然更加关注一般性转移支付进展，还需优化区域内专项转移支付，将同类事项合并到一处，取缔那些无法对社会发展起到带动作用的专项资金，构建专项转移支付的退出机制。在专项转移项目的规范与管制上，既要对绩效评价进行设立，还需对预算编制内容进行完善。

（3）提升对转移支付绩效评价与监管力度。从西部区域转移支付资金状况来看，不仅监管力度上存在严重不足，各级政府部门对实施过程也未重视。建设财政转移支付监督机构，对转移支付信息公开化机制和考核评价体系进行监理，逐渐让公众也能参与到监督的环节当中，并确保最大化的转移支付资金运用效率。通过合理绩效目标与科学的绩效评价机制，规范并引领各级政府能够对转移支付资金进行正确与合理的运用。

（4）梳理各级政府支出责任与事权。大力推动“乡财县管”和“省直管县”改革，深层次的转化政府原有职能。在对基层政府作用进行充分发挥的同时，还需对地方事权进行明确，以此来为当地民众提供更为全面的公共服

务。按照当地民众需求进行公共服务供给，让政策的制定和资金运用更加迎合民众的现实需求与期望。让基层政府的事权与财权达到匹配状态，让上下级政府积极性与优势都能够充分发挥。

(5)提升区域协同治理机制建设力度。对西部地区来讲，若想实现一体化发展，必须建立协同治理的协调机制，实现不同区域、不同层级政府间的相互合作，消除制度之间的妨碍。在进行合理科学绩效考评机制体系建设同时，还要对跨区域公共服务的机构进行相应奖励。对多元化公共服务参与主体进行推动，让更多非政府组织参与到发展中，建设多元主义参与、跨行政层级、跨区域的公共服务协同运作机制。

第九章　结论和对策

第一节　基本结论

在乡村振兴背景下，以西部地区农村城镇化为研究对象，得出如下几点结论：

(1)农村城镇化是国情决定的，也是未来很长时间的重点任务。农村城镇化是新型城镇化的重要组成部分，也是城市和农村的中间地带，即使我国城镇化率达到75%以上，进入了城镇化后期，我国仍会有近4亿人生活在农村，中小城镇建设依然重要。近年来，农村劳动力等生产要素就近向周边城镇和非农产业聚集，没有直接向大中城市转移，主要以县域和乡镇为单元，同时城镇对农产品的需求也会伴随着居民收入水平的增加而增加。

(2)西部地区农村城镇化与乡村振兴是一个有机系统，两者存在互动关系。乡村振兴可以促进西部地区农村城镇化水平的提高，为提高西部地区农村城镇化水平提供了良好的条件；农村城镇化是乡村振兴发展的重要载体和支撑，农村基础设施建设、教育投入、社会保障体系建设，为西部地区乡村振兴提供良好的软硬件环境，为乡村振兴提供重要支撑。

(3)西部地区小城镇数量众多、分布较广，资源禀赋不同，经济发展环境各不相同，各省区应科学规划城镇群，加强城镇间生产分工与协作。中心城镇总体规划要与西部大发展规划、少数民族政策及各省区的国家级优惠政策衔接，搞好镇与市、镇与县、镇与镇的规划衔接一致，科学规划功能分区等。

（4）西部地区社会经济发展缓慢，政府依赖度依然较高。与我国东部经济区相比，西部地区自然环境、区位优势、外向化程度等方面也处于弱势，在经济条件、资本生产要素、道路交通和教育水平等基础设施方面明显滞后，民营经济市场主体不完善是西部地区农村工业发展落后的主要表现，是农村经济发展滞后的主要原因。所以在农村城镇化过程中，从对政府的依赖程度看，西部地区明显高于东部沿海地区。

（5）必须传承创新优秀传统文化，强化保护环境和节约资源。在西部地区农村城镇化过程中，不能只考虑农村城镇数量和面积的简单扩张，更不能破坏传统文化、民族村寨及资源环境，不能片面强调农村经济的增长而忽视生态环境的保护。加强生态环境保护，保持发展可持续性，推行可持续绿色低碳发展，使得城镇化实现根本低碳转型。

（6）西部地区农村城镇化要因地制宜，采取适合的发展路径。区域发展极不均衡，不同城市自身的发展路径和生命周期也有所不同，同一区域内部发展也可能不均衡。在农村城镇化问题上，要充分考虑自然禀赋、民族风情、人口流动、村镇经济等多方面因素，不能强求一致。农村城镇化模式应选择区域条件好，成本最低、效益最大的城镇化模式。

第二节　对策建议

一、加大政策支持力度，优化农村发展软环境

（1）优化农村发展软环境。严格执行权力清单，完善农村市场负面清单，优化农村经济发展软环境。强化农业发展、农村建设、农民增收一体化综合服务平台，加强“三农”智库建设。加大对农产品的税收优惠力度，加大农村商

贸物流企业、个体工商户的税收优惠力度，提高农村城镇对资金、劳动力、技术的吸引力；(2)创新投融资渠道。西部地区广大乡村对引入的国内外资金利用有限。充分发挥政府引导和市场机制的作用，吸引各类经济主体对农业基础设施进行投资建设，加大对西部地区发展的融资支持力度。加大对西部地区农村建设中央政府财政转移支付力度，保证农田水利等基础设施和农业科技发展；(3)提高农村基建水平。加快机场、公路、铁路高效连通，让人流、物流、资金流、信息流在城镇间自由流动。依托中心城镇的带动作用，推进农业产业化与小城镇、县域经济有效结合。提高西部城镇内部生产、生活、物流、交通、教育、医疗卫生等基础设施和公共服务水平，实现公共服务的有效供给。

二、打造小城镇特色产业，传承创新优秀传统文化

(1)坚持特色发展路径，避免盲目模仿城市“千城一面”。通过挖掘开发利用自身特有资源，增强对生产要素的聚集能力，提升对周边的辐射带动作用。立足小城镇经济发展基础，确立主导特色产业，科学规划产业布局，优化产业结构。提高政府的服务能力和水平，强化城镇间专业化分工与协作，构建优势互补的城镇产业发展格局；(2)坚持文化保护与弘扬并重，发掘传统文化资源，强化文化传承，增强文化软实力。在旧城改造中保护城镇历史建筑、民族文化风格等历史风貌，积极提升城镇功能。深入挖掘历史文化名镇、名村、民族风情小镇的文化资源，以特色文化推动小镇发展，打造特色文化小镇；(3)不同地区、不同民族具有不同的民族文化传统，西部地区地域广袤，少数民族人口较多，民俗差异性较大，如蒙古族习惯住毡房，但是傣族习惯住竹楼，而沿海地区经济基础较好，住宅多为砖瓦结构楼房，在农村城镇化进程中要尊重文化习俗，传承历史文化。

三、促进要素科学流动，实现城乡融合

(1)农村的工业化水平、信息化水平、公共服务水平低于城市，需要加强

基础设施建设,提高公共服务能力,拉动农村经济发展,增加农民收入,保障民生。依托中心城镇,充分发挥其对周围的辐射作用,提高医疗卫生、教育等公共服务方面的投入水平,提升农村公共服务水平;(2)城乡二元结构的长期存在是造成我国城乡矛盾和农村发展滞后的主要原因,要构建城乡要素平等交换平台,土地、劳动力和公共服务等资源在城乡间有序流动,实现城乡生产要素、公共资源均衡配置,不断增强城镇对乡村的带动作用和乡村对城镇的促进作用,推动城乡融合发展;(3)推动农产品精细加工,扩展农业产业化链条,打造种植(养殖)、加工、储运、销售为一体的产业链条,增加附加值;扶持培育农业产业化龙头企业,积极支持龙头企业探索"公司+农户"双赢模式,构建现代农业"生产—销售—加工"体系。统筹规划城镇电力、燃气、给排水、通信等基础设施建设,打造农村便利生活服务网络,建设宜居的综合性小城镇。

四、推进农业现代化,促进农业规模化和产业化

(1)加大对西部地区农业科技投入,推进农业技术进步,提高农业技术含量。推广机械化生产、生物化学技术、改良品种等技术,促进农业发展,提高农村生产力。推广应用现代生物技术,努力提高农业产量,应用现代计算机、互联网技术,提高农村农业的信息化水平,变革农业生产销售方式;(2)优化农业内部结构和农产品品质,打造特色农产品品牌。提高农产品品质和档次、加工性能,促进传统农产品生产向优质产品转型升级。延长农业产业链,减少中间环节,节约生产经营成本,提高产品附加值。以市场需求为导向,合理调整生产结构以及产业规模,科学配置生产资源;(3)促进农业规模化和产业化。推动西部地区水果、药材、蔬菜等特色农产品的生产和深加工,培育农业产业增长极。依托当地资源禀赋上的优势,以龙头企业为依托,发展特色农业,突出区域特色,加快产业化进程,促进企业聚集,延伸产业链条。完善农产品标准化体系,实行标准化生产。

五、培育壮大中小企业，逐步提高农村经济水平

（1）培育民营企业。加大政策扶持力度，全面促进小微企业发展。鼓励农民工返乡创业，主动承接大中城市等发达地区产业梯度转移，扶持一批提供就业岗位多的劳动密集型企业、农副产品加工型企业。建设初级农副产品加工基地，建设附近城市的配套产业基础并延长产业链条。积极组织特色产品、优势产品、发展项目参与各类经贸洽谈会。（2）大力发展农副产品加工，自然资源加工等特色工业，以小产品做大产业。依托农产品、矿产资源等发展西部特色工业，采用现代技术，对农畜产品、绿色食品、初级粮食加工品、水产品等农产品进行精细深层加工，提高附加值。针对特色产业带动力强、科技含量高、加工能力大的企业，打造区域特色品牌，培育名牌产品。（3）依托城市发展配套产业。支持本地中小企业加入大企业、大集团的产业分工协作体系，乡镇企业要结合自身实际积极参与到专业化分工中来，积极谋划各类配套项目。城市附近的城镇，要结合自身实际，在现代产业分工中找准定位，大力发展优势产业的配套产业，形成地方优势。

六、大力发展教育事业，促进农民素质提高

（1）加大农村教育投入，公平配置西部城乡教育资源。合理配置城乡教育资源，抓好九年义务教育、高中教育、各类职业教育，保障农民的教育权。狠抓少数民族地区和边远山区的技术教育，加大基础教育投资力度，改善办学条件，高水平建设师资队伍，补齐城乡基础教育短板，鼓励社会力量参与办学，提高农村教育质量。（2）做好农民职业教育。积极鼓励举办多层次多形式的农村职业教育、成人学历教育，完善创业培训、农村实用新型技术培训、市场经营管理培训等农民职业技能教育培训。加大对农民的免费培训的工作力度，保障农民获得各类技术和管理知识。组织好外出打工农民的职业技能培训，开发农业剩余劳动力资源的潜力。（3）完善农村人才市场。建立全覆盖的农村

人才市场网络体系，以乡镇人才市场为结合点，以广大农民为主体，做好农村人才市场的"互联网+"，健全信息服务功能，建立农村各类人才信息库、岗位信息库。运用市场功能，形成以乡镇人才市场为网络节点的农村人才市场运行体系。规范运作，积极拓宽人才市场服务功能领域。

参考文献

专著

费孝通:《小城镇、大问题》,江苏人民出版社 1984 年版。

[日]岸根卓郎:《迈向 21 世纪的国土规划:城乡融合系统设计》,高文琛译,科学出版社 1985 年版。

[美]阿瑟·刘易斯:《二元经济论》,北京经济学院出版社 1989 年版。

[美]西奥多·W.舒尔茨:《改造传统农业》,商务印书馆 1998 年版。

辜胜阻:《人口流动与农村城镇化战略管理》,华中理工大学出版社 2000 年版。

秦润新:《农村城市化的理论与实践》,中国经济出版社 2000 年版。

速水佑次郎、神门善久:《农业经济论》,中国农业出版社 2003 年版。

藤田昌久、保罗·克鲁格曼、安东尼·J.维纳布尔斯:《空间经济学——城市、区域与国际贸易》,梁琦主译,中国人民大学出版社 2005 年版。

顾朝林、于涛方、李王鸣等:《中国城市化:格局·过程·机理》,科学出版社 2008 年版。

蔡昉、王德文、都阳:《中国农村改革与变迁:30 年历程和经验分析》,格致出版社、上海人民出版社 2008 年版。

温铁军:《"三农"问题与制度变迁》,中国经济出版社 2009 年版。

刘彦随:《中国新农村建设地理论》,科学出版社 2011 年版。

刘彦随:《中国乡村发展研究报告:农村空心化及其整治策略》,科学出版社 2011 年版。

吴振磊:《西部地区城乡经济社会一体化支持体系研究》,中国经济出版社 2011

年版。

冯振东:《西部地区城乡市场一体化研究》,中国经济出版社 2012 年版。

杨开忠、李国平、陈红霞:《协调发展与区域治理:京津冀地区的实践》,北京大学出版社 2012 年版。

白永秀:《西部地区城乡经济社会一体化战略研究》,人民出版社 2014 年版。

金在温(Jae-On Kim)、[美]查尔斯·W.米勒:《因子分析:统计方法与应用问题》,辽宁大学出版社 2016 年版。

姚士谋等:《中国城市群新论》,科学出版社 2017 年版。

Friedman, John, Mike Douglass, *Agropolitan development: towards a new strategy for regional planning in Asia*, Los Angeles: University of California, 1975.

Lipton, M., *Why Poor People Stay Poor: Urban Bias in World Development*, MA: Harvard University Press, 1977.

North, D.C., *Structure and Change in Economic History*, New York: Norton, 1981.

期刊论文

杜鹃:《西部县域经济发展要以农业为切入点》,《经济师》2003 年第 11 期。

蔡昉:《中国劳动力市场发育与就业变化》,《经济研究》2007 年第 7 期。

曹子剑等:《北京市平谷区不同区域农村居民点内部结构差异分析》,《地理科学进展》2008 年第 3 期。

陈钊、陆铭:《从分割到融合:城乡经济增长与社会和谐的政治经济学》,《经济研究》2008 年第 1 期。

白南生、李靖:《城市化与中国农村劳动力流动问题研究》,《中国人口科学》2008 年第 4 期。

蔡继明、熊柴、高宏:《我国人口城市化与空间城市化非协调发展及成因》,《经济学动态》2013 第 6 期。

曹飞:《城乡统筹进程中的要素整合机制研究》,《贵州社会科学》2013 年第 3 期。

陈松林、陈进栋、韦素琼:《福建省综合交通可达性格局及其与制造业空间分布的关系分析》,《地理科学》2012 年第 7 期。

陈锡文:《实施乡村振兴战略,推进农业农村现代化》,《中国农业大学学报》(社会科学版)2018 年第 1 期。

戴攸峥、易文彬:《新型城镇化背景下农村空心化的治理》,《南昌大学学报》(人文社科版)2015 年第 5 期。

范昊、景普秋:《基于互动融合的中国城乡关联—共生发展区域测度研究》,《商业研究》2018 年第 8 期。

范剑勇:《产业集聚与地区间劳动生产率差异》,《经济研究》2006 年第 11 期。

高兴明:《实施乡村振兴战略要突出十个重点》,《南方农业》2008 年第 1 期。

郭晓鸣、张克俊、高杰:《推进城乡要素自由流动体制机制改革的探索与思考——以成都市为例》,《经济论坛》2016 年第 1 期。

郭晓鸣:《防范推进乡村振兴可能存在的潜在风险》,《农村工作通讯》2017 年第 12 期。

高彦彦、郑江淮:《分税制改革、城市偏向与中国农业增长》,《南方经济》2012 年第 7 期。

韩长赋:《大力实施乡村振兴战略》,《中国农业文摘—农业工程》2008 年第 1 期。

皇甫鑫、唐依:《马克思恩格斯城乡思想对我国城乡发展的理论价值》,《改革与战略》2018 年第 1 期。

黄璜、杨贵庆、菲利普 · 米塞尔维茨等:《“后农村城镇化”与乡村振兴——当代德国乡村规划探索及对中国的启示》,《城市规划》2017 年第 11 期。

Henderson J:《中国的城市化:面临的政策问题与选择》,《城市发展研究》2007 年第 4 期。

韩俊:《实施乡村振兴战略将从根本上解决“三农”问题》,《农村工作通讯》2008 年第 1 期。

黄少安、刘明宇:《农地产权冲突、经济绩效与土地制度创新差异化原则——<农村土地承包法>的法与经济学分析》,《财经问题研究》2008 年第 4 期。

贺雪峰:《城中村改造:亟待包容性破题的人地矛盾》,《上海城市管理》2014 年第 2 期。

何秀荣:《建立健全城乡融合发展体制机制的几点思考》,《区域经济评论》2018 第 3 期。

金其铭:《我国农村聚落地理研究历史及近今趋向》,《地理学报》1988 年第 8 期。

景喆、李新文、高举廷:《西部异地扶贫搬迁管理模式与村镇建设——以甘肃省靖远县刘川乡为例》,《小城镇建设》2007 年第 6 期。

李承嘉:《行动者网络理论应用于乡村发展之研究:以九份聚落 1895—1945 年发展为例》,《地理学报》(台湾)2005 年第 39 期。

陆大道:《地理学关于城镇化领域的研究内容框架》,《地理科学》2013 年第 8 期。

刘合光:《推进乡村振兴战略的关键点、发展路径与参与主体》,《石河子大学学报》(哲学社会科学版)2018 年第 2 期。

龙花楼、李婷婷、邹健:《我国乡村转型发展动力机制与优化对策的典型分析》,《经济地理》2011 年第 12 期。

龙花楼、李秀彬:《中国耕地转型与土地整理:研究进展与框架》,《地理科学进展》2006 年第 9 期。

龙花楼、刘彦随、张小林等:《农业地理与乡村发展研究新近进展》,《地理学报》2014 年第 8 期。

李红玉:《城乡融合型城镇化——中国新型城镇战略模式研究》,《学习与探索》2013 年第 9 期。

刘妙龙、陈雨、陈鹏等:《基于等级钟理论的中国城市规模等级体系演化特征》,《地理学报》2008 年第 12 期。

李强、陈宇琳、刘精明:《中国城镇化"推进模式"研究》,《中国社会科学》2012 年第 7 期。

李强:《影响中国城乡流动人口的推力和拉力因素分析》,《中国社会科学》2003 年第 1 期。

梁琦、陈强远、王如玉:《户籍改革、劳动力流动与城市层级体系优化》,《中国社会科学》2013 年第 12 期。

郎启训、曹贵雄:《边境民族地区新型城镇化建设中的传统文化重构——以金平苗族瑶族傣族自治县为例》,《人民论坛》2016 年第 5 期。

刘守英:《中国城乡二元土地制度的特征、问题与改革》,《国际经济评论》2014 年第 3 期。

李文荣、陈建伟:《城乡等值化的理论剖析及实践启示》,《城市问题》2012 年第 1 期。

郎晓波:《"链合"视角下的新型城镇化道路与农村社区转型——基于浙江 J 村的考察》,《农业经济问题》2014 年第 5 期。

刘晓光、张勋、方文全:《基础设施的城乡收入分配效应:基于劳动力转移的视角》,《世界经济》2015 年第 3 期。

李小建、罗庆、杨慧敏:《专业村类型形成及影响因素研究》,《经济地理》2013 年第 7 期。

李学鑫、陈世强、薛诺稳:《中国农区文化创意产业集群形成演化的影响因素研究——以河南民权"画虎村"为例》,《地域研究与开发》2010 年第 2 期。

刘修岩、李松林、秦蒙:《城市空间结构与地区经济效率——兼论中国城镇化发展道路的模式选择》,《管理世界》2017 年第 1 期。

李裕瑞、刘彦随、龙花楼:《黄淮海典型地区村域转型发展的特征与机理》,《地理学报》2012 年第 6 期。

刘彦随、杨子生:《我国土地资源学研究新进展及其展望》,《自然资源学报》2008 年第 3 期。

刘彦随:《中国新农村建设创新理念与模式研究进展》,《地理研究》2008 年第 3 期。

刘彦随:《中国新时代城乡融合与乡村振兴》,《地理学报》2018 年第 4 期。

李煜伟、倪鹏飞:《外部性、运输网络与城市群经济增长》,《中国社会科学》2013 年第 3 期。

李增刚:《以城乡等值化实现就地城镇化——山东青州南张楼村的案例研究》,《理论学刊》2015 年第 8 期。

宁华宗:《治理空间的再造:边远山区乡村治理的新路径——以黔江生态移民工程为例》,《社会主义研究》2014 年第 6 期。

皮建材、周愚:《城乡分割与融合的人力资本效应研究》,《经济评论》2013 年第 2 期。

曲亮、郝云宏:《基于共生理论的城乡统筹机理研究》,《农业现代化研究》2004 年第 5 期。

钱忠好、牟燕:《土地市场化是否必然导致城乡居民收入差距扩大——基于中国 23 个省(自治区、直辖市)面板数据的检验》,《管理世界》2013 年第 2 期。

孙斌栋、李琬:《城市规模分布的经济绩效——基于中国市域数据的实证研究》,《地理科学》2016 年第 3 期。

苏红键、魏后凯:《密度效应、最优城市人口密度与集约型城镇化》,《中国工业经济》2013 年第 10 期。

宋洪远:《如何创建乡村振兴的先行区》,《农村工作通讯》2018 年第 1 期。

孙三百、黄薇、洪俊杰等:《城市规模、幸福感与移民空间优化》,《经济研究》2014 年第 1 期。

石智雷、杨云彦:《家庭禀赋、家庭决策与农村迁移劳动力回流》,《社会学研究》2012 年第 3 期。

陶然、汪晖:《中国尚未完成之转型中的土地制度改革:挑战与出路》,《国际经济评论》2010 年第 2 期。

屠爽爽、龙花楼、李婷婷等:《中国村镇建设和农村发展的机理与模式研究》,《经济地理》2015 年第 12 期。

吴碧波、黄少安:《中国农村就地城镇化模式选择研究》,《制度经济学研究》2016 年第 3 期。

吴丰华、韩文龙:《改革开放四十年的城乡关系:历史脉络、阶段特征和未来展望》,《学术月刊》2018 年第 4 期。

魏后凯:《中国城市行政等级与规模增长》,《城市与环境研究》2014 年第 9 期。

王景新、支晓娟:《中国乡村振兴及其地域空间重构》,《南京农业大学学报》(社会科学版)2018 年第 2 期。

吴良镛:《致力于人居环境科学的探索》,《北京规划建设》2001 年第 10 期。

王颂吉、白永秀:《城乡要素错配与中国二元经济结构转化滞后:理论与实证研究》,《中国工业经济》2013 年第 7 期。

王小鲁:《中国城市化路径与城市规模的经济学分析》,《经济研究》2010 年第 10 期。

王煜琴等:《废弃矿区生态旅游开发与空间重构研究》,《地理科学进展》2010 年第 7 期。

谢冬水、周灵灵:《农地转让权权能与城乡居民收入差——基于劳动力转移中介机制的视角》,《上海经济研究》2016 年第 6 期。

谢冬水:《农地转让权、劳动力迁移与城乡收入差距》,《中国经济问题》2014 年第 1 期。

谢冬水:《土地供给的城乡收入分配效应——基于城市化不平衡发展的视角》,《南开经济研究》2017 年第 2 期。

薛凤旋、杨春:《外资影响下的城市化——以珠江三角洲为例》,《城市规划》1995 年第 11 期。

许鲜苗:《西部城乡统筹的现状评价及制约因素》,《财经科学》2009 年第 8 期。

杨忍、徐茜、余昌达:《中国县域交通优势度与农村发展的空间协同性及影响机制解析》,《地理科学》2016 年第 7 期。

闫鑫磊:《农村城镇化进程中民俗文化的变迁——以河南庙会、婚娶丧葬民俗文化变迁为例》,《商》2014 年第 4 期。

叶兴庆:《实现国家现代化不能落下乡村》,《中国农村观察》2017 年第 11 期。

张富刚、刘彦随:《中国区域农村发展动力机制及其发展模式》,《地理学报》2008 年第 2 期。

张红宇:《乡村振兴战略与企业家责任》,《中国农业大学学报》(社会科学版)2018

年第12期。

张红宇:《中国农地调整与使用权流转:几点评论》,《管理世界》2002年第5期。

曾菊新、冯娟、蔡靖方:《论西部地区的城镇网络化发展》,《地域研究与开发》2003年第2期。

张利庠:《可资借鉴的八种新农村发展模式》,《中国乡镇企业》2007年第3期。

张敏、顾朝林:《农村城市化:"苏南模式"与"珠江模式"比较研究》,《经济地理》2002年第4期。

张曙光、程炼:《复杂产权论和有效产权论——中国地权变迁的一个分析框架》,《经济学》(季刊)2012年第4期。

张庭伟:《对城市化发展动力的探讨》,《城市规划》1983年第5期。

张勰、杨柳:《基于空间自相关的农村居民点空间分布特征及影响因素——以贵州省威宁县为例》,《江苏农业科学》2018年第6期。

左翔、殷醒民:《土地一级市场垄断与地方公共产品供给》,《经济学》(季刊)2013年第2期。

张晓山:《实施乡村振兴战略的几个抓手》,《农村经营管理》2008年第1期。

赵洋:《当代中国城乡关系的变迁》,《科学社会主义》2011年第6期。

曾远文、丁忆、胡艳等:《农村居民点空间布局及优化分析——以重庆市合川区狮滩镇聂家村为例》,《国土资源遥感》2018年第9期。

周一星、杨齐:《我国城镇等级体系变动的回顾及其省区地域类型》,《地理学报》1986年第2期。

张忠法、崔传义、陈剑光等:《我国农村劳动力转移的历程、特点及面临的新形势》,《经济研究参考》2001年第3期。

肖万春:《中国农村城镇化问题研究》,中共中央党校2005年博士学位论文。

韦伟:《基于有机化发展的城乡交错带景观规划》,西南大学2007年硕士学位论文。

赵珂:《城乡空间规划的生态耦合理论与方法研究》,重庆大学2007年博士学位论文。

马增明:《中国西部县域经济发展与新农村建设研究》,兰州大学2008年博士学位论文。

李厚喜:《转型时期中国农村劳动力转移及政策研究》,财政部财政科学研究所2011年博士学位论文。

饶枕流:《湖北省农村城镇化发展模式研究》,武汉工程大学2014年硕士学位论文。

吴闫:《城市群视域下小城镇功能变迁与战略选择》,中共中央党校 2015 年博士学位论文。

Au C.C. and Henderson J.V.,"How migration restrictions limit agglomeration and productivity in China",*Journal of Development Economics*,2006,80(2):350–388.

DeJanvry A., Emerik K., Marco G., Sadoulet E.,"Delinking Land Rights from Land Use: Certification and Migration in Mexico",*American Economic Review*, 2015,105(10):3125–3149.

Deininger K, Jin S,"Land Sales and Land Rental Markets in Transition: Evidence from Rural Vietnam", *Oxford Bulletin of Economics and Statistics*, 2008, 70(1):67–101.

Ding C.R,Lichtenberg E,"Land and Urban Economic Growth in China",*Journal of Regional Science*, 2010,7(12):1–19.

Fields, Gary S.,"A Welfare Economic Analysis of Labor Market Policies in the Harris-Todaro Model",*Journal of Development Economics*,2005,76(1):127–146.

Graeml, Karin Sylvia, Alex, et al.,"Urbanization solutions of a third world country's metropolis to its social environment challenges", *Journal of Urban Econimics*,2004(8):36–51.

Harris J. andTodaro M,"Migration, Unemployment and Development", *American Economic Review*, 1970,60:126–142.

Lichtenberg E., Ding C.R,"Local officials as Land developers: Urban spatial expansion in China",*Journal of Urban Economics*,2009,66:57–64.

Liu Y., Chen C., Li Y.,"Differentiation regularity of urban-rural equalized development at prefecture-level city in China", *Journal of Geographical Sciences*, 2015, 25(9):1075–1088.

Liu Y., Lu S., Chen Y.,"Spatio-temporal change of urban-rural equalized development patterns in China and its driving factors",*Journal of Rural Studies*, 2013,32(32):320–330.

Matsuyama, Kiminori, "Agricultural Productivity, Comparative Advantage and Economic Growth", *Journal of Economic Theory*,1992,58:317–334.

Mullan K., Grosjean P., Kontoleon A.,"Land Tenure Arrangements and Rural-Urban Migration in China",*World Development*, 2011,39(1):123–133.

Potter,R.B, Tim Unwin,"The Geography of Urban-rural Interaction in Developing Countries: essays for Alan B Mount joy",*Routledge*,1989,9(3):212–213.

Todaro M.P.,"A model of labor migration and urban unemployment in less developed countries", *The American economic review*,1969,59(1):138-148.

Valsecchi M.," Land Property Rights and International Migration: Evidence from Mexico",*Journal of Development Economics*,2014,110:276-290.

Ye,L.,Wu,A.,"Urbanization, Land Development, and Land Financing: Evidence from Chinese Cities",*Journal of Urban Affairs*,2014,36(S1):1-15.

De laRupelle M.,Deng Q.H.,Li S.and Thomas V, Land rights insecurity and temporary migration in rural China, *IZA Discussion Paper*,No.4668,2009.

报纸网络

穆兴增:《怎样理解城乡等值化发展》,《河北日报》2011 年 3 月 30 日。

余致远:《推行城乡等值化是城镇化的一个有效途径》,《中国改革报》2011 年 5 月 3 日。

陈锡文:《我对城镇化有三点担忧》,《中国青年报》2013 年 3 月 7 日。

刘彦随:《"回得去的故乡"需要新思路》,《人民日报》2014 年 3 月 11 日。

魏后凯:《建立健全城乡融合发展,要把握好着四个关键点!》,《农民日报》2017 年 11 月 17 日。

高泽敏:《构建城乡要素合理流动机制》,《河南日报》2018 年 5 月 2 日。

董冠洋:《中国城镇化须直面"城中村"难题》,"中新社"2013 年 3 月 21 日。

《如此"农民上楼"》,新华每日电讯,2015 年 4 月 14 日,http://www.xinhuanet.com/mrdx/2015-04/14/c_134148860.htm。

《农村养老面临的赤裸裸的问题》,搜狐网,2017 年 12 月 8 日,https://www.sohu.com/a/209311977_100052306。

《改革开放以来我国城镇化水平显著提高》,人民网,2018 年 9 月 11 日,http://money.people.com.cn/n1/2018/0911/c42877-30286543.html。

《2017 年中国居民可支配收入、城镇化率及各国城镇化水平比较分析》,中国产业信息网,http://www.chyxx.com/industry/201801/607062.html。

蔡昉:《城镇化是一个历史过程 不能人为地"造城"》,2017 年 3 月 18 日,http://finance.ifeng.com/a/20170318/15244263_0.shtml。

《推进新型城镇化建设避免"人为造城" 否则错路将越走越远》,2013 年 9 月 5 日,http://www.zjgzf.cn/news/zjgfc_15339.html。

郑风田:《城镇化不等于人为"造城"》,2013 年 4 月 30 日,http://opinion.huanqiu.

com/opinion_china/2013-04/3852387.html。

《最新数据！2017年中国城镇化率达58.52%》,2018年2月28日,http://finance.ifeng.com/a/20180228/16002427_0.shtml。

《2017年农民工总量达28652万人 新生代农民工占比首次过半》,新华网,2018年4月27日,http://www.xinhuanet.com/finance/201804/27/c_129860718.htm。

《德国:“城乡等值化”理念下的新农村建设》,搜狐网,2011年9月9日,http://roll.sohu.com/20110909/n318834236.shtml。

《“十大模式”引领美丽乡村建设》,中华人民共和国财政部网站,2014年3月31日,http://www.mof.gov.cn/zhengwuxinxi/caijingshidian/zgc-jb/201403/t20140331_1061433.htm。

《国家发改委:西部贫困人口年均减少25.5% 西部仍是我国脱贫攻坚的主场战之一》,人民网,2018年9月3日,http://paper.people.com.cn/zgc-sb/html/201809/03/content_1879162.htm。

内蒙古自治区中国特色社会主义理论体系研究中心:《易地扶贫搬迁要实现可持续发展》,人民网,2017年7月17日,http://theory.people.com.cn/n1/2017/0717/c412680-29409303.html。

责任编辑:柴晨清

图书在版编目(CIP)数据

乡村振兴背景下西部地区农村城镇化治理研究/吴碧波 著. —北京:
人民出版社,2024.11
ISBN 978-7-01-026399-1

Ⅰ.①乡… Ⅱ.①吴… Ⅲ.①城市化-研究-西北地区②城市化-研究-西南地区 Ⅳ.①F299.21

中国国家版本馆 CIP 数据核字(2024)第 051452 号

乡村振兴背景下西部地区农村城镇化治理研究
XIANGCUN ZHENXING BEIJING XIA XIBU DIQU NONGCUN CHENGZHENHUA ZHILI YANJIU

吴碧波 著

人民出版社 出版发行
(100706 北京市东城区隆福寺街 99 号)

北京九州迅驰传媒文化有限公司印刷 新华书店经销

2024 年 11 月第 1 版 2024 年 11 月北京第 1 次印刷
开本:710 毫米×1000 毫米 1/16 印张:22.5
字数:315 千字

ISBN 978-7-01-026399-1 定价:79.00 元

邮购地址 100706 北京市东城区隆福寺街 99 号
人民东方图书销售中心 电话 (010)65250042 65289539